Arte e storia delle Madonie
Studi per Nico Marino, Voll. VII–VIII

A cura di Gabriele Marino e Rosario Termotto
Associazione Culturale "Nico Marino"
Cefalù PA, 23 dicembre 2019

ISBN 978-0-244-54252-8

Atti della settima e ottava edizione
Cefalù — Sala delle Capriate, Palazzo del Comune, Piazza Duomo
Sabato 4 novembre 2017 e lunedì 3 dicembre 2018

Contributi di:
Domenica Barbera
Nuccio Lo Castro
Giovanni Mendola
Salvatore Farinella
Donatella Aiello
Giuseppe Antista
Patrizia Bova
Antonio Contino
Giuseppe Esposito
Antonio Cuccia
Luigi Romana
Giuseppe Spallino
Amedeo Tullio
Rosario Termotto
Salvatore Mantia

Impaginazione e grafica:
Gabriele Marino

Arte e storia delle Madonie
Studi per Nico Marino
Voll. VII–VIII

Atti della settima e ottava edizione
Cefalù, Sala delle Capriate, Palazzo del Comune
4 novembre 2017 e 3 dicembre 2018

a cura di
Gabriele Marino
Rosario Termotto

Associazione Culturale
"Nico Marino"

Cefalù

Dicembre 2019

Indice

Nota di cura 3

Nico Marino (scheda bio–bibliografica) 5

Ricerche — VI edizione (2016)

DOMENICA BARBERA: *'Questo è, Augustissimo Monarca, il deplorevole stato di questi fedelissimi Vassalli!'. Due motivi di 'disconcerto' e 'amarezza' dei Siciliani durante il dominio austriaco negli anni venti del Settecento* 11

Ricerche — VII edizione (2017)

NUCCIO LO CASTRO: *'Per sollecitudine di Sua Ecc. Rev.ma Mons. Giovanni Sergio, Vescovo di Cefalù'. Il telone quaresimale di Mistretta* 31

GIOVANNI MENDOLA: *La 'Croce' stazionale di Castelbuono e il suo autore. L'attività palermitana dello scultore carrarese Antonio Vanella* 39

SALVATORE FARINELLA: *'Adimplento eius devotionis'. Dall'abbazia di Santa Maria di Gangi Vecchio all'abbazia dell'Annunziata di Castelbuono: il definitivo trasloco dei Benedettini fra astuti incentivi e convenienze politiche dei marchesi di Geraci (1630–1654)* ... 75

DONATELLA AIELLO: *Il salterio diurno francescano della Biblioteca Liciniana di Termini Imerese* 97

GIUSEPPE ANTISTA: *La chiesa di San Giorgio a San Mauro Castelverde, una fabbrica di transizione* 109

Ricerche — VIII edizione (2018)

PATRIZIA BOVA – ANTONIO CONTINO – GIUSEPPE ESPOSITO: *L'estrazione e l'uso delle "brecce calcaree a rudiste" (Cretaceo sommitale) in Termini Imerese (Palermo) nei sec. XVII-XX* 119

ANTONIO CUCCIA: *La ricostruzione della vicenda pittorica degli Spatafora nei rapporti culturali tra città e provincia* 143

LUIGI ROMANA: *Le vie del freddo in Sicilia: dalla neviera alla sorbettiera* 159

GIUSEPPE SPALLINO: *Fatica, fame, stenti e morte. Contadini e agricoltura a Cefalù e nelle Madonie dagli atti dell'inchiesta Jacini* 185

AMEDEO TULLIO: *Gratteri, Chiesa di S. Giorgio. L'indagine archeologica* 189

ROSARIO TERMOTTO: *Mariano Gallina marmoraro palermitano nelle chiese di Polizzi (1790–1802)* 209

Altre ricerche — IX edizione (2019)

SALVATORE MANTIA: *Il contributo del colonnello Raffaele Palmeri durante le insurrezioni del 1820 in Sicilia* 221

Nota di cura

Contenuti del volume

Il presente volume raccoglie gli atti della settima e ottava edizione delle giornate di studio dedicate a Nico Marino, organizzate dall'omonima associazione in collaborazione con l'Archeoclub d'Italia sede di Cefalù e il Comune di Cefalù.

La settima edizione si è tenuta il 4 novembre 2017, l'ottava il 3 dicembre 2018; entrambe sono state ospitate presso la Sala delle Capriate del Palazzo del Comune di Cefalù.

Il testo di Domenica Barbera è un recupero dalle giornate del 2016; quello di Salvatore Mantia sarà invece presentato durante la nona edizione, che si terrà a Cefalù, presso la sede della ProLoco (via Carbonari 30), il 23 dicembre 2019. Durante la giornata del 2017 Giuseppe Fazio ha presentato uno studio — non incluso in questi atti — intitolato: *'Anno Dominice Incarnationis MCCXL'. Giovanni Panittera e le componenti inglesi nel completamento plastico della facciata della Cattedrale di Cefalù*.

Il volume è liberamente consultabile online, con le immagini a colori, sul sito nicomarinocefalu.it, tramite la piattaforma issuu.com, ed è acquistabile in formato cartaceo sul sito lulu.com.

Nico Marino ritratto dal maestro Giuseppe Forte (china su carta, 2013)

Nico Marino
Attore e studioso cefalutano
Cefalù, 1948–2010

Figlio del Dott. Gabriele e di Elena Bellipanni, Domenico Marino — per tutti "Nico" — è nato a Cefalù il 30 aprile 1948, secondo di quattro fratelli (Giovanni, Mario, Annamaria). Dalla metà degli anni Settanta, parallelamente alla carriera di attore e autore di teatro con il gruppo di cabaret–folk "I Cavernicoli" (fondato nel 1967 e molto attivo, anche in ambito nazionale, fino agli anni Novanta, in forma di trio e quartetto con Leandro Parlavecchio, Pio Pollicino e Gigi Nobile), Nico è stato uno dei principali animatori della vita culturale della sua città, collaborando con enti pubblici, privati e associazioni, organizzando eventi, compiendo ricerche storiche, promuovendo il nome di Cefalù in Italia e nel mondo. Collezionista e guida turistica *sui generis*, studioso di storia e tradizioni locali, ha pubblicato una decina di libri e circa duecento tra articoli, saggi e contributi di vario tipo tutti incentrati su un qualche aspetto della vita o della storia di Cefalù e delle Madonie. Sposato dal 1982 con Maria Antonella Panzarella, padre di Gabriele (nato nel 1985), Nico ci ha lasciati il 18 ottobre 2010.

Libri e curatele
(a cura di) *Mostra della iconografia storica di Cefalù* (catalogo della mostra), Kefagrafica Lo Giudice, Palermo 1992.

(e Amedeo Tullio, a cura di) *Oggetti, curiosità e bibelots della Fondazione Mandralisca* (catalogo della mostra), Kefagrafica Lo Giudice, Palermo 1994.

Altre note di storia cefaludese (raccolta di articoli apparsi su "Il Corriere della Madonie" 1989–1993), Kefagrafica Lo Giudice, Palermo 1995.

(e Totò Matassa, a cura di) *Saluti da Cefalù. Mostra di cartoline d'epoca ed altro*, (catalogo della mostra) Tipografia Nuova Select, Cefalù PA 1995.

(e Rosario Termotto) *Cefalù e le Madonie. Contributi di storia e di storia dell'arte tra XVII e XVIII secolo*, Tipografia Nuova Select, Cefalù PA 1996.

Enrico Piraino Barone di Mandralisca, Centro Grafica, Castelbuono PA 1999 (II ed., 2000).

Vincenzo Cirincione. Un benemerito cefaludese collezionista e filantropo nel bicentenario della nascita a 130 anni dalla morte, Cefalù 1803–2003, Tipolitografia Pollicino s.n.c., Cefalù PA 2003.

La vita e le opere di Enrico Piraino Barone di Mandralisca, Officine Tipografiche Aiello & Provenzano, per Archeoclub d'Italia sede di Cefalù, Bagheria PA 2004.

Compendio di note, appunti, indicazioni e documenti sulla storia di Cefalù, MP Grafica, per Archeoclub d'Italia sede di Cefalù, Cefalù 2005 (formato CD–R).

1856 milleottocentocinquantasei. I moti rivoluzionari cefaludesi nel centocinquantesimo anniversario, Cefalù 25 novembre 1856–25 novembre 2006, Tipografia Valenziano, Cefalù PA 2006.

(a cura di) *Festa di Musica. Nel 25° Anniversario dell'Associazione Musicale S. Cecilia*, Tipografia Valenziano, Cefalù PA 2007.

Giuseppe Giglio: Medico chirurgo, ostetrico, scienziato, filantropo. Un benemerito cefaludese nel centocinquantesimo anniversario della nascita, Cefalù 1854–2004, Marsala Editore, Cefalù PA 2007.

Cefalù. Itinerari urbani, PRC Repubbliche, Palermo 2008.

Scelta di pubblicazioni che contengono contributi di Nico Marino

AA. VV., *Il Cabaret dei Cavernicoli*, Lorenzo Misuraca Editore, 1973.

AA. VV., *L'Osterio Magno di Cefalù*, a cura dell'Azienda Autonoma di Soggiorno e Turismo di Cefalù, Palermo 1994 (II ed., 1996).

Caterina Di Francesca (a cura di), *Immagini per Mandralisca. Omaggio alla vita ed alle opere del Barone Enrico Piraino*, Kefagrafica Lo Giudice, Palermo 1994.

AA. VV., *Omaggio alla memoria di Gabriele Ortolani di Bordonaro Principe di Torremuzza*, a cura del Comune di Cefalù, (senza dati editoriali né tipografici) 1996.

Angelo Pettineo (a cura di), *I Livolsi. Cronache d'arte nella Sicilia tra '500 e '600*, Bagheria PA 1997.

AA. VV., *Chiese aperte a Cefalù*, Tipografia Valenziano, per Archeoclub d'Italia sede di Cefalù, Cefalù PA 1997.

Pierluigi Zoccatelli (a cura di), *Aleister Crowley. Un mago a Cefalù*, Edizioni Mediterranee, Roma 1998.

Nino Liberto e Steno Vazzana, *Cefalù raccontata dalle fotografie di Nino Liberto*, Elfil Grafiche s.a.s., Palermo 1999.

Umberto Balistreri (a cura di), *Gli Archivi delle Confraternite e delle Opere Pie del Palermitano*, Circolo Cultura Mediterranea, Poligraf, Palermo 1999.

Umberto Balistreri (a cura di), *Le torri di avviso del Palermitano e del Messinese*, Archivi e Memorie, Poligraf, Palermo 1999.

AA. VV., *Le edicole votive di Cefalù*, Centro Grafica, per Archeoclub d'Italia sede di Cefalù, Castelbuono PA 2000.

AA. VV., *Cefalù. Perla del Mediterraneo*, Ed. Affinità Elettive, Messina 2002.

Giacinto Barbera e Marcella Moavero (a cura di), *Il Liberty a Cefalù*, Offset Studio, Palermo 2005.

Vincenzo Abbate (a cura di), *Giovanni Antonio Sogliani (1492–1544). Il capolavoro nascosto di Mandralisca*, Silvana Editoriale, Cinisello Balsamo MI 2009.

Angela Diana Di Francesca e Caterina Di Francesca (a cura di), *Cinematografari. Una lunga storia di Cinema*, Officine Tipografiche Aiello & Provenzano, per Marsala Editore, Bagheria PA 2009.

Giuseppe Antista (a cura di), *Alla corte dei Ventimiglia. Storia e committenza artistica*, Edizioni Arianna, Geraci Siculo PA 2009.

Contributi su quotidiani e periodici

A partire dal 1973, Nico ha pubblicato una grande quantità di articoli dedicati a Cefalù e le Madonie. Nell'impossibilità di elencarli in questa sede, si vogliono però ricordare le principali testate su cui sono apparsi: «Il Corriere delle Madonie» (Cefalù PA), «Presenza del Murialdo» (Cefalù), «L'Eco di Gibilmanna» (Gibilmanna, Cefalù), «La Voce delle Madonie» (poi «La Voce»; Cefalù), «Cefalù InForma» (Cefalù), «Espero» (Termini Imerese PA), «Le Madonie» (Castelbuono PA), «PaleoKastro» (Sant'Agata di Militello ME), «Il Centro Storico» (Mistretta ME).

Articoli e altri testi su Nico Marino

Guglielmo Nardocci, *La città di Ercole e dei Normanni. La terra del mito (I Borghi più belli d'Italia 12: Cefalù)*, in «Famiglia Cristiana» n. 36, 4 settembre 2005 (bit.ly/1n1Y9tA).

Peppino Ortoleva e Barbara Scaramucci (a cura di), "Via Asiago Tenda", in *L'universale Garzantine. Radio, Vol. N–Z*, Mondadori–TV Sorrisi e Canzoni, Milano 2006, p. 928.

Roberto Alajmo, "Cefalù. L'osmosi della somiglianza prende il sopravvento", in *L'arte di annacarsi. Un viaggio in Sicilia*, Laterza, Roma–Bari 2010, pp. 215–221.

Consiglio di amministrazione della Fondazione Mandralisca, *È stato un acuto ricercatore*, in «LaVoce Web», 18 ottobre 2010 (bit.ly/1Dz7ZYG).

(Articolo non firmato) *Addio a Nico Marino, anima e cofondatore dei Cavernicoli*, «Giornale di Sicilia», 19 ottobre 2010.

(Articolo non firmato) *È morto Nico Marino, cuore dei Cavernicoli*, in «La Repubblica Palermo», 19 ottobre 2010.

Giuseppe Palmeri, *Nico Marino, l'etnografo che univa ironia e ricerca*, in «LaVoce Web», 20 ottobre 2010 (bit.ly/1wMAAVK).

Mario Alfredo La Grua, *Puoi ancora aiutarci a non sentirci soli, a crescere*, in «Cefalunews.net», 23 ottobre 2010 (bit.ly/1v4wngQ; bit.ly/1CoswgX).

Rosario Termotto, *Ricordo di Nico*, in «Espero» anno IV n. 43, 01 novembre 2010.

Italo Piazza, *Caro Nico, ti scrivo…*, in «LaVoce Web», 10 novembre 2010 (bit.ly/1v4wLvJ).

Angelo Pettineo, *Eredità materiale e immateriale*, in «Presenza del Murialdo» nn. 1–2, gennaio–febbraio 2011 (bit.ly/1usExkn).

Gabriele Marino, *Nico un(ic)o e centomila. Nico Marino tra storia, turismo e cabaret*, in «Corso Ruggero» 1, Marsala Editore, Cefalù, agosto 2011, pp. 92–103.

Giuseppe Terregino, *Nico Marino e l'epopea risorgimentale a Cefalù*, in «Cefalunews», 19 settembre 2011 (bit.ly/1uJW97P).

Gabriele Marino, *Questo era mio padre. Gabriele ricorda Nico*, in «LaVoce Web», 18 ottobre 2011 (bit.ly/1rof8pm).

Daniele Sabatucci, "Le origini e gli anni Sessanta", in *Palermo al tempo del vinile*, Dario Flaccovio, Palermo 2012, p. 37.

Gabriele Marino, "Nico Marino raccoglitore e custode di cose cefalutane", in *Conoscere il territorio: Arte e Storia delle Madonie. Studi in memoria di Nico Marino, Vol. 2*, a cura di Gabriele Marino, Giuseppe Fazio e Marco Failla, Ass. Cult. Nico Marino, Cefalù PA 2014, pp. 13–18.

Gabriele Marino, "I Cavernicoli", in *La musica folk. Storie, protagonisti e documenti del revival in Italia*, a cura di Goffredo Plastino, Il Saggiatore, Milano 2016, pp. 917–928.

Pagine web
Sito: nicomarinocefalu.it
Pagina Facebook: fb.com/nicomarinocefalu
I Cavernicoli: icavernicoli.it
Isuu (biblioteca online): issuu.com/nicomarinocefalu

[Scheda a cura di Gabriele Marino]

Ricerche
VI edizione (2016)

Questo è, Augustissimo Monarca, il deplorevole stato di questi fedelissimi Vassalli!
Due motivi di *disconcerto* e *amarezza* dei Siciliani durante il dominio austriaco negli anni venti del Settecento

Domenica Barbera

«Dipendendo la felicità dè Regni e l'accrescimento del Regio Erario di Vostra Maestà dalla ricchezza dè Vassalli, e considerando che l'unico modo d'arricchirli sia la facilitazione del Commercio con le Provincie straniere, facendone uscir dal Regno li generi, e vietando che n'entrino dè forastieri, se non quanto ne richiede la necessità del Pubblico, et osservandosi assai minorato il traffico in questo Regno, non ostante le providenze date dalla felice memoria del Sig. Re Carlo Secondo nel 1694 e Porto Franco in Messina che per mancanza di buone leggi che facilitassero il traffico è rimasto com'inutile: Perciò il Regno su l'esempio delle Società di Commercio dalla Cesarea Paterna Real vigilanza di Vostra Maestà stabilite in Ostenda ed in Trieste, priega umilissimamente la Maestà Vostra a voler qui deputare un Magistrato di Commercio, con istabilirne Leggi e Prammatiche c'assicurassero il buon effetto di questo rilevante affare; che restringessero al solo bisogno l'immissione dè generi forastieri e che facilitassero l'estrazione di que' che ne produce la Sicilia, maxime dè frumenti ch'è l'unica e più opulenta miniera del Regno, con mettere limiti à prezzi degli stessi, così per l'aumento in tempo di carestia, come per la diminuzione in tempo d'abbondanza. Ed in caso di compiacersi la Maestà Vostra di deputare l'accennato Magistrato di Commercio, si degnasse comporlo metà di Baroni feudatari del Regno e metà di Soggetti alla Vostra Maestà benveduti, e ciò per lo miglior regolamento del Commercio sudetto...» [1]

Correva l'anno 1723, e questa era la Grazia domandata nel Parlamento Generale di quell'anno.
Il Parlamento era quello siciliano, uno dei più antichi d'Europa in età moderna, nato con la proclamazione del Regno di Sicilia nel 1130, quando Ruggero II convocava nel Palazzo dei Normanni di Palermo le *Curiae Generales*.
Il Monarca al quale veniva rivolta la supplica era Carlo VI d'Asburgo, Imperatore del Sacro Romani Impero, il quale nel 1720, con il Trattato dell'Aja, era diventato anche Re di Sicilia.
La Bilancia Commerciale del Regno di Sicilia, in quei difficili anni, era, come si vede, totalmente in sofferenza: entravano le merci straniere ed i prodotti locali rimanevano invenduti. La Sicilia si trovava in stato di grande difficoltà già da tempo, se non era riuscita a superare la crisi con le disposizioni date dal Re Carlo Secondo nel 1694. In particolare sofferenza il traffico del grano, nel passato vera ricchezza dell'isola, come scrive la Deputazione. Per porre rimedio alla grave situazione i Deputati siciliani chiedono al Monarca l'istituzione di un Magistrato del Commercio, per le opportune misure da prendere con Leggi e Prammatiche.
Con Diploma Imperiale del 10 settembre 1724 Carlo VI ordinava al viceré Conte di Palma la formazione della Giunta di Commercio. A tenore del superiore comando fu formata la Giunta, che in primo luogo passava ad esaminare il prodotto grano, come il più importante del Regno, e dalla cui estrazione dipendeva il sollievo del medesimo. Esaminando il caso la

---
[1] Archivio di Stato di Palermo (ASPa), Deputazione del Regno, 268, al quale fa riferimento tutto il contributo.

Giunta conosceva il miserevole stato in cui si ritrovava e ponderava *i gravi pregiudizi che ne partoriva la mancanza* originata dall'introduzione in Morea e Levante di numerosi *Seminerii* e fertilissimi raccolti, dove le *forastere Nazioni, per la convenienza né prezzi e facilitazioni né Caricati, senz'aggravi, drizzano i lor navilii*.

Era sentimento comune che per porvi rimedio il migliore ed unico espediente fosse il totale *abbonimento del diritto di Tratta e misti*. Giudicando però non potersi con facilità praticarne i mezzi, la Giunta di Commercio lasciava da parte questo unico ed efficace strumento e decideva, con sua Consulta dell'11 agosto 1725, di proporre al viceré di istituire un prezzo fisso e stabile alle Tratte di tarì dodici grana 8 e minuti 5, non suscettibile di aumento. La Giunta stimava che questo allettamento, anche se non era bastante a ristabilire il Commercio nelle proporzioni del passato, potesse almeno aumentarlo. Su tale base passava a proporre le maniere delle facilitazioni dei Negoziati e dei Carichi.

La blanda misura avanzata dalla Giunta di Commercio deve aver deluso le aspettative della Deputazione del Regno, ed il tempo trascorreva senza adeguate decisioni. A tre anni dalla richiesta dell'istituzione della Giunta di Commercio la situazione del Regno non solo non era migliorata, ma rivestiva carattere di sempre maggiore preoccupazione. È quanto emerge da una ulteriore supplica avanzata al Sovrano il 27 agosto 1726. In essa la Deputazione del Regno di Sicilia lamentava ancora la mancanza totale del commercio del grano, il maggior prodotto del Regno, che era *l'unica miniera che in altri tempi lo rese dovizioso, in grado di determinare l'opulenza con la sua estrazione o la povertà in mancanza di Commercio*.

Le Nazioni straniere, che in passato venivano in massa a caricare i loro navigli in Sicilia, avevano abbandonato il loro antico granaio per drizzare verso l'est le loro rotte. E c'era stato in primis un motivo che li aveva scoraggiati dal continuare a comprare il grano siciliano: l'aumento del costo della tratta, introdotto dal Re di Sardegna nel 1713, anno che viene anche indicato come quello dell'introduzione in Morea e Levante dei numerosi e fertilissimi raccolti che, contrariamente a quanto avveniva nel passato, adesso avevano una qualità migliore e risultavano ben crivellati. Inoltre in Morea e Levante i compratori non incontravano spese per la tratta. In conseguenza di ciò il grano siciliano rimaneva invenduto nei caricatoi. I commercianti stranieri non avevano nessun interesse a rifornirsi in Sicilia perché naturalmente trovavano conveniente rifornirsi in Levante *a vil prezzo, con pronto e facile carico, senz'alcun peso o angaria*. Ed era proprio nella abolizione del costo della tratta che i siciliani contavano, facendo presente come ormai il Regno fosse pervenuto *al maggior colmo, sotto la minaccia della sua totale rovina e del suo imminente precipizio*.

Le conseguenze del mancato commercio erano infatti già evidenti, e *partorivano un gran disconcerto*. Come dicono i Deputati, la parte principale che costituiva il Regno, i baroni e i possessori dei *Feudi e Territori*, che aveva visto ridursi di un terzo le proprie entrate, non riusciva a pagare le annuali soggiogazioni, ed essendosi la perdita ripetuta da più anni si trovava in uno stato *ridotto più del sostenibile* per il loro sostentamento. I creditori, che non riuscivano ad incassare i loro crediti, facevano continui reclami per la loro riscossione. I Massari, che vivevano con la coltura della terra, avevano progressivamente abbandonato l'attività, non potendo, al momento del raccolto, riprendere le spese occorse per il pagamento delle gabelle e di tutto ciò che avevano speso per il necessario per la coltura. Senza contare il fatto che veniva escluso ogni compenso per il loro lavoro. Anzi, avendo dovuto svendere i frumenti e raccolti a *prezzo vile*, avevano visto diminuire la loro Facoltà. Il popolo minuto, che viveva lavorando per i baroni e i massari, venendo meno la coltura viveva in una *povertà universale*.

Questo è, Augustissimo Monarca, il deplorevole stato di questi fedelissimi Vassalli, scriveva nella supplica la Deputazione del Regno di Sicilia. E le riflessioni dei deputati in quel momento sono scoraggianti. I seminerì sono in forte calo perché seminare significa in partenza patire una sicura perdita che va ad intaccare puntualmente la residua facoltà. Sono diminuiti i seminerì ed anche altri arbitrii che influivano sulla sua opulenza. Di conseguenza nel futuro si prevede una esigua coltivazione per la manutenzione del Regno e nessuna esportazione, con i caricatoi pieni di grano invenduto. Questo stato di cose non danneggia solo gli abitanti, svantaggia anche l'Erario. Se al contrario si prendessero misure per ripristinare il commercio, le Nazioni straniere tornerebbero al loro antico granaio, il prezzo del grano riprenderebbe il suo giusto valore, i massari riprenderebbero il loro antico uso, i seminerì aumenterebbero e così le entrate in danaro, mentre al momento se ne scorge una grande scarsezza perché il denaro esce dal Regno per le merci importate, non compensato da entrate per l'esportazione.

Oltre alla diminuzione delle entrate erariali, riflettono ancora i deputati, un altro segnale dello stato di indigenza del popolo è costituito dalla difficoltà che la Deputazione incontra nella riscossione delle regie tande, che si pagano ogni quadrimestre: nonostante tutto il rigore che i deputati usano contro le Università e tutto lo zelo degli Ufficiali, la Deputazione del Regno di Sicilia si confessa *confusa* per i donativi che si trova ad amministrare. Essendo in tal forma impoveriti ed in tanta miseria ridotti, come possono i siciliani manifestare il loro *fervoroso amore* verso la Corona? Si sentono stimati meno degli altri sudditi della monarchia, quando i siciliani hanno sempre tenuto nel passato a distinguersi nei loro donativi. Alla Magnanima Clemenza del Monarca si supplicano interventi prima della *imminente rovina*. A sottoscrivere l'implorazione sono i deputati del Regno di Sicilia che, secondo l'uso del tempo, si dichiarano umilissimi Vassalli che baciano i *Reali Mani e piedi*. Sono il Principe della Trabia, il Principe di Resuttano, il Duca di S. Martino, il Principe di Carini, il Principe di Casteforte, il Marchese della Gran Montagna, Don Nicolò Lanza, Fra Giuseppe Arcivescovo di Palermo, il Presidente Don Cosimo Drago, Don Domenico Sgroi. Don Giuseppe Papè è il Protonotaro.

Il tempo scorre senza novità. Il 4 marzo 1727 i Deputati tornano ad avanzare supplica al Monarca. Erano trascorsi sei mesi da quando avevano affidato al viceré Conte di Palma la rappresentanza del 27 agosto 1726, che informava il Monarca *dell'universali miserie et angustie in cui si trovava ridotto il Regno, il quale va di giorno in giorno decadendo languendo nell'insoffribile povertà, dovuta alle gravi conseguenze dell'estinzione del traffico frumentario, che produce disconcerto*. Baroni e possessori di *feudi e territori*, che si sostentano con il frutto del grano, dal cui valore devono ricavare il loro mantenimento secondo il proprio grado, hanno già iniziato ad abbandonare la capitale. Più di venti baroni delle principali famiglie lo hanno già fatto e quelli che sono rimasti sono in procinto di abbandonarla per l'insufficienza del loro patrimonio. Il grano , che per le doti di paraggio, principale origine delle soggiogazioni, è ragionato ad onza una e tarì 18 la salma, in realtà al presente, dicono i deputati, è venduto a tarì 20 la salma, ed in alcune parti del Regno addirittura a tarì 16 la salma. I debiti non possono essere pagati ed i Tribunali hanno un gran da fare appresso ai debitori. I massari sono desolati ed il loro ceto è quasi estinto poiché buona parte dei territori e dei feudi sono rimasti *vacanti senza coltura*.

Con dispaccio imperiale del 13 marzo 1727 il Monarca rispondeva alla proposta della Giunta di Commercio, formulata nella Consulta dell'agosto 1725, di istituire un prezzo fisso e stabile per la tratta, ed anche la sua diminuzione. Il Sovrano si dichiarava nettamente contrario alla misura, in quanto pregiudizievole al suo regio Erario, e quindi stabiliva *non esser giusto il porsi in prattica*. Con altro dispaccio dello stesso 13 marzo il Monarca ordinava al viceré che imponesse alla Giunta di Commercio di doversi indagare i mezzi più idonei per darsi l'equivalente *rimplazzo* al regio Erario.

La Deputazione del Regno, avuta notizia di tale Reale Disposizione, stima suo obbligo investigare e trovare i mezzi come rimpiazzare il regio Erario. La somma in questione veniva valutata in circa cinquecento onze annuali, e corrispondeva all'importo certo annuale del diritto di tratta e minuti, inclusa quella parte che perveniva ai *granatari* dal conto libero del diritto di tratta.[2] Il suddetto *rimplazzo* si stimava potesse abolire il diritto di tratta e richiamare il *bramato Commercio*.

In più sessioni la Deputazione del Regno affronta le soluzioni possibili. Alcune sono scartate, altre richiedono del tempo. E siccome ogni piccola dilazione recherebbe *notabilissimo pregiudizio* al Regno, vedendosi di giorno in giorno *l'aumento delle miserie e di disconcerti*, stima che l'abolizione del diritto di tratta sia necessario che venga pubblicato prima del futuro raccolto. È necessario intervenire almeno con un provvedimento d'urgenza, anche per un solo anno, tempo peraltro necessario per esaminarsi la Consulta della Deputazione ed eseguire la Reale Determinazione. La somma delle cinquecento onze sarebbe stata versata dalla Deputazione del Regno nella Tesoreria Generale nel corso di un anno, di terzo in terzo. La deputazione intendeva ricavare quella somma con imposizioni sui frumenti che si fossero trovati nel Regno e nei suoi caricatori e farla ricadere sui Padroni dei frumenti a favore dei quali andava a cadere la sospensione del Diritto di Tratta. I padroni avrebbero potuto smaltire il grano con un sollievo nel prezzo, che sarebbe andato a coprire l'aggravio. Perché però la Deputazione fosse messa in grado di mettere in esecuzione la proposta, si chiedeva al Monarca di concedere l'assenso con diploma imperiale che desse alla stessa la facoltà necessaria per disporre la migliore forma stimata per l'accertamento del *Real Serviggio*. A questo scopo la Deputazione chiedeva che si pubblicasse un Editto in tutto il Regno ordinando che dal primo di settembre 1727 e fino a tutto agosto 1728 si liberalizzasse l'estrazione del grano senza pagare alcun diritto, *né di tratta come di misti*, e senza pagare alcun dazio. In particolare con l'editto si sarebbe dovuto ordinare che gli estrattori non dovessero pagare *grano alcuno per qualsivoglia raggione che forse si pretendesse di Ministri ed Officiali di qualunque grado, bastando all'estrattore la sola licenza in scriptis con la firma del Mastro Portulano, per la quale licenza non s'habbia di pagare cosa alcuna*. La Deputazione stimava che fosse opportuno che questo Editto venisse pubblicato almeno due mesi prima del futuro raccolto, in modo che, *correndo la Notizia e pervenendo nelle straniere Nazioni* in tempo opportuno, i mercanti stranieri indirizzassero le loro navi verso il Regno di Sicilia, anziché in Levante e in Morea dove era stato dirottato il commercio del grano.

---

[2] Il calcolo prendeva in considerazione il denaro effettivo pervenuto alla Regia Cassa negli ultimi venti anni a causa del diritto di tratta e minuti, al quale si aggiungeva quanto dal cennato diritto era pervenuto nei Granatari di conto libero. Si ricavava dalla somma collettiva *la vigesima parte che sarà l'importo di un anno*. Sostanzialmente una media degli ultimi venti anni.

Per quanto riguardava l'introito delle imposte che avrebbero dovuto ricoprire le cinquecento onze da indennizzare all'Erario, erano necessarie ulteriori misure. Era necessaria la pubblicazione di un altro Editto che ordinasse ad ogni persona, di qualsiasi grado e condizione, che fosse in possesso di frumenti, di rivelarli integralmente nell'ufficio dei Giurati dell'Università più vicina, per eseguire quanto sarebbe stato disposto successivamente dalla Deputazione per evitare l'inconveniente di frodi, e tutto questo sotto rigorose pene e fino al 20 agosto, entro il cui termine restava perfezionato il nuovo raccolto. I Giurati delle Università entro agosto sarebbero stati tenuti a trasmettere questi riveli alla Deputazione, che fatto il ripartimento delle cinquecento onze, avrebbe indicato a ciascuna Università le somme da esigere dai Padroni dei frumenti rispetto alla quantità rivelata, con obbligo di portarle nella Tesoreria Generale di terzo in terzo, il primo il 31 dicembre 1727, il secondo il 30 aprile 1728 e l'ultimo il 31 agosto 1728. Ed affinché questa Reale Disposizione non incontrasse opposizione negli ecclesiastici del Regno, anche se il magistrato secolare avesse potuto in caso di pericolo ed evidente utilità obbligarli a contribuire, la Deputazione stimava necessario richiedere anche l'Apostolico Consenso, quando non stimava bastante l'impulso dei Vescovi, al fine di obbligarli indistintamente *con tutta franchezza*.
Intanto la stagione del raccolto dell'anno 1727 si avvicinava senza le risposte adeguate. Agli atti della Deputazione del Regno di Sicilia si aggiunge ancora una supplica, datata 7 giugno 1727. I baroni e gli *arbitrianti* sono allo stremo. I semineri e gli arbitrii sono deperiti per causa della bassezza dei prezzi molto discosti dal giusto. Si fa conto che il Regno produce un milione e mezzo di salme di frumento e che i baroni ed *arbitrianti* patiscano una perdita di circa due milioni di scudi. In pochi anni la Facoltà è estinta e molti sono ridotti *privi del bisognevole per il loro sostentamento*. Per questo motivo nel passato i Regnanti avevano sempre vigilato a tenere viva l'estrazione del grano, ed ogni volta che l'avevano scoperta in lentezza, ed essendo ciò pregiudizievole al Regno di Sicilia, alle suppliche avevano risposto con gli opportuni ripari. Veniva ricordato che così avesse fatto il serenissimo Re Giovanni, che per capitolo di regno n. 27, stabiliva libera l'estrazione dei grani per anni sei con il solo pagamento di tarì 3 e grana 10 per salma per ogni ragione di tratta come ogni altro diritto. In tempo del Re Ferdinando era stato decretato per il capitolo 84 che tutti i porti e i caricatori stessero sempre aperti per l'estrazione del grano e che non si potesse esigere nuova aggiunzione. E che l'Imperatore Carlo V, per altro capitolo 59, aveva decretato che *non s'esigga né imponga nuovo additio oltre il solito*, dal quale decreto era rinata la ricchezza del Regno che, *resosi opulento*, lo ringraziava con numerosi donativi offertigli da più Parlamenti. Ma seppure si applicassero al presente le misure del passato, scrivevano nel 1727 i deputati, esse non sarebbero sufficienti a richiamare il commercio del grano, perché il denaro allora aveva più valore e non vi era *il Levante che al presente a vil prezzo l'abbonda*. Il frumento allora veniva venduto a 18 tarì la salma, ed il dazio di tarì 3 e grana 10 ad essa relativa rappresentava un sesto del suo valore. E poi si doveva riflettere che al momento che erano state prese le prime due misure non erano state ancora *ritrovate l'Indie*.
Considerando insufficiente la minorazione del costo della tratta a tarì 12.8.5 proposto dalla Giunta di Commercio, e tornando sul progetto di *rimplazzo* delle cinquecento onze annuali corrispondenti al diritto di tratta vigente, la Deputazione del Regno proponeva due mezzi, tra i quali tornava ad implorare la scelta del Monarca.

Il primo mezzo viene individuato nel ripartire il peso della nuova imposta sulla terza parte di tutta la quantità dei terreni *lavorieri atti al seminerio*, tanto feudali come burgensatici, essendo costume del Regno seminarne circa la terza parte, cioè tanto per salma per quanto gli sarebbe bastato, essendo giusto che sentissero il peso i terreni che producevano grano e le persone che avrebbero goduto dell'aumento del prezzo secondo i propri feudi o i gabelloti che ne avrebbero riportato i vantaggi. Tale imposizione avrebbe dovuto essere *pagata da ogni persona, nemine esente, ancorché Ecclesiastico*. Ma questa nuova imposizione, perché risultasse distribuita con giustizia e fermezza, e non soggetta alle variazioni del tempo, era necessario metterla in pratica nella migliore forma possibile, per ricavare la vera quantità dei terreni, e quando non fosse possibile accertarsi passarsi all'effettiva *cordiazione*[3]. Era necessario che il Sovrano ordinasse la *forma più metodica e legale* che fosse possibile, e stimando necessaria la *cordiazione pratticarla con quei mezzi che stimerà più propri acciocché ugualmente fosse portato il peso delle Persone che ne riportano li vantaggi*.

L'altro mezzo per reperire le cinquecento onze necessarie al progetto veniva individuato nell'imposizione sopra tutti i frumenti che si producevano nel Regno e a carico dei baroni. La Deputazione stimava questo secondo mezzo più consono alla giustizia distributiva perché avrebbe pesato su coloro che avrebbero riportato vantaggio dall'abolizione della tratta. Per sortire gli effetti sperati era necessario che si pubblicasse, tornavano a dire i deputati, un editto che sotto rigorose pene obbligasse al rivelo dei frumenti nell'ufficio dei Giurati dell'Università più vicina entro il mese di agosto per mettere in moto l'iter ipotizzato e descritto, munito di Apostolico Consenso. Bisognava inoltre stabilire un General Parlamento, *senza la volontà del quale non potevano essere fissati o imposti nuovi aggravi*, affinché, definita la questione, potesse per legge pragmatica stabilire che mai più in perpetuum si potesse imporre il diritto della Tratta e minuti o altro qualsivoglia dazio sopra l'estrazione dei grani, per qualsiasi causa. E perché i vassalli potessero accettare questo nuovo peso, era necessario ordinare che i caricatori del Regno restassero sempre aperti e pronti all'estrazione dei grani, quale estrazione *non si possa per qualsiasi causa impedire dalli Vicere se prima non sarà intesa la Deputazione*. Ed ancora, per far meglio accettare la nuova imposta, che il sovrano ordinasse che gli estrattori non dovessero pagare cosa alcuna *per qualsivoglia abbuso che forse si fosse introdotto dà Ministri ed Officiali di qualunque grado*, bastando la sola licenza *in scriptis*, e abolendo ogni altra sorte di dispacci e scritture che si praticavano in grave danno del commercio.

Il problema della riscossione del nuovo tributo, nella generale miseria in cui era ridotto il Regno, non era solo una ipotesi, e bisognava prevedere i rimedi. Di questo nuovo dazio si sarebbero dovute incaricare le Università, sia demaniali che baronali, su indicazione della Deputazione che avrebbe provveduto alle *significatorie* da spedir loro. La Deputazione considerava che l'abolizione del diritto di tratta avrebbe aumentato i semineri e risollevato il commercio del grano. E d'altra parte ai padroni dei feudi sarebbe convenuto seminarli per non pagare inutilmente il nuovo dazio. Il lavoro sarebbe aumentato e le Università sarebbero state più pronte a pagare le regie tande.

Nell'esame delle difficoltà che il nuovo sistema avrebbe incontrato, si teneva in considerazione una eccezione che poteva essere sollevata: che esso andasse a beneficio della

---

[3] Misurazione del terreno.

sola Val di Mazara e parte della Val di Noto che erano i territori che maggiormente producevano grano, mentre tutto il resto del Regno avrebbe pagato il nuovo dazio senza produrre utilità. Si rispondeva che invece l'utilità non avrebbe riguardato le sole Valli di Mazara e Noto, ma tutto il Regno e quindi anche la Valdemone, che produceva poco grano: con un lieve peso avrebbe visto aumentare le sue estrazioni, perché le navi che sarebbero venute a caricare il grano avrebbero incontrato *il commodo dell'estrazione delle sete, ogli e frutti di mandre che in abbondanza questa parte del Regno produce*. Motivo per cui sembrava ai Deputati che questi mezzi escogitati per il *rimplazzo* del Regio Erario fossero *li più giusti et uniformi alla distributiva giustizia*.

Il nuovo sistema avrebbe portato vantaggio anche al regio erario, fissando in regie tande un introito che per sua natura era totalmente incerto, ed ora in pericolo di perdersi. Al contrario baroni ed *arbitrianti* avrebbero *accansato* gli arbitrii, e se la Giunta di Commercio stimava in quel momento potersi estrarre 600 salme di frumento, dopo se ne sarebbero potute estrarre il doppio o più.

È il 20 giugno 1727 quando i Deputati stilano questa ennesima rappresentanza da presentare al Sovrano, con i due mezzi escogitati per indennizzare con un nuova imposizione l'equivalente della somma per Diritto di Tratta del frumento dell'Erario nell'auspicata ipotesi della sua abolizione. In seno alla Deputazione la scelta non era unanime. Il Principe di Castelforte, ad esempio, era contrario all'imposizione sopra i terreni ed al contrario il Principe di Camporeale era contrario al mezzo dell'imposizione sopra la quantità dei grani.

La questione della necessità dell'abolizione del diritto di tratta si trascinava già da tempo. Il Regno era già in sofferenza alla fine del XVII secolo, quando nel 1694 erano stati abbozzati dei provvedimenti dalla *felice memoria* di Re Carlo Secondo d'Asburgo che era titolare dei titoli di Re di Spagna e dell'Impero oltremare di Spagna, Re di Napoli, Sicilia, Sardegna, Sovrano dei Paesi Bassi e Duca di Borgogna e di Milano.

La Sicilia era diventata nel frattempo una pedina sul tavolo da gioco delle trattative internazionali. La guerra di successione seguita alla morte di Carlo Secondo d'Asburgo in Spagna, nel novembre del 1700, tra le fazioni austriache e francesi, imparentate in egual grado col Sovrano, durarono tredici anni, concludendosi con il Trattato di Utrecht del 1713 e di Rastadt del 1714, che venivano ad operare la spartizione dell'impero spagnolo tra le varie potenze.

Con il Trattato di Utrecht saliva al trono di Spagna Filippo, Duca di Angiò, riconosciuto come Filippo V, Re di Spagna, in accordo alla volontà del defunto Re Carlo Secondo che l'aveva nominato suo erede, a condizione che rinunciasse al trono di Francia. Patto che successivamente non aveva mostrato di voler rispettare il nonno del giovane, Luigi XIV Re di Francia denominato Re Sole, scatenando le reazioni austriache per le quali la guerra di successione spagnola si era trascinata per tredici anni. Dal Trattato di Utrecht ricevevano vantaggio anche i Savoia, che in passato avevano avanzato pretese anche sul trono di Spagna ed avevano partecipato alle operazioni militari: a loro venivano restituiti alcuni territori e ceduta la Sicilia. Il Duca di Savoia Vittorio Amedeo II, in base al Trattato di Utrecht, riceveva il titolo di Re di Sicilia. Nel dicembre del 1713 riceveva la corona nella cattedrale di Palermo, insieme alla moglie Anna Maria d'Orleans. Le condizioni di cessione della Sicilia prevedevano tra l'altro che Casa Savoia non potesse vendere l'isola o scambiarla per un altro territorio. La Sicilia sarebbe rimasta come feudo della Spagna, alla quale sarebbe dovuta ritornare estinto il ramo maschile e, cosa importante, che i Privilegi in uso in Sicilia non sarebbero stati abrogati.

Ma l'isola era destinata a cambiare ancora padrone nel 1720. Con la sigla della Quadruplice Alleanza alla quale aveva aderito, Vittorio Amedeo di Savoia nel 1718 scambiava la Sicilia con la Sardegna, più vicina ai suoi territori, diventando Re di Sardegna.

La Sicilia nel 1720, in base al Trattato dell'Aja, tornava agli Asburgo, ma questa volta al ramo austriaco, nella persona di Carlo VI di Asburgo, con Palermo capitale *de jure* e Vienna capitale *de facto*. È durante il suo regno che vengono *umiliate ai suoi piedi* le implorazioni della Deputazione per l'abolizione del diritto di Tratta nel Regno, ridotto nel miserevole stato che viene descritto nelle suppliche a lui trasmesse tramite i viceré, non sempre attenti al rispetto dei Capitoli.[4]

Quale fosse la condizione dei Siciliani in quegli anni si evince da un'altra scrittura della Deputazione del Regno di Sicilia datata 13 novembre 1729, diretta a Sua Maestà Carlo VI per mani del Deputato Don Vincenzo Di Napoli. Il 20 giugno di quell'anno era stato emanato un decreto con il quale il Monarca ordinava la perpetuità dei Giudici della Regia Gran Corte Siciliana, che erano stati sempre biennali, e l'aumento di altri quattro Giudici, due regnicoli e due esteri. La Deputazione rileva che la perpetuità fosse completamente *tutta opposta ai Capitoli e Privilegi del Regno, che verrebbero tutti a derogare con tal Novità*, oltre il danno al Regio Erario di mantenere dieci soggetti per i quali erano necessari ventimila fiorini di salario, mentre quattromila fiorini sarebbero venuti meno dalle esazioni dei Giudici biennali. Viene quindi chiesto al Sovrano di sospendere il decreto della perpetuità e *sentire le ragioni del Regno*.

Inaspettatamente, scrivono i Deputati, dopo ventuno giorni, il Governo dell'isola indirizzava *a la Deputacion de esse fidelissimo Reyno* un biglietto, datato 12 luglio ed a firma del *Conde Quiros*[5], con la quale si rigettavano come insussistenti le ragioni del Regno, persistendo per la perpetuità suddetta. Cosa che ha *amareggiato purtroppo ogni ceto di persona e tutto il Baronaggio che resta afflittissimo*, dice la Deputazione. Il Regno non merita questo ingiusto trattamento. È tempo di ricordare al Sovrano qualche dato: il Regno *si ha sempre sacrificato, non obstante la scarsezza dè tempi, con tanti Donativi e Straordinari*, e gli ultimi tre offerti nel breve tempo di otto anni ascendono alla somma di tre milioni e duecentomila fiorini, *che han ridotto il Regno in estrema miseria*. Sospenda il Monarca l'esecuzione della perpetuità dei Giudici.

Alla supplica i Deputati allegano un lungo *Scritto*[6], che esordisce con l'invito all'osservazione dei Capitoli del Regno, richiamando con minuziosi e rigorosi riferimenti amministrativi quei capitoli che verrebbero ad essere violati dalle nuove disposizioni. Ne deriva una

---

[4] Il viceré Niccolò Pignatelli di Terranova Castelvetrano y Noya Duca di Monteleone, aveva accettato il giuramento di fedeltà del Regno di Sicilia ma non giurava, come era solito farsi, di rispettare i privilegi del Regno, ritenendolo ottenuto per diritto di conquista e quindi reputandosi non obbligato al mantenimento dei Privilegi, se non *per nuova grazia dell'Imperatore*.. Nel 1728 si insediava il viceré Cristoforo Fernandez de Cordova conte di Sastago, che aveva come collaboratore Marco **Quiros**, Segretario di Stato e di Guerra in Sicilia Cfr. Francesca Gallo, *L'alba dei Gattopardi. La formazione della classe dirigente nella Sicilia austriaca(1719-1734)*, Catanzaro 1996, 38-66

[5] Documento in lingua spagnola, qui trascritto e allegato, che i Deputati ritenevano emesso senza aspettare le risoluzioni del Sovrano. Documento 1.

[6] Agli atti in copia, Documento 2.

ricostruzione storica dell'amministrazione della Giustizia nel Regno che richiama le disposizioni a partire dal periodo normanno e svevo, ed in qualche caso citando anche il diritto romano, mettendo in evidenza l'attenzione dei precedenti regnanti verso le ragioni e consuetudini del Regno, ed il ruolo primario rivestito dal suo Parlamento nell'accordare al Sovrano la facoltà di apportare modifiche al sistema giudiziario. È quanto viene sottolineato ad esempio in relazione all'ultima riforma dei Tribunali che aveva attuato il re Filippo Secondo, al quale il Regno aveva dato la facoltà di riformarli. Ma l'iter seguito da quel sovrano era stato ben diverso, e rispettoso dei Capitoli. Dopo aver esaminato e predisposto le modifiche progettate, aveva inviato in Sicilia il marchese Ordiolo, ed era stato convocato il Parlamento affinché prestasse il consenso per derogarsi ai Capitoli del Regno allora vigenti. Ed il Parlamento, riconosciuta la proposta di riforma di utilità per il Regno, vi aveva acconsentito e l'aveva approvata con Atto del Parlamento dell'anno 1562, fol. 183. Il Re non aveva allora imposto la sua volontà, ma aveva ricercato il *consenso del Regno*, mandando dalla corte un ministro affinché, seguendo tutte le procedure legali del caso, la riforma potesse essere perfezionata. Ed erano passati sette anni dal 1562 per la definizione del provvedimento nella forma di un atto pubblico perfetto. Ora si pretendeva che con quella concessione dell'anno 1562 il Regno avesse inteso spogliarsi della facoltà di opporsi *quante volte dal Re si volesse mutar cosa intorno à Magistrati*, e che si fosse inteso dare libertà al Sovrano di disporre a suo piacimento contro i Capitoli del Regno, ignorando il fatto che nello stesso atto di approvazione dell'anno 1562 era stato stabilito che fuori di quei Capitoli, costituzioni, sanzioni, prammatiche e privilegi con quell'atto riformati, *non si intendesse con detta approvazione recato alcun pregiudizio, né diretto né indirettamente al resto dei Capitoli, gratiae e costituzioni* e che per l'avvenire *tutti i Capitoli che non fossero rivocati dalla Nuova riforma restassero illesi, illibati e nella sua osservazione*.

Nel 1562 il Parlamento aveva ritenuto utile al Regno riformare alcuni Capitoli. Ma ora tutte le considerazioni relative ai nuovi ordini erano contrari al bene pubblico e allo stesso regio erario, ed i Deputati avevano l'obbligo di opporsi. Erano tre i punti in cui il nuovo sistema imposto discordava dai Capitoli e dalla Leggi del Regno: l'introduzione nei Magistrati di *ministri esteri*, l'accrescimento del numero, ed il renderli perpetui. La dettagliata analisi che i Deputati fanno delle tre problematiche conduce ad una appassionata difesa del miglior sistema di funzionamento possibile della Giustizia, nel rispetto dei costumi e degli usi del Regno, della celerità del suo espletamento, della correttezza, dell'impegno, del rendimento, del bene pubblico, della rettitudine, della possibilità di poter sindacare, della prevenzione, del buon governo. E la perpetuità sarebbe stata contraria al buon governo, che tra l'altro consiglia di *non creare molte persone di grande autorità nella Città, poiché ne seguirebbe l'oppressione di molti*.[7]

Le regole del buon governo vietavano anche di accettare scambi. Non era interesse del Regno introdurre nel sistema giudiziario, del quale viene sottolineata l'estrema importanza e funzione vitale, due ministri stranieri, seppur con la remota prospettiva di due Siciliani da introdurre in funzioni estere, perché, dicono i Deputati due erano i casi: se si fosse trattato

---

[7] *Capitolo 469 del Re Alfonso* nel quale si dice che essendo gli Officiali perpetui si dà materia d'esser maltrattati i Vassalli di Sua Maestà. *Tacito: annualium superbir nomine* …(cfr. Doc. 2).

di uomini di talento non era interesse del Regno farli allontanare, e se al contrario fossero stati uomini di poco valore sarebbero stati di disonore al Regno.

Con le ultime parole dello *Scritto*[8] si interrompe il documento sin qui esaminato. Ed è un segnale dei difficili rapporti tra il Monarca austriaco e i Siciliani, nonché dell'atteggiamento del Sovrano che si riteneva sciolto dall'impegno al mantenimento dei secolari Privilegi del Regno, che erano stati rispettati dai regnanti predecessori. I patti del Trattato di Utrecht del 1713 riguardanti la Sicilia si erano disciolti come il fumo: l'isola era stata scambiata ed i Privilegi del Regno non venivano rispettati. Dai Deputati venivano richiamate le disposizioni degli antichi regnanti, evocati come persone attente alle necessità del Regno di Sicilia.

Ma ormai la Sicilia era solo una terra da spremere, a distanza. Nel 1713, con l'insediamento dei Savoia, che proprio in Sicilia sperimentavano il titolo Reale, veniva aumentato il diritto di tratta del grano, e casualmente nello stesso anno si impiantavano i semineri in Morea e nel Levante. E quando viene chiesta l'abolizione del diritto di tratta al suo successore, il Sovrano austriaco non rinuncerà ad un tarì, a favore dei suoi *fidelissimi Vassalli* siciliani, e ordinerà il *rimplazzo* del corrispettivo che sarebbe venuto meno al suo Erario con la ipotetica futura minorazione o abolizione del diritto di tratta.

La Sicilia, con la sua *miniera* ormai svanita ed il deplorevole stato dei suoi abitanti, risentiva della lontananza fisica e spirituale del nuovo Sovrano che aveva la reggia a Vienna. Nel giro di qualche anno avrebbe ancora una volta cambiato padrone. Questa volta, nel 1734, il dado sul tappeto verde avrebbe consegnato la Sicilia a Carlo di Borbone, che avendo già conquistato Napoli sottraeva la Sicilia agli Asburgo. Il riconoscimento di sovranità ai Borbone veniva formalizzato con il Trattato di Vienna del 1738 e sarebbe cessato quando con le imprese garibaldine la Sicilia sarebbe ritornata sotto il dominio dei Savoia, con il progetto che sarebbe stato consegnato alla storia sotto il titolo di *Unità d'Italia*.

APPENDICE DOCUMENTARIA

Documento n. 1

Haviendosele remisido a S.E. de la Corte el Memorial, y escritos adiunto, presentados a S.M. en nombre de la Diputacion del Reyno, nò queda lugar a la duda del recurso hecho sin la Noticia de S.E. , ni la queda tampoco en la assercion que la diputaciom hezo que esto no se havia tratado jamas en la diputacion , paraque se vea que a qui hay grande arteficio entre los particulares, que la componen. Y siendo justo que elo se aclare, como es razon, paraque la Autoridad de S.E. tenga à toda à quella Satisfacion que es devida à su caracter. Me manda passarle a manos de V.S. à finque no' solo se esplique sobre el ounto del recurso si no' sobre la substancia de el teniendo V.S. entendido que assì como Sua Mag. entiende, que el punto de su facultad legal en orden à la perpetuitad es incontrovertible desde que el Parlamento del año 1662 confrio esta facultad à S.M. assì mismo cree nò se leden en nada los Capitulos del Reyno en lo que toca a los forastieros puej siendo estas Plazas sobre numerarias quedan los naturales con todo à quel goze, que h'enen por su Naturaleza y aun en este Caso mas pues el aumento Supernumerarlo cede à favor de los Regniculos en la mitad Plazas que nò

---

[8] Documento n. 2, allegato.

poduan ocupar sino se hiviesse essa Creacion y esecutandose esto mismo en el Reyno de Napoles, entende aunque hay el mismo actual privileglo de que devan conferirse sus Plazas à solos Naturales yamas ha dudo a quel Reyno admiter en las Supernumeranas los forasteros. Y no podna Crearse, ni [illegibile] sin ofenza de este Reyno, que en el Reyno de Napoles tengan mas rasignacion à admitir las resoluciones de S.M. quando es incontrovertible que los beneficios, que su Pletad, ha usado con este Reyno Son mucho mas excelsi. Nos, de que nò se duda tenga V.S. muy presente la Menoria para Segun ella regiar el dittamen que S.E. me manda aon explique V.S. sobre todo D.g.de à V.S. m. a Palermo à 13 de novembre de 1729.

El Conde de Quiros

A la Diputacion de esse Fid.mo Reyno

(ASPa, Deputazione del Regno, 268)

Documento 2

S.C.C.R.M.ta

È particolare obbligo dé Deputati del Regno di Sicilia di supplicare S.M. per l'osservanza di tutti i Capitoli, Costituzioni, grazie e Privilegi del Regno senza che fossero richiesti, essendosi ciò a lor imposto dà molti Parlamenti, ed in particolare da quello tenuto in Messina del 1585 à 16 maggio. Mancherebbero dunque al loro obbligo se avendo avuto un Biglietto di S.E. in cui si dava avviso della risoluzione presa da S.M. di far perpetui i Giudici della Gran Corte aumentandoli a 10 fra i quali due Esteri, avessero tralasciato di supplicar S.M. per mezzo di S.E. tornandole a mente i Capitoli del Regno, che si oppongono a questo Nuovo Sistema, e questo non già che non si faccino Sommo Onore di venerare ciecamente gl'ordini di S.M., ma per sodisfare al loro dovere e farsi conoscere con ciò li Devoti Vassalli della Maestà Sua.

Tre cose discordano nel proposto sistema dà Capitoli e leggi del Regno, la prima è l'introdursi né Magistrati Ministri Esteri, la seconda accrescerne il numero, e la terza renderli perpetui: per la prima ogn'uno sa che una delle principali grazie che il Regno di Sicilia riconosca dalla benignità dé Suoi Sovrani e di cui i nostri Maggiori sono stati tanto solleciti sia quella che tutti gl'Ufficij del Regno fuori di Vicere e Conservatore si conferissero à Regnicoli esclusi gl'Esteri. (Cap: 368 del Re Alfonso fo: 180 et Cap. 378 fo. 184. Cap: 416, fo:193. Cap: 8 del Re Giovanni fo: 236. Cap: 68 del Re Ferdinando fo: 309. Cap: 18 del Re Carlo fo:345 et Cap: 132 fo: 400).

Anzi avendo il Parlamento acconsentito alla riforma dé Tribunali fatta da Filippo 2° nel 1562 si riservò espressamente; e sotto questa legge prestò il suo Consenso acciò fossero gl'Ufficiali sempre Regnicoli (Atto di Parlamento del 1560 fol: 163).

E non senza ragione dee il Regno tener tanta cura per questo Privilegio a causa dé grandi disordini che derivano in avere Ministri Esteri massime nel Tribunale della Gran Corte che ignorando le nostre leggi, Costumi e il rito, il quale è differente d'altri Paesi, o giudicherebbero a torto, o prolungherebbero le liti, volendosene informare, o si darebbero in mano di qualche Avvocato del Paese, che a modo suo ne disponga, come anche verrebbero ad uscire dal Regno qualche danaro, come l'esperienza ce l'insegna.

Nè riuscirebbe la grazia, che S.M. farebbe di dar due luoghi a Siciliani né Magistrati Esteri, imperocché l'utile sarebbe dé particolari, la dove il danno è del pubblico, al quale non giova l'andar due Siciliani fuori del Paese, perché ò son persone di talento, ed è una perdita, ò di poco entità, ed è disonore della Patria non potendo i Deputati sotto questo specioso colore acconsentire a una cosa tanto ai Capitoli contraria, e molto meno può risarcirsi l'inconveniente d'introdursi forastieri nella Gran Corte dall'accrescimento del lor numero essendo la Medicina peggior del Male, è duopo perciò sapere che sin dal tempo dei Normanni e Svevi compone vasi il Tribunale di 4 Giudici servendo per tutto le due Sicilie essendo Capo il M.lo Giustiziere carica esercitata da primarij Baroni del Regno (Const: del Regno li: 1 de offic: Mag: instit. tit. 38).

Nel tempo degli Aragonesi ci fu qualche mutazione, onde il Re Alfonso considerando che la Moltitudine dei Giudici recava più Confusione che facilitazione à gl'affari, perciò li ridusse all'antico Numero di 4 (Cap: Reg: Alph: 76 fo: 100 et 113).

Al che poi fu domandato espressamente nel Parlamento Cap: 368. fo: 180 ed era tanto à cuore dé Maggiori che non si accresce il numero, che avendo domandato in un altro Parlamento il Regno al Re Giovanni che i Giudici finito il Biennio restassero Persone private, non lasciò d'incalzare che non se ne dovessero creare che quattro (Cap: Reg: Joa: fol: 238).

Ed essendosi sotto Carlo Quinto Imperadore aumentate le liti per la domanda del Parlamento né furono stabiliti sei cioè 3 per le cause Civili e 3 per le cause Criminali, e quei che nel primo anno erano eletti Criminali nel secondo erano Civili, et à contra (Cap: 231. Reg: Caro: fol. 455).

Nella riforma di Filippo Secondo non s'innovò cosa intorno al Numero, ma si mutò la regola di sopra e restò stabilito che i designati per le cause Criminali continuassero, et contra, e cossì oggi si prattica.

Da ciò si deduce che l'accrescersi il numero dé Giudici sudetti sia del tutto contrario ai Capitoli del Regno, derogandosi il Cap: di Carlo V sin'ora osservato.

Né debbonsi preterire gl'inconvenienti nati dalla Moltitudine dé Giudici considerati da molti Principi et in particolare dall'Imperadore Fiderico e Alfonso solleciti al buon regolamento dé loro Stati (Const: Regni Const: Occupatis fo: 110 Col: 2. colle parole degne da notarsi *Ad cuiue consumationem cura percipui laborantes necessarium duximus Officialium omnium per quos Justitia colitur, et culta petentibus ministratus taxare tempus Offici jet numerum prefinire ni aut confusio numeri pluriuso prestet pr.dare materiam vel infinitas temporis crassandi licenzia tribuat largiorem*).

Ed Alfonso comincia le sue leggi dalla riforma del Numero dé Giudici dicendo che la Moltitudine confonda la Giustizia (Cap: 1 et 78 eiusdem fol. 113 et 100) dalla quale ragione il Regno domandò à detto Re che i Giudici della Gran Corte non fossero più che quattro (Cap: 308 eiusdem fol: 180).

S'inferisce da ciò che i litiganti sarebbero costretti à far Maggiori Spese e che oltre le provisioni toccano à Giudici altri dritti, che aumentano secondo il loro numero, come sono delle Missioni, lettere, Mandati, presentazioni di Allegazioni, ed altri, si prolungherebbero le liti dilatandosi la giustizia : Cit: Cap: 368. e nascerebbero magiori impedimenti per la spedizione delle cause essendo i Giudici 5, che non né sopravengono essendo tre, e costarebbe magior fatica e spesa à litiganti dovendosi prender maggior numero d'Avvocati, Auricolari, la dove col restare sei oltre il sfuggirsi d'inconvenienti ed osservarsi i Capitoli del Regno, ne risulterebbe al Regio Erario il vantaggio di 4 mila scudi dacché secondo il sistema proposto si dee sopra le provisioni assignare à Giudici della Gran Corte il salario di scudi 1000 l'anno per ogn'uno e qui si deve considerare che non è possibile mettersi insieme in un'anno 12.000 scudi di provisioni, giachè tanto bisognerebbe, per pagarsi i salari, e il quinto, che al Re appartiene di modo che sarebbe forza ò che si prendesse quel che manca dagl'altri introiti della Gran Corte, cosa da non pensarsi ora per le strettezze del Regio erario, ò che i Giudici restassero col salario minorato, il che potrebbe apportare pregiudizio alla retta Amministrazione della Giustizia, ò infine che si postergasse il quinto, che al re tocca, e ne resultarebbe l'interesse di più particolari, che se lo trovano dalla Regia Corte comprato.

Né vale il dire che aumentandosi il numero dei Giudici si eviterebbero i Giudici aggionti, mentre l'Aggionti si danno per le sole cause di poco momento che sono poche à riguardo di quelle mediocri per le quali resterebbero sempre in cinque Giudici in oltre il domandar aggionti dipende dalla volontà delle parti, il che non succederebbe essendo ordinarij, e in fine il numero di cinque Giudici non fa che non sentendosi le Parti contente non potessero domandar degli Aggionti.

Né pur vale il dire che l'attuali Giudici non siano sufficienti per decidere le cause perché vediamo che più tosto manca loro materia d'occuparsi, che tempo per esaminare le cause.

Vengasi ora al 3° punto della perpetuità cosa in vero del tutto nova e lontanissima dalle nostre leggi e Costumi, il che conoscendo molto bene l'Imperador Fiderico tolse i Giudici perpetui e gli rese temporali, come egli spiega nella Cost: occupa: fo: 110. col: 2 et const: vedi fo: 111 col: 1 *Né infinitas temporis crassandi licenzia tribuat largiorem.*

E dopo la cennata costituzione di Fiderico sono stati sempre temporali e che si mutassero di due in due anni fu stabilito dal Re Alfonso (Cap: 368 et 447. fo: 180 et 199).

Ed avendo questo Principe voluto dopo di ciò confermare per uno dé Giudici della Gran Corte per la parte di Palermo a Nicola Settimo si dichiara nel Cap: 501. fo: 219 così: *et vult Regia Majestatis quod dictum Regnum gratam et acceptam habeat dictam electionem, quod ad dictum Nicolaum de Settimo nullo prejudicio generato eiusdem Regni Capitulo super creandis Judicibus quolibet biennio dicto Regno concesso.*

Dal che si vede aperto che il mutarsi i Giudici della Gran Corte di due anni in due anni sia privilegio e grazia conceduta al Regno secondo si vede nella domanda del Parlamento al re Giovanni successore di Alfonso (Item supplicat totius Regni Universitas quod placeat R.M. quolibet biennio de mense settembris iuxta formam Capitulorum Regni mutare JJudices M.R.C. Cap: 14 eiusdem.

Ed avendo supplicato il Parlamento à favore di Catania acciò il Giudice della G.C. che dovea esser catanese fosse originario di quella città e non già cittadino à privilegio dice *Item cum per capitula Regni cautum et expressum sit quod Judises M.R.C. quolibet biennio mutarsi debeant.*

Ciò supposto come può la Deputazione accettar senza replica una Novità di questa conseguenza, derogandosi i Capitoli si chiari del Regno, massime che si trova nelle memorie dé suoi Magiori, che avendo mandato il Regno per suo Ambasciadore in Spagna al Marchese d'Avola, e datogli fra l'altre istruzioni quella di procurare la conferma dé Giudici della Gran Corte che per cagion della Peste stata nel Regno erano restati loro interessati, gli avverte che s'intendesse la grazia senza pregiudizio all'ordine di mutarsi di due anni in due anni, argomentandosi con ciò la Cura avevano di conservar tal privilegio.

Si oppone di più tal perpetuità à Capitoli, mentre vediamo che il regno domandò a Re Alfonso che i Giudici si dovessero sindicare finito il loro Officio fra termine di sei mesi, e ne ottenne la grazia (Cap: Re: Alph: 366. fo: 179).

Supplicò altresì al Re Giovanni che si mutassero di due in due anni e passato il biennio restassero persone private e fossero sindicate gli fu conceduto (Cap: 14 eiusdem fol: 238).

Vi è pure un capitolo del Re Ferdinando 111 fol: 327 in cui si stabilisce che i Giudici della G.C. dovessero vacare per anni 4 cioè per due vicende, dovendosi cossì intendere i Capitoli del Regno dove era ordinato che i Giudici della Gran Corte e tutti gli Officiali annuali dovessero vacare due anni avanti che altra volta potessero concorrere à quel medesimo Officio; il che né Giudici era interpretato, secondo la lettera, cioè che stando nell'officio per due anni non vacassero se non altri due anni, quando che l'intenzione del regno era stata che dovessero vacare per anni 4, cioè due vicende come gl'altri Ufficiali annuali.

Vi è in fine il Sindicato un Capitolo dell'Imperadore Carlo V, 209. fo. 438, quali tutti si derogherebbero colla perpetuità dé Giudici, tanto più che Filippo Secondo, a cui il Regno diede la facultà di riformare i Tribunali per un'atto di cui ne parleremo in appresso dispensando anche a Capitoli e leggi del Regno lasciò questi Capitoli nel suo pieno vigore (pramm: un: de refor: Tribuna: ibi: *Judices ipsius M:R:C. remaneant sex quorum tres causis criminali bua reliqui civili bus pro ut actenus incumbant ita quod quolibet electio ipsius duret per biennium, quo finito teneat sub sindicatu*).

Riservandosi solo la facultà di poter promuovere per Giudice della G.C. anche quei che non avessero vacato, che un biennio, e derogando il riferito Cap: di Ferdinando *"reservata tamen S.C.C.M.ti Facultate eodem in 2° biennio promovendi lapsu biennorum in Regni Capitalis contento, qui hactenus servatus fuit non "*:

Da che dee inferirsi che fuori di questa particolarità volle nel resto il Re Filippo lasciare i Capitoli nel suo Vigore e Fermezza.

Ne si può opporre che i Capitoli del Sindicato non siano osservati, perché non essendovi legge posteriore derogatoria, anzi essendo confirmati nella Prammatica di Filippo Secondo, ch'è la ultima legge, che abiamo può la Deputazione in adempimento del suo obligo supplicarne a S.M. l'osservanza e l'esecuzione.

Non giova dire che gl'Ufficiali perpetui debonsi sindicare e che per ciò per quel riguarda il Sindicato poco monta se i Giudici siano temporali o perpetui imperocchè per la parte che ad essi spetta vediamo che il Regno ha domandato che si mutassero, affinchè divenendo private persone si potessero Sindicare prova ben che chiara che durante la loro carica non potrebbe praticarsi contro di loro il Sindicato nella maniera che il Regno bramava, perché dipendendo dall'accuso delle parti, che si troverebbe che accusasse uno che sta attualmente esercitando una Carica di tanta autorità ed indipendenza, per la qual cosa tutti i Capitoli di Sindacatura pongono per fondamento di questo Sindicato la loro mutazione non volendo che si sindicassero se non finito il loro Ufficio perché altrimenti o non potebbosi praticare o pratticandosi non se ne caverebbe frutto di modo che non mutandosi i Giudici, ancor che fossero Sindicati sempre verrebbe a ritrovarsi i Capitoli che vogliono che si mutassero affinchè fossero sindicati.

E per conoscere le intenzioni che sempre ha avuto il Regno si dee sapere che i Giudici della G.C. finito il loro Ufficio venivano Sindicati dà loro successori. Ma poiché da ciò non se ne ricavava quel profitto necessario supplicò il Regno la Maestà di Carlo V che i Giudici, finito il loro Ufficio, stessero al Sindicato innanzi al Vicere col voto e Conseglio di due Dottori Regnicoli da esso eligendi, e che non si sindicassero dà lor successori, acciocchè i Giudici / son parole dell'istesso Capitolo 63.fol: 365 del Re Carlo/ procedessero più rettamente alla giustizia ed *avessero più avvertenza e timore*. Controvendo di venir gastigati, il che fu al Regno concesso. Ma bisogna che poi non abbia avuto effetto da che vegiamo un altro Capitolo dell'istesso Carlo Quinto

169.fo:415, nel quale il Regno replica le sue stanze dicendo ch'essendo osservanza del Regno che i Giudici si giudicassero per li successori li quali essendo Dottori Regnicoli e rispettarsi l'un con l'altro tanto per mezzo d'amicizia e parentele come per altre cause e rispetti, poca giustizia si potea conseguire contro l'accusati e che però il Regno supplicava S.M. acciò in avvenire i Giudici che si avranno da mutare di due anni in due anni finito il loro Ufficio si dovessero sindicare per un sindicatore estero, il che fu concesso. Ma non essendosi posto in osservanza tornò il Regno a far le sue istanze come si vede nel Cap. Reg:Caro:209. fol. 438, con aggiungervi che il Sindicatore dovesse venire coll'elezione dè nuovi Giudici e che non venedo s'abbia d'aspettare per sindicarsi i passati Giudici per due mesi, da che sarà mutata la Sedia e finalmente che non venendo il Sindicatore fra i due mesi da contarsi dal giorno che si muterà la Sedia, che i Giudici si dovessero sindicare per li loro successori, il che ottenne il regno nella maniera che desiderava.

Ma per tornare al nostro Posto che vi è chi possa richiamare in dubio, che il rendersi i Giudici perpetui sia contrario ai Capitoli del Regno, anzi la forza del vero costringe l'istesso Mario Cutelli, tutto intento a sostenere l'opposto a confessare nella sua Consulta, che va stampata nel Codice, che il farsi i Giudici perpetui sia contrario à Capitoli del Regno e che si dovesse esaminare se nulla ostante i Capitoli si potesse fare una si fatta Novità.

Sono poi gl'inconvenienti della perpetuità sì manifesti, che se ne spiegano alcuni fra i quali quel che penzò Fiderico toccante à Giudici *né infinitas temporis crassandi licenzia triduat longiorem*.

Per secondo essendo detti perpetui non penserebbero à sbrigare le cause, *vedendosi oggi che dette si decidono quando sta per terminare il biennio loro*, e che oltre di ciò non si deciderebbero che i soli Articoli lasciandosi da parte la determinazione del Merito, alla quale si viene regolarmente per grazia della provisione il che come ogn'uno vede renderebbe le cause più lunghe *sperimentandosi né Tribunali ciò dove i Ministri son perpetui*, s'aggiunge l'autorità dè Giudici, che mosse à Carlo V come si legge nel Cap: 136: fol: 402 iusdem di prohibir loro il proseguir le liti durante la loro carica, e le regole del buon governo non consentono che nella Città vi fossero molte persone di grande authorità del che ne seguirebbe oppressione di molti, Cap. 469 del Re Alph: nel quale si dice che essendo gli Officilali perpetui si dà materia d'esser maltrattati i Vassalli di S.M., come dice Tacito li: 10 *annualium / superbir nomine etiam annua Magistratus designazione quid si honorem per quinquennium? quod si per omnem vitam agitent*.

In oltre il mutarsi i Giudici di due in due anni è un gran freno per coloro che l'esercitano di portarsi con rettitudine per far loro merito in avvenire ed avvenga che essendo perpetui potessero *rimoversi quei che si governano poco bene* non per tanto, e molto più malagevole il rimuovere un ministro perpetuo che escludere un Mal pretenzore.

In somma essendo la Giudicatura una cosa di tanta gran fatiga, e ben fatto, che vi entrassero Sogetti per dir così freschi e nuovi essendo naturale à Siciliani esser più fervorosi né principii, che nel progresso, massime quando un'entra Nuovo si studia di mostrare il suo talento e farsi riputazione, oltre che essendo perpetui diventando vecchi sarebbero d'impedimento à gl'affari ed alle Cause.

Ne segue pur il pregiudizio al Regio Erario venendo col togliersi i Giudici della G.C. temporali à scemare il dritto di mezz'annata, come anche mancherebbero i dritti di Spedizioni di Patenti ed altri che spettano à particolari che han comprato gl'Uffici con questa speranza.

Finalmente mutandosi i Giudici della G.C. di due anni in due anni vi è il favor pubblico potendo tutti godere di questa Carica ragione citata nel Cap. III del Re Alfonzo.

Non vale il dire che togliendosi i giudici perpetui si toglierebbe altresì l'inconveniente che veggiamo succedere, che alcuni ancorchè siano Giudici si trattengono la loro clientela, primo perché il rimedio sarebbe peggior del male, ed in secondo perché sappiamo che il disordine della clientela si verifica non meno né Ministri perpetui, che né temporali, se non in propria persona in quella al certo dè figli o parenti, che vale l'istesso.

Noi poi abbiamo i nostri Ministri perpetui, come sono i Presidenti, Maestri Razionali ed Avvocati Fiscali, che sono quelli che reggono il governo politico del Regno, e che però, e ben fatto, che siano perpetui per andarsi vi è più delle cose delle Stato, ma i Giudici della G.C. non sono come i Ministri di giustizia non avendo parte alcuna al politico governo importando poco se non fossero perpetui, bastandoli per esser buoni Giudici esser buoni Juris consulti, il che s'acquista coll'esercizio dell'Avvocazia e colla prattica del foro.

Tali inconvenienti furono noti pur à Romani, essendo in tutti i tempi presso loro i Magistrati stati temporali e specialmente i Pretori, ch'erano quei che giudicavano le cause.

Se bene questo punto di perpetuità in fine siasi in altro tempo proposto e dibattuto come dice detto Cutelli citato di sopra, il quale asserisce che veniva promosso dal Vicere Duca d'Alcalà con tutto ciò la Corte di Spagna mai volse aderire e lasciò le cose nel Stato in cui erano, e sono.

Si noti pure che per mutarsi un'ordine si antico, e con leggi fondato, senza potersi sapere la mala conseguenza che ne potrebbe risultare col tempo sarebbe almeno necessario che vi fossero in contrario chiare raggioni, e certi argomenti, che dà una si fatta mutazione ne potesse derivare al Regno un sicuro Vantaggio.

Posto ciò, come può la Deputazione, anche che la cosa utile fosse al regno benchè contraria alle leggi, acconsentire in questa Mutazione, senza un Parlamento, conoscendesi dalla Mutazione chiari disordini e niun giovamento al pubblico e al Servizio di S.M.?

Veniamo ora alla difficoltà in cui si sono fondati alcuni dè nostri colleghi di Sentimenti a Noi contrari, ella è appoggiata sopra un atto del Parlamento del 1562, che per conoscersi di qual peso sia bisogna sapere che volendo la Maestà di Filippo II riformare e mutar l'ordine dè nostri Tribunali dopo d'essersi pienamente esaminato e disposto nella Corte l'affare ed il modo d'eseguirsi fu spedito in Sicilia il Marchese Ordiolo, con tutte le instrumentzioni per detto affare, e con lettere Credenziali al Vicere ed alla Deputazione fu intimato per ordine di S.M. il Parlamento dove furono tutte le Commissioni del Marchese intorno alla riforma dè Tribunali à fine che il Parlamento prestasse il Consenso derogandosi a molti Capitoli del Regno, e conosciutasi la proposta riforma d'utile al Regno in fine il Parlamento l'accettò e l'approvò ed ad essa acconsentì nella forma sembrerà a S. Maestà di disbrigarla: Atto del Parla: del 1562 fol. 163. Come seguì detta riforma dopo sette anni per mezzo della pubblicazione della Pramm: uni: de reform: Tribunalium.

Or da questo, chi prende le cose per loro dritto verso una ben distinta riprova della benignità di quel Re verso il Regno, dacchè potendo di sua plenaria potestà ordinare la riforma, volle non di meno prima di tutto stabilirla averne il consenso del regno, mandando seriamente dalla Corte un Ministro dà questo atto di grata memoria ne cavano i colleghi che il regno s'abbia per sempre e per tutto il tempo d'avvenire Spogliato della Facoltà di opporsi quante volte dal Re si volesse Mutar cosa intorno à Magistrati, avendo data tutta libertà al Sovrano di disporre come gli piacesse di questa parte etiam contro i Capitoli del Regno. Ma quali parole del detto atto cominciando dal principio sino alla fine possono dar occasione ad interpretarlo in questa guisa? Dove sono mai le Formole che riguardano il futuro? Anzi a mirar dritto la contestura d'esso! Ad ogni Motto, rende ogni prova in contrario: leganssi le parole attentamente *Agnoscentes detta nova reformatione et institutione Tribunalium et Officiorum e quell'altre et easdem reformationes et de novo institutiones acceptaverunt, ac acceptat, approbant, laudant et confirmant* eisque *cioè a dire Nove informationi ed instrutioni consentierunt et consentiunt.*

E poiché essa riforma non era del tutto sbrigata mancando l'autorità Regia ed altri Requisiti per renderla in atto pubblico, e perfetto, come in fatti passarono sette anni à pubblicarsi la sudetta Prammatica, perciò seguono quelle parole *eo modo et forma quibus melius ipsi Cat.ca M.ti visum fuerit expedire*. Dal che non può altro dedursi, se non che il regno volle approvare quei capi di riforma nella Forma che meglio sembrerà al Re di sbrigarli e conchiuderli di modo che dopo già del tutto ordinata la riforma e pubblicata la Prammatica, che la contiene, l'atto fu perfetto né può mai riguardare il futuro, anzi nello stesso atto d'approvazione e contentamento si dice *che fuori di quei Capitoli, costituzioni, Sanzioni, Prammatiche, gratie e privilegij, che venissero in detta riforma derogati non s'intendesse con detta approvazione recato alcuno pregiudizio, né diretto né indirettamente nel tempo futuro al resto dei Capitoli, gratie e Costitutioni, che vi fossero in questa materia del tribunale non derogati dalla detta riforma la quale non si possa tirare in conseguenza, ma che per l'avvenire tutti i Capitoli che non fossero rivocati dalla Nuova riforma restassero illesi, illibati e nella sua osservanza.*

Ma figuriamoci, che il Marchese Ordiolo non abbia fatto altro nel Parlamento che manifestare la voluntà che il Re aveva di voler riformare i Tribunali senza venire ad altra particolarità circa il modo e Capi di riforma e che il regno inteso questo, abbia detto che acconsentiva a tutto quello che al Re sembrerebbe meglio di fare su questo punto. Non sarebbe un'equivoco il dire che un'atto di questa sorte riguardi il futuro, e possa tirarsi fuori del Soggetto al quale è diretto avendosi maggiormente effettuato il progetto, che si propose, e su cui cade il consentimento del Parlamento! Siccome ragione insussistente sarebbe se uno dasse in mano d'un'arbitro una sua pretenzione dicendogli che consente a tutto quello che sarà da lui determinato, se poi partecipato il parer dell'arbitro si dicesse esser stato quell'atto di consentimento un'atto che riguardi il futuro, di modo che il pretensore s'abbia abbandonato per sempre in mano dell'arbitro, etiam per quelle cose che sono bensì appartenenti all'affare da esso determinate, ma non già contenute nella già Fornita Determinatione.

S'adduce a ciò un altro forte Argomento per farsi conoscere vi e più l'equivoco dè Contrari se deriva ciò dal C. secondo citato in esso si riserva il Re di promovere quei che sono stati Giudici della G.C. nel secondo biennio, senza spettare il lasso di due bienni, che si contenevano né Capitoli del regno, come sin all'ora si era osservato, s'inferisce che non è ragione fondata quel che si dice dà Contrari che il Regno per l'atto del Parlamento del 1562 abbia data al re tutta la facoltà di mutare e riformare i Tribunali non solo quella volta, ma anche in perpetuo ed in futuro, e quando gliene venisse à grado e se altrimenti fusse, non avrebbe il re avuto bisogno di riserbarsi espressamente la Facoltà di promover per Giudici anche quei che non avessero vacato per lo spatio di 4 anni contenuti nè Capitoli del Regno.

In oltre se il Re vigor di detto atto potesse riformare i Tribunali / etiam derogando à Capitoli del Regno/ il detto Cutelli, a cui non era ignoto detto atto, non avrebbe confessato/ancorchè sosteneva il contrario/ che si dovesse esaminare se non ostante il Capitolo del Regno si potessero fare i Giudici della G.C. perpetui, e pure Cutelli visse molto tempo dopo della pubblicazione di detta Prammatica non che del detto atto.

E anche molti anni dopo la lettera d'istrutione fatta dà Deputati al Marchese d'Avola, e pure i Deputati di quel tempo non ebbero difficoltà d'avvertire all'Ambasciadore che ottenendo la grazia non lasciasse di farli aggiungere la riserva che non s'intende esser recato pregiudizio all'ordine del Regno di mutarsi i Giudici di due anni in due anni.

E finalmente posteriore del detto Atto del Parlamento la lettera Reale, appresso Grosso sopra la Costituzione Prammatica scritta da Filippo Quarto al Vicere Principe di Paternò era morto Don Francesco Sensiglia Messinese prima di prender possesso di Giudice della G.C. e fu eletto dal Vicere Don Vincenzo Girgenti del regno, e perché era ciò contrario a Cap: come si dice in detta lettera, per i quali si dispone che vacando un Messinese deve surrogarsi altro Messinese, perciò rivocò il re la nomina imponendo al Vicere di regolarsi in avvenire secondo i Capitoli del regno. È chiaro dunque essere equivoco quel che si oppone dà Colleghi Contrari, che in avvenire in vigore di detto atto s'intendano rivocati tutti i Capitoli e le leggi del regno, che parlano potendosi da questo dedurre/se ciò fosse/ valida ragione che il Re non sia tenuto nell'elezione dè Giudici della Gran Corte d'osservar quello che si prescrive né Capitoli circa il Privilegio dè Messinesi e Catanesi, il che però vedesi puntualmente eseguito.

(ASPa, Deput. Regno, 268)

Ricerche
VII edizione (2017)

Per sollecitudine di Sua Ecc. Rev.ma
Mons. Giovanni Sergio, Vescovo di Cefalù
Il telone quaresimale di Mistretta

Nuccio Lo Castro

L'uso di ricoprire le immagini sacre durante il periodo di Quaresima con teli e sudari si fa risalire ai secoli del primo millennio; in tutto l'Oriente sembra fosse una pratica diffusa fin dal IX secolo.
In conseguenza delle Crociate, un'analoga tradizione penetrò anche in Europa. In Germania si conservano ancora dei *Fastentuch* o *Hungertuch*, ossia "drappi della fame", dipinti su lino o canapa, cosiddetti certamente perché si esponevano nel periodo in cui si praticava il digiuno quaresimale. In Sicilia una tesi non suffragata da documenti sarebbe quella dell'introduzione ad opera dei cavalieri teutonici durante il Regno degli Altavilla. Tuttavia fin dal XV-XVI secolo si hanno notizie d'archivio, tra cui anche al riguardo di Mistretta, come si dirà più avanti. Un notevole incremento si ebbe a partire dal tardo XVIII secolo, con un picco durante il successivo; sono di questo periodo i grandi *teli quadragesimali* di S. Domenico a Palermo, dalle impressionanti dimensioni (quasi 300 mq), di S. Giovanni a Ragusa (opera dei calatini Giuseppe e Francesco Vaccaro, di m. 13 x 9), di Melilli e Buccheri (opera dei siracusani fratelli Raffaello e Michelangelo Politi). Alcune città siciliane dove si realizza ancora o si ricorda questo uso, sono Milazzo, Novara di Sicilia, Biancavilla, Nicolosi, Militello in Val di Catania, Belpasso, Pedara, Catenanuova, Niscemi, Vittoria, S. Angelo Muxaro, Centuripe, Pietraperzia, Enna, Piazza Armerina, Assoro, Leonforte, Barrafranca, Gratteri, Petralia. In alcuni di questi vi è ancora la pratica della caduta, mentre in altri il telo scopre l'altare venendo ad essere lentamente sollevato. La tradizione così diffusamente accolta nell'Isola, si collega evidentemente alla naturale inclinazione nei confronti delle Sacre Rappresentazioni di gusto barocco, ma conserva tutta un significato simbolico e teologico. Con la Passione e morte di Gesù l'umanità attraversa un tempo di oscurità, dolore e privazione della visione del Cristo: con la Pasqua si rompe tale velo e si può godere appieno della gloria del Risorto e assaporare uno squarcio della vita eterna.
Conservato tutto l'anno in un'apposita cassapanca posta nel coro, il grande telo quaresimale (*u' tulune*) di Mistretta viene dispiegato e trattenuto mediante apposite corde e carrucole così da coprire la grande arcata di accesso al presbiterio durante la Quaresima e viene fatto cadere la notte di Pasqua per disvelare ritualmente l'altare e la statua del Cristo Risorto. Dopo il "Gloria" infatti le corde a cui è sospeso vengono rilasciate improvvisamente, e la stoffa scende velocemente ripiegandosi, tra il suono dell'organo, canti, rintocchi di campane a festa, squilli di campanelli e una palpabile euforia avvertibile tra i fedeli.
Si tratta di un grande telo di lino avente notevoli dimensioni (circa 125 metri quadrati), ottenuto dalla cucitura di strisce di stoffa larghe 49 centimetri, di forma rettangolare e con terminazioni cadenti ai lati del bordo inferiore, ad imitazione di uno stendardo. Dipinto in monocromo con le più diverse tonalità di blu, racchiude il soggetto dipinto entro una cornice percorsa da una sorta di asta avvolta da foglie di cardo, alloro e quercia, sormontata da una targa scartocciata con iscrizione e decorazioni ai lati. Nelle frange inferiori sono invece due simmetrici festoni su cui sono disposti i simboli della Passione: catene, dadi,

coppa, scala, bastone con spugna (sulla sin.); martello, croce, tenaglie, lancia, chiodi, tamburo, gallo (sulla destra).

In una corte, racchiusa da edifici visti in prospettiva, si affollano al centro varie figure: sgherri vestiti da soldati romani o con abbigliamento "moderno" conducono il Cristo, posto esattamente al centro della scena, davanti ad alcuni Sacerdoti che l'additano con piglio accusatorio ad Anna, affacciato ad un ballatoio. Il soggetto rappresentato è una scena tratta dal Vangelo di Giovanni[1]. Il racconto vede l'arresto di Gesù da parte di alcune guardie e del comandante del loro distaccamento, che lo portarono per essere interrogato davanti al sacerdote, ricevendo la prima percossa e la prima umiliazione; l'anziano lo mandò quindi legato al genero Caifa, che rivestiva la carica di Sommo Sacerdote in quell'anno.

Alcune iscrizioni rendono il telo quasi "parlante", facendo riferimento all'intitolazione della scena, con parole tratte dal Vangelo (*Ministri Judeorum Comprehenderunt Iesum Et Adduxerunt Eum Ad Annam, Ionn, 18. V. 12*), recando il nome del committente (*Sac. D. Paolo Di Salvo Proc. F. Fecit 1823*) e ricordando un vecchio "restauro" (*Rimesso a nuovo a cura del Sac. Dott. Arturo Franchina Arciprete. Refecit 3 luglio 1961*).

Per quanto l'esecuzione sia rivolta ad ottenere passaggi chiaroscurali attraverso campiture assai ampie e con un colore alquanto diluito anche per l'uso di ampi pennelli e le notevoli dimensioni del dipinto, la costruzione delle forme appare ben calibrata e sapientemente resa grazie alla forte luce laterale (proveniente da sinistra) che produce però pesanti ombre.

Un documento inedito rinvenuto nell'Archivio parrocchiale, rende note le vicende relative alla realizzazione del pregevole manufatto e del suo uso liturgico[2].

Nel libro delle Giuliane[3] del 1588 veniva menzionata "*una tela di sangallo depicta con il mestiere (mistero) della Croce, quando li Giudei volevano lapidar Cristo: quali servì per il tempo della passione inanti l'Imagine del Crucifisso*". Una tela quaresimale con analoga rappresentazione era dunque esistita già da molto tempo, e volendo forse riconfermare fedelmente il soggetto, nel 1823, sotto gli auspici del vescovo di Cefalù Giovanni Sergio, il Procuratore della Matrice sacerdote don Paolo di Salvo incaricava il pittore Matteo Mauro di Trapani di realizzare il nuovo telo. Il mandato, emesso il 4 maggio 1823, annota meticolosamente le voci di spesa, che ammontavano a onze 51, tarì 3 e grana 9; questa cifra veniva rimborsata all'altarista maggiore don Adamo Spinnato per quanto concerneva l'acquisto della tela, la cucitura ed una prima colorazione eseguita *da Pietro il Cefalutano*, per il magro salario dovuto ad un uomo che trasportò in paese la tela dopo che essa era giunta da Cefalù ed era stata ospitata *nel palagio del B.ne Armao*, per corde e carrucole utili al fissaggio *nelle catene della Cubbula*, ed infine per quanto dovuto *al Sig.r D. Matteo Mauro Pittore* per l'esecuzione del dipinto durante il suo soggiorno a Mistretta. A questi veniva riconosciuto un sovrapprezzo di 3 onze "*per li due festoni continenti l'Emblemi tutti della Passione, come opera sopragiunta*", ovvero decisa in corso d'opera. La presenza del pittore trapanese è confermata per la firma apposta sul foglio del registro, avendo ricevuto quanto gli spettava, in totale ventisette onze, "*per la causa di sopra*".

---

[1] Giovanni, 18, V, 12. In Matteo (26,57) si dice che Gesù fu portato direttamente da Caifa; in Marco (14,53) e in Luca (22, 66) si parla genericamente del *Sommo Sacerdote* e degli anziani del Sinedrio.

[2] Vedi Appendice Documentaria.

[3] Archivio Storico Parrocchiale di Mistretta, Faldone Amministrazione Chiesa Madre, vol. 4, Libro delle giuliane, Anno 1598, *Inventarium bonorum omnium ecclesiae civitatis Mistrette sub titulo Sanctae Luciae*, pagg. 6r-12v (progressive 9-12).

Che egli non fosse presente solo per la riscossione del compenso, ma pure per l'intero periodo della sua realizzazione, è pure confermato dal fatto che durante il lavoro, risultò necessario coprire il finestrone di fondo la cui luce, vista in trasparenza attraverso il telo già tenuto sospeso all'arco trionfale, disturbava notevolmente l'esecuzione.

Matteo Mauro (1777 – 1833) fu abile "Professore di Disegno", attivo tra Palermo e Trapani dopo essere stato allievo a Roma di Mariano Rossi, accademico di S. Luca e ritenuto un vero "principe" della pittura in quell'ambiente artistico; lo storico Agostino Gallo ricorda la sua permanenza nella città dei Papi, lodando le "varie copie dall'antico"; in Sicilia studiò in particolare le opere del monrealese Pietro Novelli e gli affreschi del Palazzo dei Normanni, eseguendo diversi disegni ad inchiostro, acquarello e tempera, tecnica utilizzata anche per il telone[4].

A richiederne la prestazione, fungendo da tramite, fu certamente il Vescovo di Cefalù Giovanni Sergio(*"giusto l'ordine di sua Ecc: Ill.ma Monsig. Sergio"*), in occasione forse di una precedente visita pastorale. Originario della vicina cittadina di Santo Stefano (di cui fu pure arciprete)[5], il prelato divenne vescovo grazie alla candidatura fortemente sostenuta dal re Ferdinando III, occupando la Cattedra cefalutana dal 1814 al 1827. Si conoscono le sue doti di uomo di cultura e mecenate d'arte soprattutto grazie al Canonico Florena, che tenne un discorso commemorativo nel trigesimo dalla morte, in cui si elogiò *"l'Ecc.mo e R.mo Monsignor D.n Giovanni Sergio, Dottore in Sagra Teologia, Diritto Civile e Canonico, di già primo Arciprete di questo Comune, Vescovo Ausiliare, Vicario Episcopale in Sede vacante, Vescovo di Cefalù, Assistente di Soglio Pontificio, Barone del Castello di Bonvicino e Regio Consigliere"*[6]. Nella cittadina dei Nebrodi in cui esplicò la sua attività pastorale ebbe ampia parte nella decorazione della Chiesa Madre e rese sfarzoso il proprio palazzo, ospitando reali e aristocratici[7]; inoltre ingrandì e dotò di sculture, dipinti, stucchi e affreschi la Chiesa del Calvario, divenuta luogo di sepoltura per i membri della propria famiglia. Altre attenzioni rivolse pure al palazzo vescovile (decorazione del *Quarto della Tribona* e della Cappella con pitture e stucchi) ed alla Cattedrale di Cefalù, alla quale donò pregevoli parati sacri, suppellettili argentee e gioielli; per la Cappella del Sacramento arricchì la decorazione parietale e commissionò allo scultore Leonardo Pennino il suo marmoreo monumento sepolcrale, facendo ancora costruire nel *piano* antistante una fontana pubblica. Di lui si ricorda l'impegno a sostenere "la magnificenza del culto", lo zelo e la passione per il decoro liturgico, gli interventi presso le comunità perché si dotassero di convenienti opere a corredo delle chiese; non è da escludere pertanto una sua sollecitazione (altresì esplicitata nel pertinente sopracitato documento) per la realizzazione del telone quaresimale, in un tempo in cui la pratica aveva conosciuto notevole ripresa e particolare favore, ed un ruolo attivo nell'individuazione del suo esecutore.

---

[4] A. GALLO, in "Giornale di scienze, lettere e arti per la Sicilia", tomo VI, 1824, pag. XVIII; una breve scheda a cura di Anna Callari si trova in L. SARULLO, *Dizionario degli Artisti Siciliani, Pittura*, Palermo 1993, pag. 347.

[5] Si legge più ampiamente in N. LO CASTRO, *Ornavit tempora, Mons. Giovanni Sergio (1766-1827), Arciprete di Santo Stefano, Vescovo di Cefalù*, in "Santo Stefano di Camastra, la Città del Duca" (a cura di N. Lo Castro), Scalea (CS) 2012, pagg. 73-80.

[6] Ivi, pagg. 73, 80n.

[7] Ivi, pag. 75.

Il dipinto, bisognevole di riparazioni, integrazioni e pulitura, dovuti alla particolare rituale utilizzazione, è stato restaurato nel 2009 dalla ditta Tomedi sas di Bolzano (già intervenuta in passato sul lenzuolo della Sacra Sindone di Torino) per quanto riguarda il tessuto e da G. Calvagna per il ritocco pittorico[8].

Testimonianza di un uso che in Sicilia ebbe particolare sviluppo tra i secoli XVIII e XIX, il telo quaresimale di Mistretta è uno dei maggiori tra quanti si conservano nell'Isola, soprattutto tra quelli con i quali ancora oggi si ripropone l'antico rito del disvelamento pasquale.

APPENDICE DOCUMENTARIA

Mandato delle *Spese fatte per la formazione della Tela Quadragesimale*, Archivio Storico Parrocchiale Mistretta, Faldone Matrice, Mandati dal 1816 al 1841 (sfascicolato), proc. d. Paolo di Salvo, s. d. (ma è in ultimo indicato il 4 maggio 1823).

Rev. sac^e D. Paolo di Salvo Procuradore della Ven^{le} Madrice Chiesa per l'Anno 1822, e 1823, delli denari in vostro potere pervenuti, o che perverranno dell'Introiti di detta Madrice Chiesa, date, e pagate al Rev: Sac: D^n Adamo Spinnato Altarista Magg: l'infrascritta somma per averla erogata in diverse volte, e partite per la formazione della tela quadragesimale fatta per ordine di sua Ecc: Illma Monsig^r Sergio, che è come infra cioè:

Per c(anne). settant'otto tela di Aci, a tt. tre e g^{na} dieci, canne 9,, 3,, (*così la punteggiatura*)
Più per supplimento della stessa comprata dalli Napolitani, altre c. ventinove, e palmi quattro a tt. tre 3,, 3,,
Per colorire Blu le dette c. 107,, 4: tela alla ragg: di tt. 1,15; pagate al tintore m^{ro} Pietro il Cefalutano o. 6,, 8,,
Per cucire la stessa pagate: o. 1,,
Per due currole di rame comprate in Palermo per sostenere la medesima con sue cape di ferro: gr. 22,,
Per due Chiodi per sostegno delle d^e Currole a M^{ro} Pietro Comparato: gr. 2,,
A M^{ro} Francesco Comparato per situare le dette Currole sotto la Cubola: gr. 20,,
Al Med: di Comparato per situare altre due Currole di legno nelle Catene della Cubola per sostegno della tela: tt. 4,,
Per due Currole di legno pagati al Maestro: tt. 2,,
Per passi sette di Corda di Corina per servir di sostegno della soprad: tela: tt. 2,,
Per filo torchino comprato dalli Napolitani per cucire la d: tela: tt. 3,,
Più per Cuojo comprato da M. Angelo Ribaudo apposto alla testa della tela per sostenere la stessa: tt. 8,, 8,,
Più per Numero otto chiavelli di legno torniati per legare la tela: tt. 4,, 8,,
Più per rotoli cinque Corde di Corina per situarli nelle currole di rame per inalzare la d: tela, a tt. quattro a rotolo: tt. 2,,
Per li sei Matasse di romanello doppio situato nelle Currole di legno per sostenere in alto la tela sud: a tt. due e g. dieci Matassa: tt. 15,,

---

[8] N. LO CASTRO, *La caduta del Telone a Mistretta*, in: "Mistretta senza frontiere", A. XXVII, n. 95, novembre-dicembre 2017, pagg. 12-14.

Più per spago per cucire il Cuojo in pezzetti nella testa della tela, e per romanello inserviente per ligare la Corda della testa che sostiene la tela: tt. 2,,

Per o. 6: lencio blu di Cottone apposto a piedi della tela per ligarla alla Palaustrata a gr. 5 Canna: tt. 1,,

A M^{ro} Francesco Comparato, e ad altro Manoale per situare la tela alla vetrata sopra il Coro per impedire il lume, che portava disturbo alla Pittura della tela: tt. 5,,

Per una matassa di romanello per inalzare, e pendere la soprad: tela: tt. 2,,

Pagate ad un' Uomo per trasporto di varie volte della tela dal Palagio del B^{ne} Armao sino in Chiesa: tt. 1,,

Al Sig^{r}D^n Matteo Mauro Pittore per pingere la soprad: tela o. 27, cioè o. ventidue per (…), o. tre per li due festoni continenti l'Emblemi tutti della Passione, come opera sopragiunta, ed o. due per complimento giusta l'ordine di sua Ecc: Illma Monsig^r Sergio: o. 27,,

Più per una cassa comprata da D: Pompeo Porzio per situarci la d: tela: tt. 24,,

(totale) o. 51,, 3,, 9,,

Della quale somma ricuperandone voi per vostra cautela e della Chiesa ricevo in piede del p^{nte} Mandato, e firma de' Deputati vi sarà fatta buona nella reddizione de' vostri Conti. Oggi in Mistretta li 4 Maggio del Mille Ottocento ventitrè.

Cannata Arcip^e
Nigrelli Vicario Foraneo
sac: Luigi Franzone Com^o Min^e
Giovanni Giaconia di Paolo

(sul retro)
Ricevo la sopra d^a somma per la causa di sopra
Matteo Mauro pittore

**Nelle immagini che seguono:
il telone quaresimale della Chiesa Madre di Mistretta**

La *Croce* stazionale di Castelbuono e il suo autore
L'attività palermitana dello scultore carrarese Antonio Vanella

GIOVANNI MENDOLA

Nella sua monografia dedicata alla chiesa di Sant'Antonino martire di Castelbuono, Antonio Mogavero Fina racconta di una pia tradizione[1] legata alla *Croce* stazionale di marmo collocata nei pressi di quella chiesa.

Secondo il racconto, nel 1413, per commemorare la celebrazione del rinvenimento del legno della vera Croce di Cristo avvenuta ben 1100 anni prima, "sul poggio che sovrastava l'abitato, rivolto ad Oriente, visibile da ogni lato" i castelbuonesi avrebbero innalzato una "Croce votiva … di pregiato marmo bianco", sul cui "piedistallo simil roccia ov'é innestata la Croce si legge la data celebrativa, un po' corrosa: *1413*".[2] Da allora la Croce sul poggio divenne meta di pellegrinaggio nella ricorrenza del 3 maggio di ogni anno.

Quando, nel 1606, gli Osservanti Riformati si trasferirono nella nuova sede di Sant'Antonino – prosegue lo studioso – "si vuole fosse avvenuto lo spostamento dell'antica Croce eretta sul poggio" e al suo posto, sull'altura denominata *u cuozzu 'a Santa Cruci*, venne eretta una piccola cappella. La *Croce* rimase poi all'esterno della chiesa di Sant'Antonino "sulla breve rampa che sale di traverso all'attuale Via Li Volsi, nella *Salita Ospedale* rivolta ad Oriente",[3] fino al 1945, quando fu spostata al termine della salita, per essere subito dopo posizionata in un angolo adiacente al portico.

Essa è posta su un piedistallo in pietra e mattoni costruito in occasione del suo spostamento nel 1945, mentre "il complesso originario consta d'una base semiconica ove poggia il fusto cilindrico che ha la fattezza imitatrice d'una pietra grezza".[4]

La *Croce* è stata presa in esame dalla Di Natale,[5] che nel riportare la data 1413 riferita dal Mogavero Fina, la accosta a quella, non più reperibile, un tempo collocata all'esterno del convento di Santa Maria di Gesù a Palermo, a quella di Santa Maria la porta a Geraci Siculo e all'altra di palazzo Abatellis a Palermo, databile intorno alla metà del XV secolo.

Più recentemente, ribadita la datazione al 1413, è stato riproposto il raffronto tra la *Croce* di Castelbuono e quella di Geraci Siculo, considerata opera di ignoto scultore della seconda metà del XV secolo.[6]

Da secoli esposta alle intemperie, la *Croce* di Castelbuono versa in cattive condizioni di conservazione; in particolare, la sua superficie risulta talmente abrasa da non consentirne

---

[1] Lo specifica egli stesso: "la realtà di questo avvenimento è giunta per voce di tradizione"; A. Mogavero Fina, *La chiesa di Sant'Antonino Martire in Castelbuono*, Castelbuono 1986, p. 14, nota 4.
[2] Ibidem, pp. 13-14.
[3] Ibidem, p. 30.
[4] Ibidem, p. 63.
[5] M. C. Di Natale, *Le croci dipinte in Sicilia*, Palermo 1992, p. 43, figg. 57-58.
[6] S. Anselmo, *Croce stazionale – Geraci Siculo, Chiesa di Santa Maria la Porta*, in "Itinerario gaginiano", Bagheria 2011, p. 103; tra le *Croci* marmoree siciliane con la raffigurazione della *Maddalena* lo studioso ricorda anche quella del Museo Civico di Agrigento, contemporanea all'esemplare di Geraci e "forse" quella della chiesa di San Girolamo a Polizzi Generosa, da lui precedentemente riferita alla prima metà del Cinquecento.

una serena valutazione critica. Essa sorge su una colonnina con capitello a foglie uncinate ed è provvista di una base "simil roccia" di forma trapezoidale, nella quale però non è più visibile la data indicata dallo storico castelbuonese, mentre, su uno dei lati, vi è scolpito un teschio (Fig. 1).

In realtà, ad una attenta analisi stilistica e sulla scorta di un inedito documento, la datazione dell'opera va posticipata di circa un secolo, nell'ambito di una diversa temperie culturale che risente già delle suggestioni del linguaggio rinascimentale.

A meno che, nei secoli successivi alla sua realizzazione, non siano sopravvenuti ulteriori spostamenti, dal documento risulta infatti che la *Croce* fu eseguita su commissione di un cittadino di Castelbuono, procuratore dei rettori della stessa chiesa di Sant'Antonino martire, per essere posta verisimilmente non già sul *cuozzu 'a Santa Cruci*, bensì nei pressi della chiesa stessa, probabilmente nello stesso luogo dove la ricorda il Mogavero Fina fino al 1945.

È il 30 gennaio 1501 quando, a Palermo, mastro Antonio "vanellus scultor marmorum", per un compenso di 4 onze, vende al castelbuonese mastro Francesco Meraguglìu, per conto della chiesa di Sant'Antonino martire della sua città, "crucem unam marmoream di bono netto bianco marmo v(idelicet) una cruchi quatra laborata ex una parte cum Cristo in croce di menzo relevo et di supra uno Deo Patri et ali capi S(an)to Jo(anni) ex uno capite et ex alio Maria Virgini et ali pedi la Madalena supra una colopna con vasi montagna et capitelli … et di lautra banda cum agnus dei di grossiza consueta", per una altezza complessiva di otto palmi. Contestualmente, allo scultore viene versato un anticipo di 2 onze e 3 tarì, mentre la somma restante gli sarà saldata entro il mese di luglio successivo; l'opera dovrà consegnarsi entro il mese di marzo "posta in terra" a rischio e pericolo dello scultore.[7]

La descrizione fornita dal documento, una croce greca di marmo bianco, con nel *recto* a mezzo rilievo la figura del Crocifisso e nei capicroce quelle dell'Eterno in alto, della Vergine e di San Giovanni ai lati e della Maddalena in basso (Fig. 2), e nel *verso* quella dell'Agnello Mistico, coincide esattamente con la *Croce* di Castelbuono (Fig. 3). Ad essa riconduce poi la destinazione dell'opera, commissionata al Vanella per conto dei rettori della chiesa di Sant'Antonino.

L'opera, d'altra parte, mostra di appartenere ad una cultura figurativa ben più avanzata rispetto a quella che si poteva respirare nella Sicilia del primo Quattrocento, inserendosi in un clima che risente di modi, forme e spirito pienamente rinascimentali, sulla scia dell'insegnamento dei due grandi scultori che avevano operato nell'isola nella seconda metà del Quattrocento, Francesco Laurana e Domenico Gagini, ai quali vari altri marmorari, siciliani, lombardi o carraresi, si ispirarono a Palermo tra la fine del Quattrocento e gli inizi del secolo successivo.

Tra essi, seppure poco noto e forse in parte sottovalutato, vi fu certamente Antonio Vanella, l'autore cioè della *Croce* stazionale di Castelbuono, un artista che, a dispetto della cattiva reputazione assegnatagli fino a non troppi anni fa, gli studi recenti hanno testimoniato dignitosamente attivo per vari centri della Sicilia occidentale, compresi alcuni paesi dell'area madonita.

---

[7] Archivio di Stato di Palermo, sez. Gancia, da ora in poi ASP, not. Giacomo Lucido I, st. 1, vol. 1875, c. 321 v.

Nel riportare le varie versioni del cognome (Vanellu, Vanella o Vanelli) fornite dai documenti da lui rinvenuti, il Di Marzo,[8] per primo, segnalò la lunga attività a Palermo dello scultore-marmorario carrarese[9] negli anni compresi tra il 1476 ed il 1514. Il cognome Vanelli, egli ricorda, si ritrova fra i maestri scalpellini carraresi attivi in patria in quegli stessi anni e fra questi è quel "Francesco dicto Bello già di Jacopo Vanelli da Torano, di villa Carrara", operoso quale cavatore di marmi a Carrara per conto di Michelangelo tra il 1517 e il 1521.

Dopo avere evidenziato la presenza del Vanella tra i maestri operosi a Palermo citati nel *Privilegium pro marmorariis et fabricatoribus* del 13 settembre 1487, il Di Marzo documentò tre incarichi affidati allo scultore; il primo, del 1480, relativo alla realizzazione di una dispersa lapide sepolcrale per il nobile Pietro de Trapani; il secondo, del 17 marzo 1507, per la decorazione in marmo del portale della chiesa di San Giovanni di Baida eseguita per conto dell'allora arcivescovo di Palermo, Giovanni Paternò; il terzo per una custodia destinata alla chiesa dell'Annunziata di Ficarra, commissionatagli il 23 giugno 1514.

Se della lapide sepolcrale null'altro è dato sapere, rimane invece il portale di Baida, sormontato da un Crocifisso affiancato dalle statuette degli apostoli Pietro e Paolo e recante l'iscrizione che ricorda il nome del committente e la data, luglio 1507 (Fig. 4). "Ma benché ivi – prosegue il Di Marzo – con qualche gusto ed eleganza sieno condotti gli ornati e vedasi nel tutto di quella decorazione prevalere già il buono stile, non si ha che grettezza e quasi assoluto difetto di espressione e di sentimento nelle dette figure, ond'è che, a dover giudicare da questa sola opera, che fin ora ne è nota, par soprattutto siasi distinto il Vanello nell'arte ornamentale e in nient'altro".[10]

Della custodia di Ficarra, per la quale il Vanella ricevette 14 onze il 25 ottobre 1514, a saldo del prezzo convenuto, dunque certamente realizzata, lo studioso dichiarava di non sapere se esistesse ancora, ma, proseguiva, "è chiaro ch'esso sia stato secondario lavoro di quel genere di scultura decorativa, in cui par siasi quegli a preferenza versato nel lungo esercizio di pressoché quarant'anni nell'arte, giacché dal 1476 al 1514, in cui più volte è notizia in Palermo del suo permanente soggiorno, non appare che alcuna statua o alcun'opera di primario momento siagli mai stata allogata, né ch'egli n'habbia sculpita. Laonde sembra ch'egli, venuto in vero da Carrara e stabilitosi in Sicilia a cagion del commercio de' marmi sin dalla sua giovinezza, non si sia poscia mai sollevato tant'oltre dal mestiere di abile scalpellino".

In realtà la custodia della chiesa dell'Annunziata di Ficarra esiste ancora[11] (Fig. 5), né mancarono gli incarichi per la esecuzione di statue o di altre opere "di primario momento".

Lo studioso indicava poi un paio di contratti notarili nei quali, insieme col figlio Giacomo, allora tra i quindici e i sedici anni, Antonio vendeva delle piccole rendite, rispettivamente il 16 novembre 1513 e il 20 maggio 1514. Tra quest'ultima data e il 10 settembre 1523 –

---

[8] G. Di Marzo, *I Gagini e la scultura in Sicilia*, Palermo 1883-84, vol. 1, pp. 52-53, 65-68.

[9] Seppure la dizione originaria dovette essere con molta verosimiglianza Vanelli, ci atteniamo alla dizione Vanella comunemente utilizzata dagli studiosi moderni.

[10] G. Di Marzo, *I Gagini*, cit., vol. 1, p. 67.

[11] M. Accascina, *Sculptores habitatores panormi. Contributo alla conoscenza della scultura in Sicilia nella seconda metà del Quattrocento*, in "Rivista dell'Istituto Nazionale d'Archeologia e Storia dell'Arte", N.S., anno VIII, 1959, p. 307; A. Barricelli, *La scultura dei Nebrodi*, in "I Nebrodi", Roma 1990, p. 187.

quando Giacomo Vanella si dichiarava erede del padre – andava infine collocato l'anno di morte dell'artista.[12]

A queste notizie il Di Marzo aggiungeva un altro documento riguardante il Vanella, stavolta assieme al suo ben più celebrato collega, Andrea Mancino. Quest'ultimo, infatti, il 17 giugno 1499, anche per conto del suo socio Antonio Vanella, dichiarava di avere ricevuto 16 onze dal procuratore della chiesa madre di San Nicolò a Nicosia, per un lavoro in marmo, che lo studioso ritenne plausibilmente di poter identificare con la custodia marmorea ancora esistente in quella chiesa, data 1500. Probabilmente essa era stata commissionata ai due artisti in sostituzione di quella che gli scultori Gabriele di Battista e Giovan Domenico Pellegrino avevano appena realizzato (1497-99) per la stessa chiesa, ma era stata requisita dal pretore e dai giurati palermitani, per essere collocata nella chiesa parrocchiale di San Nicolò all'Alberghería, a Palermo.

Ma di quest'opera, particolarmente gradita ai palermitani di fine Quattrocento, tanto da indurli a non permettere che si esportasse fuori dalle mura urbiche – così come anni prima era successo alla statua della *Madonna Libera Inferni* di Francesco Laurana, che era stata sottratta ai committenti ericini e per la quale era stata approntata una cappella nella cattedrale – già nell'Ottocento non rimaneva più traccia.

L'identificazione dell'opera documentata nel 1499 con la custodia di Nicosia è stata accolta unanimemente dagli studiosi successivi, anche sulla base di argomentazioni stilistiche; essa pertanto, con buon margine di sicurezza, può annoverarsi fra quelle del nostro Antonio, seppure realizzata a quattro mani, insieme col suo socio Andrea Mancino[13] (Fig. 6).

A questo sparuto gruppo di opere documentate, nel 1903 il Mauceri,[14] smentendo in qualche modo le supposizioni del Di Marzo, poteva aggiungere un paio di statue, una firmata e l'altra documentata. La prima di esse è la *Madonna col Bambino* della chiesa di San Giovanni Evangelista a Petralia Soprana, commissionata da quello stesso Giovanni Macaluso[15] che nel

---

[12] G. Di Marzo, *I Gagini*, cit., vol. 1, p. 244.

[13] Per un evidente refuso, S. La Barbera, *La scultura marmorea dell'Abbazia*, in "L'eredità di Angelo Sinisio. L'Abbazia di San Martino delle Scale dal XIV al XX secolo", Palermo 1997, p. 260 nota 9, sostituisce il nome di Andrea Mancino, correttamente trascritto dal Di Marzo, con quello di Gabriele di Battista, autore invece, in collaborazione col Pellegrino, della prima custodia destinata a Nicosia e poi requisita per collocarsi nella chiesa palermitana di San Nicolò. Va osservato però, che nei tardi anni '90 del '400, mentre è chiara la consociazione tra Andrea Mancino e Antonio Vanella, non altrettanto può dirsi di un proseguimento del rapporto di collaborazione tra Andrea Mancino e Gabriele di Battista, come ha invece ipotizzato la studiosa; eadem, p. 247. La collaborazione tra il Mancino e il di Battista è attestata negli anni 1489-1490; quella del Mancino con Giovannello Gagini negli anni 1492-1493; M. Accascina, *Sculptores*, cit., p. 302.

[14] E. Mauceri, *Nuovi documenti intorno a Domenico Gagini e ad altri scultori del suo tempo*, in "Rassegna bibliografica dell'arte italiana", VI, 11-12, 1903, pp. 171-173.

[15] L'iscrizione apposta sulla base della statua recita: "M. ANTON DE VANELO FECIT ISTA JOANNI MACALOS FECIT"; G. Macaluso, *Petralia Soprana, Guida alla storia e all'arte*, Palermo 1986, p. 87. La statua è menzionata col titolo di *Madonna del Carmelo* nella chiesa madre di Petralia Soprana da S. La Barbera, *La scultura. Le botteghe dei capolavori*, in *Arte del '400 e '500 nella provincia di Palermo*, supplemento al n. 3 di "Kalòs", anno 10, maggio-giugno 1998, p. 26, che, proponendo una datazione al 1508-09, vi riscontra affinità col monumento funerario di Vincenzo Notarbartolo della chiesa madre di Polizzi Generosa (assegnata dalla stessa studiosa a Bartolomeo Berrettaro con una datazione

1498[16] fece eseguire un bassorilievo raffigurante la *Pietà* per la chiesa madre della stessa città; la seconda, da lui ritenuta irreperibile, era una statua della *Madonna col Bambino*, commissionata nel 1498 per la chiesa di San Vito di una località che lo studioso lesse "Butera", incorrendo però in un banale errore di lettura, trattandosi invece, come vedremo, di Sutera.

Nel 1958 Filippo Meli[17] pubblicava un documento del 14 settembre 1485, nel quale il Vanella, indicato quale *scultor* e cittadino palermitano, dichiarava di avere ricevuto 16 tarì da Guglielmo Aiutamicristo, tutore dei figli di Pietro La Grua, barone di Carini, per avere aperto e richiuso assieme a due suoi allievi la sepoltura dei La Grua nella chiesa palermitana di Santa Maria di Gesù. Di questa tomba, allora posta nella cappella di famiglia annessa al convento di Santa Maria di Gesù, non rimane più traccia, ma la testimonianza ha poi consentito[18] di avanzare l'ipotesi che ne fosse stato autore lo stesso Vanella.

Al di là delle congetture possibili, considerata la esiguità del prezzo pagato, è probabile invece che si sia trattato di lavori legati al seppellimento dello stesso Pietro La Grua, che era appena morto, all'interno della già esistente tomba di famiglia. Va tuttavia evidenziato come già a quell'epoca lo scultore tenesse bottega autonoma, frequentata almeno da un paio di collaboratori.

Il giudizio negativo riservato al Vanella dal Di Marzo trova seguito negli scritti di Maria Accascina,[19] secondo la quale, lo scultore "aveva avuto vita grama come era stata grama la sua scultura lavorando in zone periferiche … ripetendo con artigianale perizia, modi e tipi del repertorio già da trenta anni diffuso in Sicilia", considerandolo un "collaboratore di gran lunga inferiore, e anzi semplice scalpellino" e definendolo "piccolo maestro carrarese" capace solo di continuare ad alimentare "una specie di artigianato plastico di repertorio toscano".

Dopo avere accolto l'ipotesi di identificare la custodia della chiesa madre di Nicosia con quella pagata ai soci Mancino-Vanella, la studiosa[20] attribuiva al Vanella anche il manomesso ciborio della chiesa di San Giovanni Battista a Baida[21] e la "custodietta in marmo di buono

---

al 1516) e soprattutto con la *cona* marmorea della chiesa di Santa Maria di Loreto nella stessa Petralia, già attribuita al Vanella da F. Ferruzza Sabatino, *Cenni storici su Petralia Soprana*, Palermo 1938, pp. 145-146, in parte seguito da Macaluso 1986, pp. 57-59, che sembra oscillare fra il Vanella e Giandomenico Gagini. L'opera, tuttavia, va decisamente espunta dal catalogo del Vanella, trovando oggi una più credibile attribuzione a Giandomenico Gagini, con una datazione ben più avanti negli anni; M. De Luca, *Ancona con scene della vita di Gesù – Petralia Soprana, chiesa di Santa Maria di Loreto*, in "Itinerario gaginiano", 2011, p. 131.

[16] Nella iscrizione apposta sulla base dell'opera il Macaluso è indicato quale presbitero. Già attribuita a Giuliano Mancino, l'opera è stata recentemente ricondotta al Vanella da G. Bongiovanni, *Madonna col Bambino – Petralia Soprana, chiesa di San Giovanni Evangelista*, in "Itinerario gaginiano", cit., p. 137.

[17] F. Meli, *Matteo Carnelivari e l'architettura del Quattro e del Cinquecento a Palermo*, Palermo 1958, p. 278, docc. 98, 99.

[18] M. Gulisano, *Vanella Antonio*, in L. Sarullo, *Dizionario degli artisti siciliani. Scultura*, Palermo 1994, p. 344.

[19] M. Accascina, *Di Giuliano Mancino e di altri carraresi a Palermo*, in "Bollettino d'arte", XLIV, 4, 1959, p. 324.

[20] M. Accascina, *Sculptores*, cit., p. 307.

[21] L'attribuzione è stata accolta da M.C. Gulisano, *Vanella Antonio*, cit., p. 344.

stile" datata 1516 che il Di Marzo[22] aveva segnalato nel monastero di Santa Maria la Nuova di Caltavuturo. Alla luce delle attuali conoscenze, la custodia, oggi conservata nella chiesa madre di Caltavuturo, verrebbe a costituire l'ultimo lavoro del Vanella, che, come si vedrà, muore nel mese di ottobre del 1516.[23] Ma l'opera trova oggi una diversa attribuzione a Francesco Del Mastro[24], sulla scia di una proposta che la stessa studiosa aveva già avanzato in altra sede[25].

Una notizia ricavata da una fonte manoscritta seicentesca consentì negli anni '80 del Novecento[26] di ricondurre la statua della *Madonna col Bambino*[27] della chiesa madre di Caccamo, datata 1500, ad Andrea Mancino ed Antonio Vanella, ai quali la statua sarebbe stata commissionata nel 1499.

Considerandola quale derivazione dal prototipo lauranesco della *Madonna Libera Inferni* della cattedrale di Palermo, Cuccia evidenzia come in questa statua "l'impianto attardato cerca di riscattarsi con tentate ricerche formali applicate al panneggio che ripiega qui su rozze soluzioni di accademismo classicheggiante".[28]

La statua di Caccamo è stata accostata alla figura della *Vergine* nel *Presepe* della chiesa dell'Annunziata di Termini Imerese, attribuita ad Andrea Mancino per "il modo con il quale sono resi il panneggio del manto e le pieghe della veste, che cadono pressate e parallele con una modellazione piuttosto dura". È stato anche osservato che nella *Madonna* di Caccamo "il motivo delle pieghe *pressate a stiro* che scendono verticali, trattenute da un sottile cordoncino che evidenzia il busto delle Madonne e delle sante raffigurate, è come una firma di Mancino, che deriva tale motivo da Pietro de Bonitate; mentre, anche se con risultati più incerti, proviene dalla maniera di Giorgio da Milano (notizie dal 1470 al 1503) l'inanellarsi dei capelli che scendono in due regolari bande ad incorniciare l'ovale del viso, come nella statua della Madonna del Soccorso, nella Chiesa Madre di Termini"[29].

Va evidenziato, però, che la *Madonna* di Caccamo, pur commissionata ai due scultori nel 1499, dovette essere consegnata nel corso dell'anno successivo, così come denuncia la data 1500 appostavi, ossia – come si vedrà – quasi certamente dopo la morte di Andrea Mancino; spetterebbe dunque al solo Vanella la definizione della statua, insieme alla responsabilità dell'opera.

---

[22] G. Di Marzo, *I Gagini*, cit., vol. 1, p. 120 nota 2.
[23] L'attribuzione al Vanella è accolta da S. La Barbera, *La scultura. Le botteghe*, cit., p. 26.
[24] S. Anselmo, *La scultura marmorea*, in "Caltavuturo. Atlante dei beni culturali", a cura di L. Romana, Roccapalumba 2009, pp. 207-209.
[25] M. Accascina, *Di Giuliano Mancino*, cit., p. 334.
[26] V. Cimò, *Caccamo. Storia, Arte, Tradizioni*, Palermo 1987, p. 26, seguito da A. Cuccia, *Caccamo. I segni artistici*, Palermo 1988, p. 42, ricorda come secondo la testimonianza di Agostino Inveges, *La Cartagine siciliana, cioè della antichissima città di Caccamo*, Palermo 1651, la statua era stata commissionata agli scultori Andrea Mancino e Antonio "Mannelli".
[27] Nello *scannello*, datato 1500, è rappresentata a rilievo, la scena della *Natività* affiancata dalle due figure dell'*Annunciazione*.
[28] A. Cuccia, *Caccamo*, cit., p. 42.
[29] S. La Barbera, *La scultura. Le botteghe*, cit., p. 25.

Singolari affinità di stile apparentano quest'opera alla statua della *Madonna delle Grazie* nella chiesa di Santa Caterina a Naro, datata 1497, oggi attribuita a Giorgio da Milano[30], ma da ricondurre plausibilmente al duo Mancino-Vanella.
Nei suoi contributi dedicati alla scultura nel territorio dei monti Nebrodi, la Barricelli[31] annotava come caratteri simili alla *Madonna* di Petralia Soprana siano presenti nella statua della *Madonna col Bambino* della cattedrale di Patti, altra opera firmata dal Vanella,[32] con, nella base, un rilievo raffigurante l'*Adorazione dei Magi*. Pur considerandolo l'artista "in ritardo con i tempi, ma non privo di dignità professionale",[33] la studiosa reputava la statua di Patti "molto vicina alla custodia di Nicosia per la tipologia dei volti, per il panneggio angoloso che pur mostrando come l'artista sia ancora legato agli ormai attardati schemi formali di Domenico Gagini – sono gia apparse, infatti, sulla scena le innovazioni del grande Antonello – attesta le sue dignitose qualità stilistiche". Nella custodia di Ficarra riscontrava poi "oltre che una mano felice una sintesi compositiva legata agli stilemi più caratterizzanti di Domenico Gagini nella levigatezza plastica della materia".[34]
La collocazione "troppo in alto" della statua di Patti, per la quale è stata fornita una datazione al 1505,[35] o anche all'ultimo decennio del Quattrocento[36] e ancora al secondo decennio del Cinquecento,[37] non consente un sereno giudizio sull'opera.
Si deve alla Gulisano[38] il primo tentativo organico di ricostruzione dell'attività artistica del Vanella.
La prima formazione dello scultore, anteriore al suo definitivo trasferimento a Palermo, secondo la studiosa dovette svolgersi in Toscana, terra di origine di Antonio.
Accenna poi al gruppetto di statue raffiguranti la *Madonna col Bambino* già riferite allo scultore (Caccamo, Petralia Soprana, Patti) "che grosso modo si ripetono nello schema e nei caratteri stilistici, finendo così per dar luogo a una sorta di produzione seriale – fenomeno del resto

---

[30] L. Buttà, *Il fascino discreto del Medioevo*, in "Naro", supplemento al n. 1 (anno 16) di "Kalòs", gennaio-marzo 2004, p. 12, fig. 20. G. Di Marzo, *I Gagini*, cit., vol. 1, p. 100, la considera buon epigono di Domenico Gagini. Secondo M. Accascina, *Di Giuliano Mancino*, cit., p. 327, la statua potrebbe essere ricondotta a Giovannello Gagini o a Giorgio da Milano o ad altro maestro educato alla bottega di Domenico Gagini. Sull'opera vedi anche B. Alessi, *Naro: guida storica e artistica*, Agrigento s.d., p. 79-81; G. Caldura, *Storia di Sicilia. Naro il santo la comarca*, Naro 1977, pp. 94-95.
[31] A. Barricelli, *Arte e storia nell'antica diocesi di Patti*, in "Timeto", 2, 1988, p. 33; eadem, *La scultura*, 1990, p. 187; eadem, *Scultura devozionale e monastica del Rinascimento, inedita o poco nota dei Nebrodi*, in "Quaderni dell'Istituto di Storia dell'Arte Medioevale e Moderna. Facoltà di Lettere e Filosofia. Università di Messina, n. 15, 1991, p. 30.
[32] La firma, non controllabile per la inaccessibile collocazione della statua, è stata letta: HOC OPUS FECIT M. ANT. VANELLI PAOMI.
[33] A. Barricelli, *Arte e storia*, cit., p. 35.
[34] A. Barricelli, *Scultura devozionale*, cit., p. 29.
[35] M. R. Bonanno, *I Gagini e le Madonne*, in "Arte sacra sui Nebrodi", a cura di B. Scalisi e G. Bonanno, Agrigento 1998, p. 66. Questa datazione, non supportata da alcuna altra indicazione, non trova ulteriori riscontri.
[36] M.C. Gulisano, *Vanella Antonio*, cit., p. 344; G. Bongiovanni, *Madonna col Bambino – Petralia Soprana, Chiesa di S. Giovanni Evangelista*, in "Itinerario", cit., p. 137.
[37] R. Princiotta e N. Lo Castro, *Itinerari gaginiani*, Messina 1988, pp. 22-23.
[38] M.C. Gulisano, *Vanella Antonio*, cit., p. 344.

abbastanza in uso nelle botteghe scultoree siciliane del tempo e al quale non fu estraneo lo stesso Domenico Gagini – destinata a soddisfare le esigenze di culto e di devozione dei fedeli".

In particolare, per le due statue di Petralia e di Patti propone una datazione all'ultimo decennio del Quattrocento, accoglie l'attribuzione del ciborio, riutilizzato quale paliotto d'altare, della chiesa di San Giovanni a Baida e aggiunge al catalogo del Vanella un non più reperibile fonte per l'acqua santa, documentato nel 1507, per la cappella di Sant'Antonio abate annessa allo Steri di Palermo.[39]

Pur non condividendo in pieno il giudizio negativo sull'artista assegnato dal Di Marzo, dal Mauceri e dalla Accascina – "verosimilmente egli dovette occupare un posto di un certo rilievo nel panorama artistico isolano" – la studiosa riconosce come "siamo tuttavia ben lontani dai raggiungimenti artistici conseguiti non solo da Domenico Gagini, ma anche dai suoi più diretti collaboratori".

Nuove ricerche documentarie condotte sul fondo archivistico del monastero di San Martino delle Scale consentirono quindi, nel 1997[40], di testimoniare la presenza del Vanella assieme a quella del suo socio Andrea Mancino, negli anni 1497-1499, nel cantiere decorativo rinascimentale della celebre abbazia benedettina. Nel 1497 Antonio è pagato infatti per un fonte di marmo e nel 1499 per la *cona* marmorea dell'altare maggiore della chiesa abbaziale, alla cui doratura concorrono nel 1501 i pittori Vincenzo Intendi e un mastro Antonello, da identificasi con il noto Antonello Crescenzio.

I risultati di queste ricerche consentirono alla La Barbera[41] di attribuire ai due scultori, quali frutto di collaborazione, le due statue di *Sant'Agata* e di *Santa Caterina* ancora presenti nella chiesa abbaziale.[42]

Sulla base dei documenti rinvenuti, considerata la presenza in essi di molti elementi riconducibili alla lezione di Domenico Gagini, la studiosa assegnava al Vanella, con una probabile collaborazione del Mancino, alcune altre sculture ancora esistenti nel complesso abbaziale di San Martino, ipotizzandone la originaria sistemazione nella struttura della *cona* dell'altare maggiore, successivamente smembrata. Si tratta della decorazione del portale di fianco alla sacrestia, con quattordici storie della *Passione di Cristo* e alla base le *Sibille Tiburtina* e *Agrippina*; della lunetta con due angeli ai lati di un tabernacolo entro una conchiglia, rimontata in una parete della sacrestia stessa; dei due rilievi raffiguranti *Sant'Agata* e *San Bartolomeo*, risistemati quali acquasantiere nel corridoio che conduce alla clausura. E nei rilievi del portale ha individuato[43] delle somiglianze con quelli del portale di Santa Maria la Porta di

---

[39] E. Gabrici – E. Levi, *Lo Steri di Palermo e le sue pitture*, Palermo s.d., p. 26.

[40] G. Mendola, *San Martino fra l'ultimo Quattrocento e il primo Seicento attraverso i documenti*, in "L'eredità di Angelo Sinisio. L'Abbazia di San Martino delle Scale dal XIV al XX secolo", Palermo 1997, pp. 291, 295-296.

[41] S. La Barbera, *La scultura marmorea*, cit., p. 249.

[42] Quest'ultima, in particolare, è stata ritenuta da M.Accascina, *Sculptores*, cit., pp. 305, 307, quasi una copia della statua di *Santa Caterina* nella chiesa eponima di Mistretta, del 1493, che la studiosa attribuiva al Mancino, osservandovi tra l'altro "le pieghe che girano ad ellissi", e sottraendola al catalogo di Giorgio da Milano, come invece aveva supposto il Di Marzo. La studiosa riscontrava anche delle somiglianze con altra statua di *Santa Caterina* nella chiesa di Castanea.

[43] S. La Barbera, *La scultura. Le botteghe*, cit., p. 31.

Geraci Siculo, nelle "bocche crucciate", nello "inanellarsi dei capelli disposti a ciocche", nel "modo in cui il velo poggia sulla fronte dei visi femminili", nelle "pieghe della veste che girano ad ellissi intorno alle braccia".

A queste opere aggiunge poi l'acquasantiera della chiesa abbaziale, datata 1496 (non già 1396, come era stato letto precedentemente), assegnandola definitivamente al Vanella, con una probabile collaborazione, ancora una volta, di Andrea Mancino, ricordato dai documenti col solo nome di battesimo.

Il Vanella insomma, a suo dire, "non fu relegato in ruolo subalterno rispetto al più famoso Andrea Mancino, ma ebbe una sua attività, ancora purtroppo non interamente definita"[44]. Lo proverebbero le altre opere da lui eseguite, che la storiografia successiva al Di Marzo ha consentito di assegnargli.

In un altro saggio, steso pressoché contemporaneamente, la La Barbera[45] accosta il nome del Vanella a quello di Andrea Mancino in relazione alla esecuzione del portale della chiesa di Santa Maria la porta a Geraci Siculo, datato 1496,[46] e del portale laterale della chiesa madre di Mistretta, del 1494, già attribuiti dalla Accascina al solo Andrea. Nelle due figure dell'*Eterno* inserite in entrambi i portali, considera infatti "identico l'ampio panneggio ad ellissi del manto, al di sotto del braccio destro, che si conclude in entrambe le figure, in due lisci triangoli tenuti fermi da un semplice nodo" e aggiunge come "il panneggio a pieghe tese che scendono verticalmente lungo la figura, trattenute in vita da un cordoncino, rimanda all'usuale modo del Vanella che lo riprende, semplificandolo da Domenico Gagini".[47]

Evidenzia poi come a queste due opere rimandino alcune parti della lunetta del portale della chiesa palermitana di Sant'Agostino e il *Presepe* della chiesa dell'Annunziata di Termini Imerese, già riferito al solo Andrea. Ribadisce infine come "in realtà l'attività del Vanella andò oltre quella di semplice scalpellino relegato in un ruolo subalterno rispetto al più famoso Andrea Mancino".

L'*Itinerario gaginiano* nel territorio madonita, tra Gangi, Geraci e le Petralie, recentemente pubblicato, ha consentito l'acquisizione di nuove testimonianze sul Vanella e, insieme, la formulazione di nuove proposte attributive.

Assieme alla data di morte dell'artista, avvenuta nel mese di ottobre 1516, sono stati resi noti un paio di inediti documenti sul Vanella; il primo, del 7 luglio 1500, riguarda la vendita di otto colonnine binate per la chiesa geracese di Santa Maria la porta, probabilmente destinate ad un distrutto portico esterno alla chiesa; il secondo, del 22 marzo 1501, vede lo scultore obbligarsi per la realizzazione del rilievo raffigurante la *Pietà* della chiesa madre di Pollina, "devota et piatusa", come quella di Petralia Soprana.[48] Il documento, assieme ai raffronti

---

[44] La Barbera, *La scultura*, 1997, p. 248.
[45] S. La Barbera, *Decorazione e scultura marmorea*, in "Forme d'arte a Geraci Siculo", Bagheria 1997, pp. 53-55.
[46] M. Accascina, *Di Giuliano Mancino*, cit., p. 326; eadem, *Sculptores*, cit., p. 305, ha attribuito il portale di Santa Maria la Porta di Geraci ad Andrea Mancino e Giovannello Gagini, sottolineando l'affinità col portale laterale della chiesa madre di Mistretta del 1494 e considerando entrambi i portali eseguiti su disegno di Domenico Gagini, da poco morto.
[47] L'attribuzione dei due portali al duo Mancino-Vanella, come si vedrà, è stata successivamente respinta.
[48] Già attribuita a Giuliano Mancino da M. Accascina, *Di Giuliano Mancino*, cit., p. 333.

istituibili fra le due opere ha consentito agevolmente l'attribuzione al Vanella della *Pietà* di Petralia Soprana,[49] datata 1498 e considerata "stilisticamente molto vicina, quasi sovrapponibile" alla *Pietà* di Pollina, ormai definitivamente assegnata allo scultore e per la quale quella di Petralia servì da riferimento.[50]

Al Vanella è stato anche attribuito il fonte battesimale della chiesa madre di Gangi, con una datazione agli ultimi anni del Quattrocento, o poco oltre, sulla base di alcune somiglianze riscontrate nella decorazione della vasca, con l'acquasantiera di San Martino delle Scale, documentata al Vanella e data 1496, e soprattutto per le sue "peculiarità stilistiche ben isolabili", quali "in particolare le pieghe stirate delle vesti delle danzatrici con andamento concentrico a cerchi nell'acqua e gli ovali perfetti e ben levigati dei volti"[51].

Ad Andrea Mancino,[52] con o senza la collaborazione del Vanella, è stata assegnata la *Madonna della Catena* della chiesa madre di Petrlia Soprana, datata 1495, sulla base dei raffronti istituibili con la *Madonna* di Caccamo.[53]

Considerate parti di una medesima *cona* databile entro il 1497 e successivamente smembrata, sono state attribuite al solo Vanella le statue di *San Paolo, San Pietro e San Giovanni Battista* della chiesa madre di Petralia Soprana, unitamente al rilievo raffigurante il *Pantokrator* conservato nei locali attigui alla chiesa del Salvatore della stessa città. A conforto della sua tesi lo studioso raffronta il *San Pietro* di Petralia con quello posto sull'architrave del portale di Baida, che considera eseguito "in maniera frettolosa", motivando: "una differenza sostanziale tra i modi del Mancino e quelli del Vanella sta nel trattamento della superficie scultorea, reso esplicito nella disposizione e nella restituzione delle pieghe delle vesti. Entrambi utilizzano un sistema di piegatura molto schematico che potremmo definire a cerchi nell'acqua; le pieghe del Mancino risultano però quasi disegnate sulla superficie lapidea e dalla forma oblunga, quelle del Vanella sono più raccolte e si susseguono con un progressivo sottosquadro che forma sulla gamba portata in avanti dalla figura una sorta di vortice che costituisce quasi una firma dello scultore. Questa sigla distintiva la ritroviamo ben evidente in tutte e tre le statue di Petralia Soprana".[54]

Per la statua della *Madonna* di Petralia Soprana, proveniente dalla distrutta chiesa del Carmelo e probabilmente, ancor prima, dalla chiesa Madre della stessa città, è stata proposta una datazione collocabile nell'ultimo decennio del Quattrocento, tra la *Madonna col Bambino* di Patti e quella di Caccamo. Rispetto alla "legnosa" *Madonna* di Patti, che mostra tuttavia il Vanella bene informato della cultura gaginiana, la statua di Petralia "lascia intuire un

---

[49] G. Mendola, *Note a margine per una storia della scultura madonita*, in "Itinerario", cit., pp. 50-52.
[50] M. De Luca, *Rilievo con Pietà – Petralia Soprana, Chiesa Madre dei Santi Pietro e Paolo*, in "Itinerario", cit., p. 125. L'attribuzione della *Pietà* di Petralia è stata ultimamente rimessa in discussione.
[51] G. Fazio, *Fonte battesimale – Gangi, Chiesa Madre di San Nicolò*, in "Itinerario", cit., p. 67.
[52] Come già suggerito da M. Accascina, *Sculptores*, cit., p. 307.
[53] G. Bongiovanni, *Madonna della Catena – Petralia Soprana, Chiesa Madre dei Santi Pietro e Paolo*, in "Itinerario", cit., p. 117. Trattando di Andrea, M. Accascina, *Sculptores*, cit, p. 307, specifica: "lavorò moltissimo questo scultore, copiando le sue stesse statue, come ad esempio la Madonna della Catena della chiesa madre di Petralia Soprana"; poi, separatosi dal Di Battista, prese come socio Antonio Vanella.
[54] G. Fazio, *Parti smembrate di ancona d'altare – Petralia Soprana, chiesa Madre dei Santi Pietro e Paolo, Chiesa del Salvatore*, in "Itinerario", cit., pp. 121-122.

aggiornamento in gran parte dovuto al sodalizio lavorativo con Andrea Mancino, scultore aperto a più esperienze culturali".[55] Essa presenterebbe delle affinità con la *Vergine* del gruppo della *Natività* di Termini Imerese – che lo studioso sembra assegnare al solo Andrea –, con la *Madonna* di Caccamo e "con l'articolato, e per certi versi arcaizzante, panneggio delle figure della custodia della cattedrale di Nicosia". Di più, nei rilievi della base sarebbe riscontrabile "un raffronto stringente" con il rilievo del *Martirio di Santa Caterina d'Alessandria* nello *scannello* della statua della santa a Mistretta, del 1493, già assegnata ad Andrea Mancino; "entrambe le figure dei rilievi condividono una straordinaria forza di sintesi compositiva", tale da poter almeno mitigare il limitativo giudizio sullo scultore già espresso dal Di Marzo.
Recentemente l'attribuzione al Vanella della *Pietà* di Petralia Soprana è stata rimessa in discussione, mentre al Vanella sono stati assegnati alcuni pezzi erratici della chiesa madre di Pollina, ritenuti parte di una "medesima struttura decorativa" successivamente smembrata: si tratta di una statuetta di *Profeta* e di tre lastre marmoree raffiguranti rispettivamente i *Santi Pietro e Paolo*, *Cristo sposo adorato dagli angeli* entro una lunetta, e una predella con il *Pantokrator* affiancato da Apostoli e Padri della chiesa occidentale; ad essi si aggiungerebbero dubitativamente un rilievo con la *Discesa dello Spirito Santo* e due tondi con le figure dell'*Annunciazione*. Di più, per la sua vicinanza con la documentata *Pietà* e con una datazione prossima ad essa, è stata attribuita al Vanella anche la statua raffigurante la *Madonna della Catena*, oggi conservata in una edicola nella via omonima, ma proveniente dalla stessa chiesa madre di Pollina, con nel plinto le immagini a rilievo dei Santi Giovanni e Paolo al centro, affiancati dai Santi Giuliano e Francesco.[56] Lo studioso chiarisce ancora quella che egli considera la cifra stilistica del Vanella: "il modo di distribuire le pieghe, schematicamente parallele e stirate, che improvvisamente si dispongono in andamenti concentrici *a cerchi nell'acqua*, con un progressivo sottosquadro rispetto alla superficie della veste".
Il rinvenimento di ulteriori inediti documenti relativi alla attività palermitana di Antonio Vanella consente di aggiornarne la conoscenza, rivelandolo un artista dignitosamente operoso nel solco della tradizione di Domenico Gagini.
La più antica notizia[57] che lo vede già stabilito a Palermo, provenendo dalla natia Toscana, data al 29 gennaio 1476, quando, definito "scultor de Carrara" e cittadino palermitano, Antonio viene testimoniato proprietario di un terreno nell'agro palermitano, situato nella contrada Ciaculli. Il suo trasferimento a Palermo, dunque, deve essere avvenuto già da qualche anno, se egli ne ha già assunto la cittadinanza, ottenuta assai probabilmente grazie al matrimonio con una palermitana, che forse gli ha portato in dote il terreno di Ciaculli.
Se l'indicazione della città di provenienza, nello stesso documento, sembra suggerire che il trasferimento dell'artista è avvenuto da non troppo tempo, d'altra parte la qualifica di "scultor" ci mostra un maestro autonomo, che ha certamente superato i venti anni. D'altra parte agli inizi del 1493 attraverso una testimonianza giurata sulla quale mi propongo di tornare in altra sede, egli stesso dichiara di essere giunto a Palermo 23 o 24 anni prima, ossia

---

[55] G. Bongiovanni, *Madonna col Bambino – Petralia Soprana, Chiesa di S. Giovanni Evangelista*, in "Itinerario", cit., p. 137.
[56] G. Fazio, *Pollina. L'attività scultorea del carrarese Antonio Vanella (not. 1475-1516)*, 2011. Come si vedrà, la proposta attributiva trova conferma in questa sede.
[57] G. Di Marzo, *I Gagini*, cit., vol. 1, p. 66.

intorno al 1470. Sulla base di queste considerazioni, si può ipotizzare che la sua nascita sia avvenuta in Toscana, se non proprio a Carrara, intorno alla metà del Quattrocento.
Successivamente al 1476, a parte i due documenti, rispettivamente del 1480 e del 1485 che lo vedono operoso per lavori di scarso rilievo e la citazione nell'elenco dei maestri marmorari palermitani del 1487, per ritrovare altre inedite testimonianze su di lui, occorre inoltrarsi fino al 5 maggio 1490, quando, indicato quale "scultor", secondo la versione *Vanello*, Antonio si impegna con don Antonio De Piscibus, arciprete di Sciacca, a realizzare "guarnimentum unum marmoreum p(ro) fonti battismatis scilicet pavimentum sup(er) quo debeat poni fons aque cum suo aqualorio cum eius scalonis etiam marmoreis cum eius latis marmoreis in quibus latis in uno debeat sculpire ymaginem S(anc)te Marie Magdalene".[58]
Il contratto si interrompe a questo punto,[59] non consentendoci di conoscere altri particolari a riguardo della commissione, che dovette consistere nella esecuzione di una decorazione marmorea del basamento del fonte battesimale, probabilmente già esistente, su un lato del quale fu previsto l'inserimento di una figura della *Maddalena*.
Il titolo di arciprete della sua città riferito al committente ci suggerisce che il lavoro era destinato alla chiesa madre di Sciacca; Antonio de Piscibus, canonico agrigentino, fu arciprete di Sciacca a partire dal 1473.[60]
L'opera fu certamente realizzata ed è sopravvissuta (Fig. 7) ai rifacimenti cui la chiesa fu sottoposta in età barocca, seppure con una diversa sistemazione, nella prima cappella della navata sinistra, provenendo dalla cappella di Sant'Andrea, che prima della ricostruzione seicentesca della chiesa era posta di fronte.[61]
Nel fronte dell'alto basamento marmoreo al quale si accede attraverso due piccole gradinate laterali compaiono due bassorilievi entro ghirlande uguali, raffiguranti, a sinistra, *Santa Maria Maddalena* (Fig. 8) e a destra *San Calogero*[62] (Fig. 9).
In essi è da riconoscere senza dubbio l'opera commissionata al Vanella nel 1490 e consegnata all'inizio dell'anno successivo.
Una incisione di Antonio Bova inserita negli "Opuscoli di autori siciliani" del 1762 ci mostra, con una sistemazione dei gradini leggermente diversa da quella attuale, il fonte ed il suo basamento, al centro del quale è inserito soltanto il rilievo con la *Maddalena*. Ciò sembrerebbe indirettamente confermare la tradizione secondo la quale il rilievo con *San Calogero*, già appartenente al basamento, fu per un certo periodo di tempo spostato nell'edificio delle carceri e di qui, successivamente, ricollocato nel suo sito originario.
La grande vasca del fonte, baccellata, è ornata in alto da una fascia ornata a basso rilievo con fiori, fra i quali si inseriscono due testine alate e altrettanti scudi con lo stemma della famiglia Burgio, committente dell'opera. Essa poggia su una base marmorea cilindrica decorata a

---

[58] ASP, not. Domenico Di Leo, st. 1, vol. 1403, c. 666.
[59] Non ci è nota la circostanza per la quale il notaio non si preoccupò di definire il contratto, fenomeno, questo, piuttosto frequente all'epoca; ciò, tuttavia, non pregiudica la possibilità che l'opera sia stata portata a compimento, come è più volte accaduto in situazioni analoghe.
[60] A. Scandaliato, *Contesto socio-economico-culturale sec. XV*, in "Chiesa Madre di Sciacca. Novecento anni. 1108-2008", a cura di P. A. Piazza, Agrigento 2009, p. 138.
[61] I. Scaturro, *Storia della città di Sciacca*, Napoli 1926, vol. 1, pp. 731-732.
[62] Essi misurano rispettivamente cm 54 x 62 e 61 x 63. Il primo di essi è stato ridotto nella parte inferiore.

mezzo rilievo, avvolta da due teste con doppie ali, tra le quali si sistemano altri due stemmi della stessa famiglia.[63] Funge da plinto una spessa lastra quadrangolare nella quale è incisa l'iscrizione DOMPNO ANTONIO / DE PISCIBUS / MCCCCLXXXXI / EX.NTE IN ARCHIPRESBITERATU.

È possibile che la esecuzione del fonte battesimale, documentato già nel 1490 e forse scolpito qualche tempo prima, si debba allo stesso Vanella, piuttosto che a quell'Antonio "de Lombardo", marmorario abitante a Palermo, che i documenti testimoniano a Sciacca nel 1479. L'11 settembre di quell'anno, per un compenso di 8 onze, questi aveva infatti consegnato al sacerdote Marco Busammara, economo e procuratore della chiesa madre, "fontem unum marmoreum p(ro) ponendo acqua benedetta pro dicta majori eccl(esi)a ad similitudinem fontis sancti francisci terre sacce", impegnandosi inoltre a realizzarne lo "scalonum", ossia il basamento, a Palermo, e consegnarlo entro due mesi.[64]

Si trattava dunque di un fonte per l'acqua benedetta, non già del fonte battesimale; sembra confermarlo, per altro, il riferimento al perduto fonte della chiesa di San Francesco della stessa città, utilizzato quale modello per quello della chiesa madre e che certamente non poteva essere un fonte battesimale, trovandosi in una chiesa che non aveva prerogative parrocchiali.

È presumibile che l'acquasantiera realizzata dal Lombardo[65] sia andata dispersa insieme al suo basamento, sempre che quest'ultimo sia stato consegnato; risulterebbe poco credibile, infatti, che il basamento del fonte battesimale sia stato rifatto a distanza di soli dodici anni.

Comunque sia andata, allo stato attuale delle conoscenze, i due rilievi della chiesa madre di Sciacca vengono a costituire la più antica opera sopravvissuta tra quelle documentate al Vanella.

È certo, poi, che all'inizio del '91 egli si è recato a Sciacca, forse per sistemarvi quella stessa opera, se il 22 febbraio di quell'anno, a Palermo, lo troviamo presentarsi davanti ad un pubblico notaio per avanzare una protesta nei confronti di Francesco Doria, console dei genovesi residenti a Palermo, perché il cavallo prestatogli da un uomo di religione ebraica per recarsi a Sciacca è morto durante il suo viaggio di ritorno a Palermo.[66]

---

[63] S. Cantone, *Sciacca Terme*, Palermo s.a., ma 1976, p. 74; M. Ciaccio, *Sciacca. Notizie storiche e documenti*, Sciacca 1984, vol. 2, p. 52; I. Navarra, *Notizie sulle opere d'arte*, in "Chiesa Madre di Sciacca" 2009, p. 152. Il nome del committente, come dimostrano i documenti, è Antonio, non già Pino Antonio erroneamente indicato dal Ciaccio, evidentemente sviato dalla prima parola della iscrizione, che va invece letta come "Dominus". Ringrazio vivamente Ignazio Navarra per i cortesi suggerimenti fornitimi.

[64] A. Scandaliato, *Contesto*, cit., pp. 137-138; ASP, not. Ferdinando Giuffrida di Sciacca, st. 1, vol. 1379, c. 25 v.

[65] Null'altro sappiamo di questo marmorario, che L. Sarullo 1994, p. 188, indica attivo a Messina nel XV secolo, se non che, a Palermo, il 21 febbraio 1478, insieme col collega Gabriele da Como, ossia Gabriele di Battista (not. 1472-1505) – entrambi indicati quali marmorari lombardi e cittadini di Palermo –, egli si impegna col regio milite Federico de Diana a scolpire un portale di marmo bianco per il convento palermitano "de novo construtto" di Santa Maria della Redenzione dei Cattivi, alto 15 palmi e mezzo e largo 8 palmi e mezzo, da eseguirsi secondo un disegno, con sopra un archivolto scolpito, da assettarsi entro il successivo mese di agosto, per un compenso di 16 onze; ASP, not. Matteo Vermiglio, st. 1, vol. 1352, c.s.n.

[66] ASP, not. Antonino Bentivegna, st. 1, vol. 1834, c.s.n.

Da questa data in poi, sia pure con delle lunghe lacune documentarie dovute alla incompletezza degli archivi o anche a possibili soggiorni nei centri periferici per i quali andò lavorando, Antonio viene testimoniato operoso a Palermo quasi ininterrottamente fino alla sua morte, in contatto con alcuni dei suoi colleghi ben più noti alla moderna storiografia.

Il 27 ottobre 1491, definito mastro marmorario, e secondo la versione del cognome *Vanello*, assieme alla moglie Margherita, egli riceve da mastro Manfredi Serafina un prestito di 15 onze, che i due sposi promettono di restituire entro il successivo mese di febbraio.[67]

I contatti del Vanella con altri carraresi, in patria o dimoranti a Palermo, sono testimoniati più volte, e in particolare il 19 ottobre 1492, subito dopo la morte di Domenico Gagini, quando in qualità di procuratore di mastro Guidone di Carrara, egli risulta creditore della somma di 10 onze nei confronti dell'*honorabilis* Gaspare Sirio e del cognato di questi, lo scultore Giovannello Gagini; il credito è parte di una somma maggiore che i due dovevano al Vanella, in solido con l'appena morto Domenico Gagini.[68]

Si era trattato probabilmente dell'acquisto di marmi che il carrarese mastro Guidone aveva venduto a Domenico Gagini, per il cui pagamento avevano prestato garanzia il figlio maggiore, Giovannello, e il genero, Gaspare Sirio.

Nei quattro anni seguenti si registra una lunga lacuna documentaria, che si interrompe soltanto il 30 luglio 1496, quando, indicato col cognome *Vanelli*, Antonio si impegna a restituire agli eredi di Battista Lambardi i 15 ducati d'oro, equivalenti a 6 onze, 12 tari e 15 grani, che erano stati versati con lettera di cambio al figlio Giovanni, studente "in Senis", dal banco degli eredi di Ambrogio Spannocchi.[69]

Dalla moglie Margherita era nato dunque almeno un figlio di nome Giovanni, che all'epoca, certamente già maggiorenne, risiedeva a Siena per motivi di studio e al quale Antonio aveva inviato del denaro probabilmente per mantenersi agli studi.

Il 31 agosto dello stesso anno, 1496, Antonio risulta avere bottega assieme al collega Andrea Mancino;[70] la loro consociazione è attestata già dal mese di marzo precedente, ma non sappiamo quando essa aveva avuto inizio.

Morto dunque Domenico Gagini (1492), col quale aveva certamente mantenuto buoni rapporti[71] e di cui "fu devoto allievo tanto da essere nominato tutore del primogenito del maestro, Giovannello", morto anche Giovannello, col quale aveva lavorato certamente almeno al sarcofago di Gaspare De Marinis nella cattedrale di Agrigento, il lombardo Andrea Mancino, che era già stato "compagno solerte di Gabriele di Battista nel chiostro di San Francesco e a Palazzo Aiutamicristo",[72] si era associato col Vanella.

La collaborazione fra i due, come si vedrà, avrà termine soltanto con la morte di Andrea avvenuta entro i primi mesi del 1500.

---

[67] ASP, not. Lorenzo Vulpi, st. 1, vol. 1147, c. 26. La restituzione è segnata a margine dell'atto in data 27 gennaio 1492.
[68] E. Mauceri, *Nuovi documenti*, cit., p. 171; ASP, not. Armando de Mundia, st. 1, vol. 1625, c.s.n.
[69] ASP, not. Antonino Bentivegna, st. 1, vol. 1834, c.s.n.
[70] ASP, not. Andrea Ponticorona, st. 1, vol. 1310, c. 1012 v.
[71] Il 23 novembre 1491 i due si erano impegnati insieme per la esecuzione della statua della *Madonna col Bambino* destinata alla chiesa di San Francesco di Marsala.
[72] M. Accascina, *Sculptores*, cit., p. 298.

Il documento del 31 agosto 1496[73] risulta di estremo interesse, giacché implica una serie di personaggi ruotanti intorno alla bottega di Andrea Mancino e di Antonio Vanella, registrando un fattaccio di cronaca da poco avvenuto che ha coinvolto alcuni di essi, sebbene il Vanella ne risulti estraneo, probabilmente perché in quel momento assente dalla bottega.

Si tratta di una dichiarazione giurata prodotta davanti ad un pubblico notaio su richiesta di Gaspare Sirio, genero di Domenico Gagini, che agisce a nome proprio e per conto dell'assente Andrea Mancino. La dichiarazione viene fornita da due giovani lavoranti di bottega, Bernardino, figlio di Benedetto de Priore, e Bartolomeo, figlio di mastro Michele "di Barataro", entrambi carraresi abitanti a Palermo e all'epoca certamente maggiorenni, dal momento che sui due giovani non è fornita alcuna indicazione riguardante la loro età.

I loro nomi sembrano dirci poco, ma il secondo è senza dubbio da identificarsi con quel Bartolomeo Berrettaro scultore e marmorario, ben noto agli studiosi siciliani, che conosciamo maestro attivo a Palermo almeno a partire dal 1500 e che possiamo adesso classificare tra gli allievi di Andrea Mancino e di Antonio Vanella.

Da una parte la calligrafia non sempre perfettamente leggibile dei notai o dei loro scrivani, dall'altra lo stato di conservazione delle loro carte, dall'altra ancora la scarsa attenzione, spesso registrata all'epoca, nella esatta indicazione dei cognomi, soprattutto di quelli non locali, ci consente di avanzare questa ipotesi.

Stando a quanto dichiarato, i due giovani, trovandosi quali "laborantes" nella bottega gestita in comune dal Mancino e dal Vanella, un giorno del mese di marzo 1496 videro mastro Andrea, mentre lavorava con una "squatra ferrea" in mano, "motus ira", lanciare la squadra contro il figlio Bartolomeo. Ma accorgendosi di ciò, mastro "Jo. Ant.us de Achina alias di Chania", che lavorava nella stessa bottega, "volens incommodum et periculum imminentem evitari", per impedire che la squadra colpisse il giovane Bartolomeo Mancino, "se interposuit in medio dicte personis", rimanendo egli stesso vittima del colpo, che gli procurò una ferita sul capo. Il malcapitato rimase infermo a letto nella casa del Mancino, ma dopo alcuni giorni morì. Durante la malattia, Giovanni Antonio, "eius olim laborante", aveva più volte scagionato il Mancino, dicendo che non vi era stata "aliqua rixa neq(ue) differentia neq(ue) verba mala" fra i due, asserendo invece come essi "sempre gesserunt et gerebant ut fr(atr)es, e dicendo "in presentia p(re)fatorum bernardini et barth(olome)i chi ipsu Jo. Ant. si piglau lu colpu in lu quali ipsu m(agiste)r Andria non commisi dolu ne malizia alcuna et q. ipse m(agiste)r Andreas fuit et erat eius amicus et amicissimus".

Si era trattato insomma di un omicidio colposo commesso da Andrea Mancino nella sua bottega, dove per tragica fatalità, anziché il figlio Bartolomeo cui era indirizzata la squadra di ferro, era rimasto vittima il "laborante" Giovanni Antonio, che di Andrea si era dichiarato amico, anzi più che amico, quasi fratello.

Ma chi era Giovanni Antonio "de Achina alias di Chania", collaboratore nella bottega Mancino-Vanella? Il suo nome, così come lo pseudonimo, risulta finora sconosciuto, né si conoscono giovani marmorari attivi a Palermo entro il mese di marzo del 1496, il cui nome possa in qualche modo ricondurci al nostro Giovanni Antonio.

---

[73] ASP, not. Andrea Ponticorona, st. 1, vol. 1310, c. 1012 v.

A meno che non si possa riconoscere in lui Giovannello Gagini, il primogenito di Domenico, che sappiamo in stretti rapporti di collaborazione prima con Domenico e, dopo la morte di questi, con Andrea Mancino.

Giovannello Gagini è documentato almeno fino al 26 settembre 1494, mentre risulta già morto il 17 novembre 1496. Entro queste due date si colloca dunque la sua scomparsa.

È vero però che in tutti i documenti finora noti il giovane viene sempre indicato con un solo nome di battesimo, Giovanni o Giovannello, così come è vero che non si conosce alcuno pseudonimo a lui riferito; ma la versione "de Achina" del cognome della giovane vittima ha stretta assonanza con il cognome Gagini, Gasini, Gachini, così come è stato restituito dai documenti riguardanti i membri della famiglia di Domenico Gagini.

Di più, il richiamo a Gaspare Sirio, marito della sorella ed erede di Giovannello, ci fa sospettare un diretto interesse da parte del Sirio nel concludere una sgradevole vicenda che aveva fatto del suo amico Andrea Mancino un assassino.

È una ipotesi che, se trovasse conferma, potrebbe offrire lumi a riguardo degli ultimi anni di vita e della morte del primogenito di Domenico Gagini.

Per tornare al Vanella, del 1497 sono i primi pagamenti oggi noti, relativi all'acquasantiera della chiesa abbaziale di San Martino delle Scale e ad altri lavori in marmo eseguiti da mastro Andrea "suo compagno", certamente identificabile col Mancino. Ma senza dubbio i lavori erano iniziati da tempo, almeno sin dall'anno precedente, come testimonia la data 1496 apposta nell'acquasantiera della chiesa.

Il 5 aprile 1498, indicato con la qualifica di *scultor*, per 15 onze, Antonio vende a Giovanni Pillitteri e Ruggero La Nohara, cittadini di Sutera, per conto della confraternita di San Vito della loro città, una statua della *Madonna col Bambino* in braccio, di marmo bianco, dipinta con oro e buoni colori, alta 5 palmi e mezzo e con il "piede" alto un palmo, nel quale da una parte si impegna a scolpire l'immagine di San Vito e dall'altra quella di San Paolino. L'opera dovrà prima portarsi via mare fino alla marina di Agrigento a spese dello scultore e di qui trasferirsi a Sutera, a spese della confraternita, entro il 14 luglio. Oltre all'acconto di 8 ducati d'oro subito versato al Vanella, i committenti si impegnano a pagare una seconda rata, fino a raggiungere in tutto la somma di 7 onze, non appena la statua sarà finita a Palermo, mentre il saldo di 8 onze avverrà quando l'opera sarà collocata nella chiesa di San Vito a Sutera. Le spese di viaggio per la "equitatura" sia all'andata che al ritorno da Palermo e quelle di soggiorno dello scultore a Sutera saranno a carico dei committenti. Ma, se la statua non dovesse essere "ita devota q. eis placerat", i committenti si riservano di rifiutarla. A margine del contratto è annotato un pagamento per un totale di 7 onze, compresi gli 8 ducati di anticipo, in data 30 maggio 1498, quando il Vanella cede al suo socio Andrea Mancino il credito di 8 onze ancora dovutogli per la realizzazione dell'opera.[74] La cessione al Mancino di poco più di metà del compenso complessivo fa sospettare che la esecuzione della statua, prodotta nella bottega dei due, sia dovuta alla collaborazione tra i due scultori.

Come già accennato, il documento fu reso noto dal Mauceri nel 1903, ma con una errata indicazione del centro abitato al quale la statua era destinata, che fu letto Butera anziché Sutera. Nei centodieci anni trascorsi dalla pubblicazione della notizia nessuno si è mai preoccupato di controllarne l'esattezza e tutti gli studiosi hanno considerato l'opera dispersa,

---

[74] ASP, not. Domenico Di Leo, st. 1, vol. 1409, c. 462 v.

o comunque irreperibile, dal momento che a Butera non sono presenti statue identificabili con questa.

Secondo una locale tradizione[75], Giovanni III Chiaramonte – che fu signore di Sutera fra il 1366 e il 1374 – avrebbe donato alla città la statua della *Madonna delle Grazie*, "bellissimo lavoro in marmo", che si custodì a lungo nella chiesetta di San Vito, finché, distrutta la chiesa, la statua fu trasferita nella vicina chiesa di Sant'Agata, dove ancora si conserva.

La statua della *Madonna col Bambino* della chiesa di Sant'Agata[76] (Fig. 10) tradisce tuttavia modi ben più avanzati rispetto alla precocissima datazione (terzo quarto del Trecento) fornita dalle fonti locali, rivelandosi un prodotto della scultura palermitana di fine Quattrocento e, più specificatamente, assai prossima alla mano del Vanella, quale si va via via palesando ai nostri occhi.

I rilievi della base mostrano al centro la Madonna col Bambino, affiancata, alla sua sinistra, dalla figura di un santo vescovo (facilmente identificabile con San Paolino vescovo, copatrono di Sutera), e, alla sua destra, in posizione più eminente rispetto all'altra, dalla figura di un santo con una coppia di cani al guinzaglio, nella quale si può agevolmente riconoscere San Vito, titolare della chiesa cui la statua fu destinata; seguono, da entrambe le parti, due coppie di uomini incappucciati, nei quali possono individuarsi i confrati di San Vito, committenti dell'opera.

Intanto i lavori della ditta Vanella-Mancino condotti per conto dei monaci di San Martino delle Scale proseguono negli anni successivi, se il 16 gennaio 1499 Antonio "Vannelli" e Andrea "Manchini" si obbligano con fra' Mauro de Oddo, monaco e decano del monastero, a "facere et laborare cum eorum marmora quoddam arcum marmoreum ad opus ven(erabilis) ecc(lesia)e p(redic)ti mon(aste)rij v(idelicet) p(ro) tribona p(re)ditte ecc(lesia)e v(idelicet) in fachi ex parte intus largitudinis palmorum duorum in fachi et longitudinis p. ut fig.e(?) admodum sint(?) p. e. arcum tribone altaris majoris p(re)ditte ecc(lesia)e et non aliter nec non cum o(mn)ibus illis laboribus figuris et ornamentis eligendis p(er) ipsum R(everen)dum decanum ex pacto". I termini per la consegna dei lavori, nella bottega dei due, vengono fissati entro il successivo mese di settembre; il prezzo convenuto è di 25 onze, di cui 5 saranno versate a inizio lavori, 5 onze finita la terza parte e il resto a consegna; fra i testimoni al contratto è il pittore-doratore Pietro Pisano,[77] che sappiamo impegnato in quegli anni nei lavori condotti all'interno del monastero.

Si trattava di una decorazione marmorea, larga due palmi, destinata all'arco della tribuna dell'altare maggiore della chiesa abbaziale, che si aggiungeva all'acquasantiera del 1496 ed alla *cona* di marmo dello stesso altare maggiore che, come già sappiamo, furono pagate al Vanella rispettivamente nel 1497 e nel 1499.

Ma l'impegno per questo nuovo lavoro non dovette essere rispettato nei tempi previsti, se il 4 settembre 1499, essendosi obbligato per "certum opus marmorium" da collocarsi nell'abbazia di San Martino e non avendo potuto finirlo a causa di altri suoi negozi, Antonio "vanelli", questa volta senza il socio Andrea, ma assieme ai marmorari Nicola "de Nuchito", carrarese, e Giuliano "de Maczino de eadem Carrara regionis civit(at)is pisarum", si impegna ad "expediri in p(redi)tto mon(aste)rio Sancti Martini", secondo l'impegno già assunto coi

---

[75] A. Vaccaro, *Cenni storici sulla città di Sutera*, ristampa anastatica (1881), Caltanissetta 1982, p. 77.
[76] Vedila riprodotta in A. Vaccaro, *Cenni storici*, cit., tra le pp. 78 e 79.
[77] ASP, not. Vincenzo Sinatra, st. 1, vol. 1596, c. 567.

monaci, "totum opus predittum marmoreum", offrendo ai due collaboratori 12 onze, che Antonio promette di pagare "laborando solvendo cum esu et potu consuetu et lettu p(ro) dormiendo" nei luoghi dove si troveranno a lavorare, sia nel monastero che in altri posti, per finire l'opera.[78]

La collaborazione ebbe luogo, se il 13 marzo 1500 il Vanella si dichiara debitore nei confronti di Giuliano "di Manchino" di 2 onze, di cui un'onza prestatagli e pagata a mastro Nicola di Antonio (ossia Nicola de Nuchito) e un'onza dovuta al Mancino "pro eius parte et restantem ad complimentum p(re)tij et manufactura cuiusdam opere facte per eosdem Nic(olaum) et Julianum no(min)e dicti m(ast)ri Ant(on)ij in mon(aste)rio Sancti Martini de Scalis pa(nhormi) v(idelicet) in cona altaris majoris ecc(lesia)e dicti mon(aste)rii", secondo un impegno precedentemente assunto da Nicola e Giuliano. Il pagamento del debito è segnato a margine dell'atto, il 23 aprile 1501, quando Giuliano dichiara di avere avuto dal Vanella le 2 onze dovutegli, in presenza, in qualità di testimone, di Bartolomeo "Viritaru",[79] ossia Berrettaro, che frattanto si è associato con Giuliano Mancino.

A meno che – ma appare improbabile – l'arco della tribuna dell'altare maggiore non possa identificarsi con la *cona* dello stesso altare pagata al Vanella nel 1499, i lavori prestati per la chiesa abbaziale di San Martino dovettero dunque interessare almeno l'acquasantiera, la *cona* e l'arco della tribuna dell'altar maggiore.

Si può a questo punto ipotizzare che mentre le prime due opere dovettero essere frutto della collaborazione fra i soci Vanella e Andrea Mancino, la terza, ossia l'arco, seppure inizialmente commissionato ai due, dovette essere ultimato dal Vanella con la collaborazione dei due giovani carraresi. Ma la sua dispersione non permette di avanzare ulteriori ipotesi, oltre quella già avanzata,[80] di riconoscere negli altri elementi marmorei smembrati e oggi ricomposti con diversa sistemazione all'interno dei locali dell'abbazia quali parti della *cona* d'altare.

Ma perché Andrea Mancino, che almeno dal 1496 lavorava al fianco del Vanella, pur avendo assunto assieme a lui nel gennaio 1499 l'impegno per l'arco marmoreo scompare nel documento del settembre successivo? A questa data egli è probabilmente impedito, forse a causa di una malattia che presto lo condurrà alla morte. L'ultima notizia oggi nota che lo vede ancora in vita, se, come pare, in lui è ancora da riconoscere il "m(ast)ru Andrea marmuraru" annotato nelle carte di San Martino delle Scale, al quale i monaci versano 15 tarì per mano di "lu rizu so garzoni", è del 20 gennaio 1500.[81]

D'altra parte sappiamo che egli è ancora in vita il 17 giugno 1499, quando, anche per parte del suo socio Vanella, è pagato per la *cona* di Nicosia, mentre ci apprestiamo ad apprendere che il 4 aprile 1500 egli risulta già morto.

È dunque entro i primi mesi del 1500 che si può datare la scomparsa di Andrea Mancino.

Più o meno contemporaneamente alla morte di questi, si assiste alla comparsa sulla scena palermitana del suo omonimo Giuliano Mancino almeno un anno prima rispetto a quanto finora accertato, accanto a quel Nicola de Nuchito, carrarese come lui, finora ignorato dalla storiografia siciliana.

---

[78] Ibidem, vol. 1597, c.s.n.
[79] ASP, not. Giacomo Lucido, st. 1, vol. 1874, c. 327 v.
[80] S. La Barbera, *La scultura marmorea*, cit., pp. 251-255.
[81] G. Mendola, *Regesto di documenti inediti dal 1462 al 1648*, in "L'eredità", cit., p. 295.

Intanto, il 13 marzo dello stesso anno 1500, in presenza quale testimone di Giuliano Mancino e di Nicola di Antonio (cioè Nicola de Nuchito), il "vanello" si è dichiarato debitore del carrarese Pietro di Caxono per la somma di 3 onze e 5 tarì, a saldo di 10 onze e 20 tarì, quale prezzo di otto carrate di marmi consegnategli da Nicola Palumbo, "famulo" di Pietro. Il debito verrà pagato in parte il 20 aprile 1501, quando Antonio versa un'onza e 10 tarì a Giuliano "di lu manchino", per parte di Nicola Vivilacqua, procuratore del Caxono e in parte, nel 1503, allo stesso procuratore, questa volta indicato come "nicolaus q(uon)dam antonii di noceto di carrara alias Vivilacqua",[82] ossia quello stesso Nicola de Nuchito, già collaboratore del Vanella negli anni precedenti.

Data al 4 aprile 1500 un interessantissimo, inedito, documento che in qualche modo rimette in discussione alcune certezze ritenute definitivamente acquisite, aprendo la strada a nuove possibili ipotesi a riguardo della paternità di alcune sculture realizzate in quegli anni.

Dalla testimonianza risulta che Andrea Mancino l'11 marzo 1499, ad Alcamo, agli atti del notaio Pietro di Castronovo, si era impegnato col notaio alcamese Stefano Adragna, economo e procuratore della chiesa madre della sua città, a "laborare et facere unam januam magnam et unam custodiam marmoream ad opus dicte majoris ecc(lesia)e p(ro) p(re)tio unciarum LXV" e in particolare a "facere seu construere op(er)a infr(ascript)a v(idelicet) unam conam seu custodiam" marmorea per il Sacramento, "altitudinis palmorum viginti mensure generalis et eius largitudinis cuius est tribuna ex(iste)ns in latere sinistro tribune et altare dicte majoris eccl(es)ie scultam iuxta formam designatam in quodam designo facto in quadam pagina ex(iste)nte penes dictum yconomum et p(ro)cur(ator)em cum Imaginibus scultis di relevo et columnis et peciis marmorum p(ro) ut q. admodo in similis operibus et convenit et fieri construeverunt et est cum quadam januam et altari de eodem marmore cum columnis et cappitellis albis ac et(iam) quadam januam p(ro) janua majori dicte eccl(es)ie altitudinis p(ro) ut sequitur altitudo porte p(redic)te di eodem marmore eiusdem condicionibus bonitatis et qualitatis iuxta designum q. dictum m(agiste)r Andreas promisit complere et assig(n)are eidem iconomo et p(ro)cur(ator)i". I lavori avrebbero dovuto consegnarsi entro un anno nella bottega del Mancino, a Palermo "in plano maritime"; lo scultore si era impegnato a recarsi ad Alcamo per assettare i marmi, mentre il procuratore gli avrebbe fornito il "vittum necessarium" nei giorni del suo soggiorno alcamese. Le 65 onze promesse, secondo le clausole contrattuali, sarebbero state pagate in più soluzioni: 10 alla prima richiesta, ma non prima di avere disposto la fideiussione, 10 onze entro il successivo mese di aprile, 20 onze entro il mese di ottobre seguente e il rimanete a lavori ultimati; la porta però avrebbe dovuto assettarsi entro il mese di agosto 1499.

Ma durante la realizzazione di questi lavori Andrea Mancino era morto. È così che, a Palermo, il 4 aprile 1500, il suo socio Antonio Vanella viene chiamato a ratificare l'impegno assunto un anno prima da Andrea, obbligandosi a sua volta con lo stesso notaio Adragna a "facere laborare complere dictam custodiam iuxta forma sup(radi)cti contrattus", dal momento che egli stesso ha già consegnato e sistemato i marmi del portale esterno.

Per questi lavori, si precisa, i due scultori hanno ricevuto 29 onze, in parte versate al Vanella e in parte al Mancino mentre era ancora in vita: 25 onze quale pagamento del portale e 4 onze quale anticipo per la custodia ancora da realizzarsi. La somma rimanente (36 onze) fino

---

[82] ASP, not. Giacomo Lucido, st. 1, vol. 1874, c. 327.

a raggiungere le 65 onze previste nel contratto iniziale, sarà pagata al Vanella in due rate: 10 onze entro il giorno della festa del Corpus Domini e il resto non appena la custodia sarà sistemata nella chiesa; la consegna di essa è prevista a Palermo, nella bottega dello scultore, entro il mese di gennaio 1501[83].

Il portale e la grande custodia per il Sacramento (l'altezza prevista per essa fu di circa cinque metri) erano stati dunque commissionati ad Andrea Mancino, autore anche del progetto decorativo, fissato in disegni preliminarmente consegnati al procuratore Adragna, ed in collaborazione col socio Vanella; ma a causa della morte sopraggiunta, Andrea non aveva terminato i lavori e alla consegna del portale aveva provveduto in sua vece il Vanella.

Questi, a sua volta, pur essendosi obbligato ad assolvere all'intero impegno assunto dal suo socio, portando a compimento la prevista custodia, quasi certamente dovette in seguito rinunziare, dal momento che nella chiesa madre di Alcamo non rimane traccia di una custodia a lui riferibile.

Il portale, invece, fortunatamente rimane nella chiesa, seppure non più a decorare l'ingresso principale, bensì quello orientale. Lo prova senza ombra di dubbio l'iscrizione appostavi, dove sono ricordati il nome del procuratore Stefano Adragna, insieme alla indicazione dell'anno 1499 e della Indizione II (Fig. 11).

Il portale è stato finora unanimemente attribuito a Bartolomeo Berrettaro[84] e nelle figurine in alto della *Madonna col Bambino* affiancata dai *Santi Pietro e Paolo* e sormontata da un *Crocifisso*, così come in quelle della *Annunziata* e dell'*Angelo annunziante*, il Di Marzo osservava "molta trascuratezza di esecuzione".

L'attribuzione al Berrettaro si è basata in particolare sul fatto che negli anni successivi lo scultore risulta più volte documentato ad Alcamo, dove possiede dei beni e dove nel 1524 concluderà i suoi giorni, ma anche perché per la stessa chiesa madre di Alcamo, nel 1505, Bartolomeo esegue la decorazione della porta dell'antisacrestia.

Recentemente,[85] ribadite le affinità già avanzate da altri studiosi tra i portali della chiesa di Santa Maria la porta di Geraci Siculo, della chiesa madre di Mistretta, della chiesa palermitana di Sant'Agostino e della chiesa madre di Alcamo, a quest'ultimo è stato accostato in particolare quello di Geraci Siculo per le "stringenti ... analogie" fra le due opere; di qui la proposta di attribuire anche il portale geracese allo stesso Bartolomeo Berrettaro, presunto autore del portale di Alcamo.

Stabilita però la paternità di quest'ultimo al duo Andrea Mancino – Antonio Vanella, si renderebbe necessaria una attenta riconsiderazione delle proposte attributive finora avanzate; ma limiti di spazio e di tempo, al momento, non ce lo consentono.

Oltre al portale di Alcamo, anche un'altra opera, commissionata ai due soci nel 1499 ma certamente consegnata nel corso dell'anno seguente, si colloca a ridosso della morte di Andrea Mancino e fu probabilmente definita dal solo Vanella; mi riferisco alla statua della *Madonna col Bambino* di Caccamo, nella quale sembrano prevalere i modi di Antonio, particolarmente evidenti nel modo di trattare le pieghe delle vesti.

---

[83] Ibidem, c. 367 v.
[84] G. Di Marzo, *I Gagini*, cit., vol. 1, p. 105; V. Regina, *La chiesa madre di Alcamo*, Alcamo 1956, p. 52.
[85] G. Antista, *Portale – Geraci Siculo, Chiesa di Santa Maria la Porta*, in "Itinerario", cit., p. 95.

Frattanto, il 7 luglio 1500, lo troviamo impegnarsi proprio con la confraternita di Santa Maria la porta di Geraci per la realizzazione di otto colonne binate di marmo bianco,[86] probabilmente destinate ad ornare una sorta di portico esterno alla chiesa.

Il 27 settembre 1500 Antonio acquista da Antonio di Donato dei mortai di marmo per un valore di 9 onze, 25 tarì e 10 grani, somma che verrà saldata il 20 novembre 1505.[87]

Il 28 gennaio successivo, definito *scultor marmorum*, egli acquista dal nobile Bartolomeo di Castronovo, palermitano e procuratore di Gaspare Sirio, 19 pezzi di marmo lavorati e rustici per la somma di 10 onze e mezza; la consegna dei marmi (il cui numero è lievitato a ventidue pezzi) viene registrata tre giorni dopo, a margine del contratto.[88]

I marmi, in parte lavorati, vendutigli da Gaspare Sirio erano forse quanto ancora rimaneva della dismessa bottega di Domenico Gagini e del figlio Giovannello, probabilmente pervenuti in eredità alla moglie di Gaspare, coerede del padre e del fratello, negli anni del soggiorno messinese dell'altro coerede, Antonello Gagini.

Scopriremo infatti come, di lì a poco, una scultura di Domenico Gagini risulti nella disponibilità di Antonio Vanella.

Segue, il 22 marzo 1501, l'impegno per il rilievo raffigurante la *Pietà* di Pollina, su commissione dell'arciprete Michele "de Minechio",[89] il cui stemma, "uno scudo con piccolo altare e croce sovrincisi", è visibile nel riquadro inferiore del rilievo.

Trova quindi conferma la testimonianza fornita da "una carta esistente nell'archivio della parrocchia", secondo la quale l'opera "risale al 1501".[90]

L'8 novembre 1502, qualificato marmorario, Antonio si impegna per una "balata" marmorea, ossia una lastra sepolcrale, per conto del magnifico Pietro Diana,[91] oggi non più reperibile.

E il 26 dello stesso mese, per un compenso di 18 onze, vende a mastro Gesimundo Pellegrino, palermitano, quale procuratore sostituto della chiesa di Santa Maria di Gesù "imaginem et figuram unam marmoriam glorios(issi)me Virginis cum Xpo in falda di bono albo netto et sculpito marmore sine aliquo defectu laboratam di mezo relevo iuxta similitudinem figuram formam expressam di la figura chi è in lautaretto quando andamo a Santa Maria di Jesu ultra complire di omni magisterio ad uno pannello di supta marmorio quod est laboratum dittum pannellum manu q(uon)dam m(agist)ri D(omi)nici Gagenis cum una cornichi supta lu scannello di gidita [lacuna] ultra dipingere di oro azolo ad electionem dicti m(agist)ri Ant(oni)i cum oro et azolo dicte eccl(es)ie et non aliter ad opus mon(aste)rij mazarie".

Secondo le clausole stabilite nel contratto, un primo pagamento di 5 onze gli verrà effettuato entro 8 giorni, 4 onze gli saranno date a metà lavoro e il resto ad opera finita; il termine per la consegna nella bottega dello scultore è fissato entro il successivo mese di febbraio. Il Vanella si impegna anche a recarsi a Mazara per "reponere dictam imaginem in dicto

---

[86] G. Mendola, *Note a margine*, cit., p. 50.
[87] ASP, not. Giacomo Lucido, st. 1, vol. 1874, c.557.
[88] ASP, not. Giacomo Lucido, st. 1, vol. 1875, c. 318.
[89] G. Mendola, *Note a margine*, cit., pp. 50-51.
[90] F. Cangelosi, *Pollina nel '500. Documenti e ricerche*, Castelbuono 1985, p. 94.
[91] ASP, not. Vincenzo Sinatra, st. 1, vol. 1597, c. 238 v.

mon(aste)rio", ma nel caso in cui l'opera non dovesse essere gradita, promette di restituire l'acconto versatogli.[92]

Non rimangono, ahimé, altre testimonianze documentarie riguardanti il pagamento delle due rate e la consegna dell'opera. Ma si può ragionevolmente ipotizzare che essa fu eseguita entro i primi mesi del 1503, secondo le clausole espresse nel contratto, o poco dopo.

Dopo avere ricordato l'esistenza, sull'altare maggiore della chiesa di Santa Maria di Gesù a Mazara del Vallo,[93] di una "pregevole statuetta di una Nostra Donna sedente con in grembo il divin pargolo e con la base storiata della Nascita del medesimo e di altre piccole figure, che tutte sentono il far di Domenico", il Di Marzo[94] evidenziava "non poca differenza di stile fra essa ed un grande altorilievo di marmo, che di altro ignoto scultore esiste ancora nella medesima chiesa, posteriormente scolpito nel 1503, rappresentando la Madre di Dio sedente col Bambino sulle ginocchia e con quattro Santi in piedi da' lati, cioè forse S. Pietro, S. Francesco, S. Antonio di Padova e S. Bernardino da Siena, mentre al di sotto ricorrono in leggiadre ed ingenue figurine l'Annunziata ed il Gabriello, ed alle estremità due tondi con bassirilievi di Adamo ed Eva, che mangiano il pomo fatale".

Nel confessare come "non è facile indovinarne lo scultore senz'alcun lume di documenti del tempo", lo studioso ne riportò l'iscrizione posta "dappié",[95] ma non evidenziò che l'opera si compone di due parti distinte.

Il rilievo mazarese è senza dubbio da identificarsi con l'opera commissionata al Vanella nel 1502; lo dimostrano la data 1503 incisa nell'opera, la sua iconografia, la collocazione nella chiesa di Santa Maria di Gesù, la diversità di mani fra le due parti.

Esso è costituito da un altorilievo raffigurante la Vergine seduta col Bambino e da una base, anch'essa a rilievo. Nel rilievo superiore la Vergine, con il capo reclinato verso la sua destra, osserva il Bambino dormiente disteso sulle sue gambe e solleva le mani come a reggere un velo davanti al figlio; la affiancano, due per lato, quattro santi (a destra, Antonio di Padova e Bernardino, a sinistra Bonaventura e Francesco, tutti appartenenti all'ordine dei Frati Minori), mentre al sommo sono due minuscole figurette di angeli in volo. Il rilievo, di forma quadrangolare, si dilata alla base, per seguire l'andamento obliquo del manto della Vergine.

La base, di forma trapezoidale, presenta al centro la scena della *Annunciazione* circondata da una sorta di cornice di teste alate, che ricorre anche in basso, a chiudere la figurazione, mentre ai lati, entro altrettanti ovali, sono i due *Progenitori* trattati con un rilievo bassissimo.

È chiarissima la diversità di mani fra le due parti.

---

[92] ASP, not. Giacomo Lucido, st. 1, vol. 1876, c.s.n. Cfr. G. Mendola, *Un'opera inedita di Domenico Gagini e di Antonio Vanella*, in "Una vita per il patrimonio artistico. Contributi in onore di Vincenzo Scuderi", a cura di E. D'Amico, Palermo 2013, pp. 39-41.

[93] La chiesa era inizialmente annessa ad un convento francescano, dei Minori Osservanti, fondato nel 1474.

[94] G. Di Marzo, *I Gagini*, cit., vol. 1, p. 93.

[95] ARAM PROPE TUE DEI PARENTI SOLLEMNI PRECE VIRGINI DICATAM XARRINIS NICOLAUS URSUS ORNAT. / MATREM VOS MARIAM BENIGNITATIS SANCTAM SUPPLICITER ROGATE PROLEM DIGNOS UT FACIAT POLO PERENNI. M.D.III.

Il rilievo non è stato preso in considerazione dal Kruft nella sua monografia dedicata a Domenico Gagini, probabilmente perché sviato dalla sua cronologia. Citato dalla locale letteratura, esso non è mai stato adeguatamente studiato.

La prima, infatti, è caratterizzata da un segno inciso, particolarmente nella resa dei panneggi legnosi e delle pieghe angolose, seppure nei volti traspaia una certa caratterizzazione, unita a talune delicatezze presenti nel gesto e nella espressione della Vergine, così come nella posa del Bambino dormiente. La seconda è costituita invece da un delicatissimo pittoricismo che convive con una sorta di *horror vacui* caratterizzante l'intera superficie di essa.
La prima è identificabile con l'opera commissionata al Vanella nel novembre 1502, la seconda con la base lasciata in piccola parte incompiuta da Domenico Gagini, alla sua morte.
La tipologia della base, con la sua forma a trapezio e la storietta centrale per così dire "ingrottata" ed affiancata da due rilievi entro ovali, rimanda ad altre opere certe di Domenico o assegnate alla sua bottega: statue della *Madonna del Soccorso* nella chiesa di Santa Maria dei Franchi a San Mauro Castelverde, in San Francesco d'Assisi a Palermo, nella chiesa madre di Corleone, della *Madonna del Cardellino* nel museo di Palazzo Bellomo a Siracusa, della *Madonna col Bambino* nella chiesa di San Giuseppe dei Teatini di Palermo, della *Madonna in trono col Bambino* in Santo Spirito ad Agrigento e nella stessa chiesa mazarese di Santa Maria di Gesù. In tutte, però, con la sola eccezione della statua siracusana, la scenetta centrale rappresenta la *Natività*, affiancata dalle due figurette del *Gabriele* e dell'*Annunziata*.
A Domenico Gagini, e in particolare all'ultimo decennio circa della sua attività, riconduce anche quella sorta di cornice con testine alate che circonda la scenetta centrale e decora la fascia che conclude in basso il rilievo di Mazara, così come accade ai piedi delle statue di San Mauro, della chiesa di San Giuseppe dei Teatini, della chiesa di San Francesco a Marsala.
Dall'altra parte, la accertata paternità del Vanella a riguardo del rilievo superiore di Mazara, oltre ad impinguare il finora sparuto catalogo dell'artista, consente di riconoscergli quella dignità di comprimario negli anni a cavallo tra il XV e il XVI secolo che gli è stata spesso negata, ma che gli studi più recenti vanno via via restituendogli.
All'interno della produzione certa del Vanella, il rimando più puntuale, può riscontrarsi nel rilievo con la *Pietà* di Pollina, del 1501.
Come poi la scultura di Domenico Gagini fosse transitata nella bottega del Vanella è facilmente spiegabile, se si pensa che i contatti tra i due scultori risultano documentati almeno nel 1492[96].
Di più, come si è visto, il documento del 28 gennaio 1501 vede il Vanella acquistare da Gaspare Sirio, genero e coerede di Domenico Gagini, ben ventidue pezzi di marmo, lavorati e rustici, per la somma di 10 onze e mezza.
O forse, lasciata in piccola parte incompleta, alla morte di Domenico, la scultura era rimasta inutilizzata nella bottega del suo ultimo socio Andrea Mancino, dove successivamente subentrò il Vanella; morto anche il Mancino, non è improbabile che l'opera sia dunque

---

[96] E. Mauceri, *Nuovi documenti*, cit., p. 171. Si ricordi che poco dopo la morte di Domenico Gagini, il 19 ottobre 1492, Antonio risulta creditore nei confronti di Gaspare Sirio e di Giovannello Gagini della somma di 10 onze che i due dovevano al Vanella in solido con Domenico Gagini. Il debito era probabilmente riferito ad una vendita di marmi che Domenico aveva acquistato dal carrarese Guidone, per il cui pagamento si erano impegnati anche il figlio maggiore, Giovannello, e il genero, Gaspare Sirio. Non è improbabile che il pagamento del debito sia stato assolto dai due cognati attraverso la consegna di marmi, anche lavorati, rimasti nella bottega del loro congiunto, fra i quali non è escluso potesse esservi la base di Mazara.

passata nella bottega di Antonio, che poté infine disporne per il suo completamento e la conseguente vendita al convento di Mazara.

Il rilievo commissionato al Vanella doveva essere simile alla "figura chi è in lautaretto quando andamo a Santa Maria di Jesu", ossia al rilievo collocato sull'*altarello* sistemato lungo la strada che da Palermo conduceva al convento di Santa Maria di Gesù e che diede nome alla località, detta appunto Altarello di Santa Maria di Gesù, lì dove, a partire dal 1538, fu eretta la chiesa dedicata alla Madonna del Riposo, detta del Buonriposo[97].

Come racconta il Tognoletto, l'erezione del piccolo altare su cui fu posto un rilievo raffigurante la *Madonna del Riposo* si legava alla pia leggenda dell'arrivo a Palermo della statua lignea di *Santa Maria di Gesù*, ancora oggi venerata nella chiesa del convento eponimo. L'altare infatti era sorto nel luogo in cui, intorno al 1470, i buoi, che senza guida trainavano un carro nel quale si trasportava la statua, si erano fermati a riposarsi, per poi riprendere il viaggio verso il convento. La località nella quale era sorto l'altare e la sua piccola cappella era appartenuta al Maestro Portulano, ossia al ben noto Francesco Abatellis, che conosciamo quale fervente seguace della devozione francescana.

L'immagine della titolare, che a questo punto può datarsi fra il 1470 e il 1502, fu posta sull'altare maggiore della chiesa della Madonna del Buonriposo, ubicata nella via che da essa prese il nome; ma, insieme alla chiesa che la ospitava, essa andò distrutta dai bombardamenti aerei del 1943.

Rimane però una preziosa incisione del sec. XVII, raccolta dal Mangananti e recentemente riprodotta[98], che raffigura "la miracolosa imagine di Nostra Signora di bon Riposo passato il ponte della Miraglia". Così come nel rilievo di Mazara, al centro è la Vergine seduta nell'atto di sollevare un velo al di sopra del Bambino disteso sul suo grembo, mentre ai fianchi si riconoscono, a sinistra San Giuseppe e Sant'Antonio di Padova, a destra un angelo e San Francesco inginocchiato.

Da questo modello il Vanella derivò la posa della Vergine e la presenza, sia pure con varianti, dei santi francescani e degli angeli che fanno corona.

Il 15 febbraio 1503, indicato quale marmorario, Antonio compra delle stoffe dal *panniere* Antonio Magro per un valore di 3 onze, che si impegna a pagare entro il successivo mese di aprile.[99]

Il 10 marzo seguente, indicato col cognome "vanellus", si obbliga con Nicola Genco, di Pollina, a scolpire "figuram unam marmoream gloriosissime Virginis M(ari)e di la Catina cum Xpo in suis brachiis cum eius manto et catena cum pede pal(mi) unius di autiza lavuratu ad elect(ionem) dicti m(agist)ri di bono marmore albo et necto v(idelicet) diligenter magistrabiliter lavuratam et sculpitam altitudinis palmorum V cum dimidio cum toto pede bene guarnita et deorata de fino azolo et oro". Il compenso pattuito per l'esecuzione della statua è di 12 onze, con un anticipo di 2 onze, più altre 2 onze da versarsi entro aprile a Palermo e il restante a Pollina, quando la statua sarà stata consegnata e sistemata nella chiesa madre. Lo scultore si impegna a portarla a sue spese e a suo rischio "in flumine Pollani a lu portichellu in playa posta in terra" entro il mese di giugno, mentre dalla spiaggia fino a

---

[97] Sull'argomento vedi F. Lo Piccolo, *In rure sacra. Le chiese rurali nell'agro palermitano dall'indagine di Antonino Mongitore ai giorni nostri*, Palermo 1995, pp. 211-214.
[98] Ibidem, p. 210, fig. 73.
[99] ASP, not. Giovanni Francesco Formaggio, st. 1, vol. 2238, c.s.n.

Pollina essa sarà trasportata a spese del committente. Un pagamento di 5 ducati d'oro è registrato a margine del contratto il 16 maggio 1503.[100]

La statua della *Madonna della Catena* fu collocata su un altare all'interno della chiesa madre, come è testimoniato da un documento del 1584, quando un altro Nicola Genco, probabilmente discendente dell'omonimo committente, dispone un legato per una messa da celebrarsi "in altare benedicte Marie la Catina fundatus intus majore ecclesia".[101] Oggi è custodita entro una nicchia (Fig. 12), vicino ai ruderi della chiesa di Santo Spirito, o Monte di Pietà, nella via Catena, che dal titolo della Vergine ha preso il nome, e con una tradizionale attribuzione a scuola dei Gagini, "ignoto, gaginiano nell'insieme, ma privo della finezza e della lucidità intellettuale del maestro",[102] o anche a Pietro de Bonitate[103] e recentemente allo stesso Vanella.

Il 2 dicembre 1503 Nicola "olim toni alias vivilacqua", ossia quello stesso Nicola de Nuchito già collaboratore del Vanella, in qualità di procuratore degli eredi del carrarese Giovanni Toni Chiante, incarica il Vanella di recuperare da Francesca, vedova di Andrea Mancino, un credito di 6 onze dovuto dai Mancino.[104]

Il 16 dello stesso mese, vertendo una lite tra il Vanella, da una parte, e Giuliano Mancino e Bartolomeo "berrittariu", dall'altra, i due giovani scultori si impegnano a pagare ad Antonio, quale cessionario di mastro Nicola "di nuceto", 15 onze in due soluzioni, la prima, lo stesso giorno, di 11 onze e la seconda, di 4 onze entro il mese di gennaio, annullando la lite vertente presso la Magna Regia Curia Pretoriana.[105]

Il 9 gennaio 1504, assieme al genero Antonio di Purpuri, palermitano come lui, il Vanella acquista del ferro grosso da Tommaso Di Blasco, per la somma di 2 onze, 17 tarì e 15 grani.[106]
. Scopriamo così che egli ha una figlia femmina andata sposa al Purpuri.

Il 31 dello stesso mese, indicato quale "scultor marmorum", per un compenso di 9 onze, si obbliga col marsalese Nicolò Bavera, dell'ordine dei Frati Minori, a "facere figuram unam beati Santi Antonini marmoream di bono albo et netto marmore bene diligenter et magistrabiliter laboratam factam et sculpitam sine aliquo defectu longitudinis pal(morum) V la dicta figura cum eius pedi altitudinis pal(mi) unius v(idelicet) lu dicto S(an)to Antonino vestitu di lu ordini cum lu giglu in mano et in lu pedi la storia di lu miraculu di lostia in(nant)e lu eretico et lu asino et li armi di lu mag(nifi)co d(on) Andreotta Gavarretta et di uno lato la figura di lu dittu d(on) Andreotta con una catina in collo comu e cavaleri iuvinetto et di lautra banda seu latere a sua matri inchunichiuni". La statua scolpita "di tutto relevu" e dipinta con oro e azolo fino, dovrà consegnarsi "incaxata et posta in barca in portu pa(normi)" entro il 15 maggio; contestualmente viene versato allo scultore un acconto di 2 onze.[107]

---

[100] ASP, not. Giacomo Lucido, st. 1, vol. 1876, c. 293.
[101] F. Cangelosi, *Pollina nel '500. Documenti e ricerche*, Castelbuono 1985, p. 112.
[102] Ibidem, p. 113.
[103] D. Portera, *Una gemma nelle Madonie: Pollina*, Palermo 1990, p. 67. La statua è citata in S. Anselmo, *Le Madonie. Guida all'arte*, Palermo 2008, p. 188.
[104] ASP, not. Giacomo Lucido, st. 1, vol. 1877, c. 245 v.
[105] Ibidem, c. 272; un pagamento è annotato a margine del contratto in data 1 febbraio 1504.
[106] Ibidem, c. 333 v.
[107] Ibidem, c. 399.

L'opera è da riconoscersi nella manomessa statua di *Sant'Antonio di Padova*, oggi custodita nella chiesa di San Francesco a Marsala (Fig. 13). Essa mostra dei rifacimenti in stucco eseguiti in epoca successiva, probabilmente in età barocca, quando venne aggiunta la figura del Bambino, che il santo regge col braccio destro. La base di forma cilindrica riproduce al centro il miracolo della mula che rinunziò alla biada per inginocchiarsi davanti al Sacramento nel periodo della predicazione del santo in Francia durante la lotta contro gli eretici; alla scenetta centrale si affiancano, a sinistra, la figura del committente e a destra quella della madre di questi; seguono due stemmi araldici della famiglia Cavarretta: tre draghi, due affrontati combattenti e uno in punta (Fig. 14).

La cifra stilistica della scultura, assai prossima ai modi espressi nelle altre opere certe del Vanella, conferma pienamente la paternità della statua di Marsala, come indicato nel documento.

Il 10 aprile 1504, in cambio di 5 onze, Antonio si obbliga col magnifico Raniero Aiutamicristo a "facere in horto viridarij ipsius m(agnifi)ci lapides duas marmoreas ad opus di lu jocu di lacqua", una con due teste di leone e lo stemma araldico degli Aiutamicristo e l'altra "laborata ad unda ad similitudinem di quilla chi è di sutta li perguli a lu steri undi cadi l'acqua", nonché a scolpire "unum pignum di marmora lu quali havi a gictari acqua"; la consegna dei pezzi della fontana è fissata entro 15 giorni; contestualmente gli viene versato un acconto di un'onza in contanti e un "vegeto" di vino del valore di 8 fiorini[108]. La fontana, quasi certamente destinata al giardino del recentissimo Palazzo Aiutamicristo e realizzata in parte su modello di quella dello Steri, non è più reperibile.

Segue un periodo, di oltre due anni e mezzo, caratterizzato da una lunga lacuna documentaria, che farebbe sospettare un allontanamento di Antonio da Palermo, dovuto forse ad impegni di lavoro fuori città.

Egli ricompare infatti nei documenti il 18 novembre 1506, quando viene chiamato a dirimere una questione sorta tra gli eredi di Gabriele di Battista e l'ex socio di questi, lo scultore Giovan Domenico Pellegrino.[109]

Il 13 gennaio 1507, indicato secondo la versione Vanella, si dichiara debitore nei confronti del *panniere* Antonio Magro della somma di 4 onze e 28 tarì, che si obbliga a pagare entro il successivo mese di aprile, per avere acquistato dei panni di lana.[110]

Il 22 febbraio 1507 lo scultore dichiara un debito di 7 onze, 6 tarì e 7 grani nei confronti del finora ignoto mastro lombardo Vincenzo de Segrigoli, di Gravedonia, a saldo di 11 onze per i servizi prestati da questi nella bottega di Antonio.[111]

Al 17 marzo 1507 risale l'impegno per la esecuzione del portale della chiesa di San Giovanni a Baida su incarico del canonico Luca de Marinis, vicario dell'arcivescovo Giovanni Paternò, e per conto di questi, da realizzarsi entro tre mesi per un compenso di 30 onze. L'iscrizione appostavi, nel ricordare il nome dell'arcivescovo committente, assieme all'anno e al mese,

---

[108] ASP, not. Pietro de Monaco, st. 1, vol. 2300, c. 212 v.

[109] ASP, Corte Pretoriana, busta 344, mazzo 1, 14, cnn

[110] ASP, not. Giovanni Francesco Formaggio, st. 1, vol. 2241, c. 347 v. Il debito verrà saldato il 20 aprile 1508.

[111] ASP, not. Vincenzo Sinatra, st.1, vol. 1599, c. 580. La definitiva soluzione del debito è segnata a margine del contratto il 28 marzo 1508.

luglio 1507, dimostra che l'opera fu consegnata con un leggerissimo ritardo rispetto ai termini fissati.

Nella stessa chiesa di Baida la Accascina, come si è visto, assegnava al Vanella, convincentemente, anche parte di una smembrata custodia marmorea riutilizzata quale paliotto d'altare; a questa può aggiungersi forse il fastigio forse della stessa custodia raffigurante la *Natività* entro lunetta con coro di angeli esposta a Palazzo Abatellis (Fig. 15) e proveniente dalla medesima chiesa, oltre ad uno stemma con iscrizione dell'arcivescovo Paternò, oggi murato in una delle pareti del chiostro del convento annesso.

Probabilmente ai lavori condotti a Baida si lega l'acquisto di marmi per un valore di 18 onze da parte di Antonio, garante il cognato di Antonello Gagini, Gaspare Sirio, vendutigli da Sigismondo Vivaia il 23 giugno 1507.[112]

Il sodalizio con i soci Giuliano Mancino e Bartolomeo Berrettaro si era forse concluso da tempo, probabilmente a causa della lite testimoniata negli anni precedenti; Antonio sembra così essersi avvicinato al collega Giovanni Domenico Pellegrino, già socio di Gabriele di Battista. Il 16 ottobre 1508, infatti, i due scultori, assieme al carrarese Lotto di Guido, si dichiarano debitori di Geronimo Locti, mercante genovese, e di Battista Locti suo fratello, della somma di 39 onze e 27 tarì per una certa quantità di frumento acquistata.[113]

Il carrarese Domenico, o Giandomenico, Pellegrino (not. 1497-1512)[114] è l'autore, insieme con Gabriele di Battista, della perduta custodia destinata alla chiesa madre di Nicosia e requisita dai palermitani, per essere successivamente sostituita, come si è visto, dall'altra, ancora esistente, realizzata dal Vanella in collaborazione con Andrea Mancino.

Fra le opere documentategli dal Di Marzo, per la loro datazione assai prossima agli anni del suo sodalizio col Vanella, meritano di essere segnalati un monumento funebre destinato ad una chiesa di Nicosia, commissionato il 30 dicembre 1508, e la decorazione di una finestra per la chiesa di San Giovanni Battista ad Erice, per la quale egli si impegnò il 6 giugno 1511. Ma la loro dispersione (entrambe le opere risultavano irrintracciabili già nell'Ottocento) non consente di verificare l'ipotesi di una eventuale collaborazione del Vanella alla loro esecuzione.

Vuoi per l'età ormai avanzata, vuoi per il prestigio acquisito, nel 1508 Antonio è testimoniato console dell'arte dei marmorari palermitani.

In questa veste, infatti, il 13 dicembre 1508, egli è chiamato per la stima di alcuni marmi (quattro basi di colonne e quattro capitelli grandi) che Giuliano Mancino e Bartolomeo Berrettaro consegnano non finiti ai *marammieri* della cattedrale di Palermo.[115]

Il 28 marzo 1509, indicato col cognome "di vanelli" e la qualifica di "scultor", per un compenso di 26 onze, Antonio viene incaricato dal magnifico Jannotto Xarrat a "laborare in petra marmorea p(er) eundem m(agist)rum Ant(onium) ponenda quadam cappellam construendam et fiendam p(er) eundem p(re)fatum m(agnificum) joannottum subtus organa

---

[112] ASP, not. Vincenzo Sinatra, st. 1, vol. 1599, cnn. Il pagamento viene registrato a margine dell'atto il 28 febbraio 1508.
[113] ASP, not. Vincenzo Sinatra, st. 1, vol. 1600, c.s.n.
[114] G. Di Marzo, *I Gagini*, cit., vol. 1, pp. 53-54. Vedi anche M.C. Gulisano, *Pellegrino Domenico*, in Sarullo 1994, pp. 257-258; G. Mendola, *Note a margine*, cit., p. 52.
[115] ASP, not. Pietro Russo, st. 1, vol. 610, c.s.n. Una annotazione è segnata a margine in data 22/12/1508.

ven(erabilis) conventus Sancte Cite huius felicis urbis panormi"; in particolare egli si impegna a "laborare quatuor pilastra cum eorum basamenta et capitelli unum isolatum a quattro fachi et un altro appuiatu a lu muru supta li preditti organi item altri dui pilastri di la banda dintro accustati a lu dittu muru v(idelicet) ad omni capu di autaru unu pilastru laborati tutti tri di una fachi ... item laborari li architrava ponendi sup(r)a li dicti pilastri zoe l'unu corrispondenti seu affachi la cappella di sancto vinchenzu laboratu di dui fachi v(idelicet) la facciata davanti et l'aut(r)a di sutta et li altri architravi laborati davanti et di sutta p(er) quantu pari et imp.glis(?) cum li loru curnichi faxi lavuri la imagini di nostra donna cum chirobini et angili cum li cartelli in bracza et armi comu si demustra in unum designum" che il committente ha consegnato al Vanella. Questi si impegna anche a "laborare duas colupnas et unam balatam q(uoq)e marmorea pro ditto altari ponendo in ditta cappella". La consegna dei lavori è fissata entro il successivo mese di luglio e un acconto di 6 onze viene subito versato all'artista, mentre altre 6 onze gli saranno date entro il mese di maggio e il rimanente quando l'opera sarà completata e sistemata a spese del committente. Tutta l'opera, viene specificato, sarà di "petra marmorea ut sup(ra) d(icitu)r blanca et netta di vini".[116]

La decorazione della cappella Xarrat nell'antica chiesa di Santa Cita, posta sotto l'organo e di fronte alla cappella di San Vincenzo, con la ricostruzione primo-seicentesca della chiesa dovette andare dispersa.

Intanto i rapporti di lavoro col collega Domenico Pellegrino proseguono, se l'11 maggio 1509 i due, indicati quali "scultores marmorum", acquistano dei mortai di marmo dal genovese mastro Benedetto di Garibaldo per una spesa complessiva di 6 onze e mezza.[117]

Fra il 1509 e il 1510 Antonio lavora per conto di Antonio Ventimiglia, barone di Regiovanni; il 10 luglio 1509 si impegna infatti per sei colonne alte 7 palmi e un quarto;[118] il 12 agosto 1510 riceve l'incarico di "facere et operare de marmora quodam designum bene op(er)atum et deoratum et coloratum eo m(od)o et forma p(ro) ut est illud disignum m(agnifi)ci Ant(oni)ni de Platamone cum armis sculptis ipsius spett(abi)lis", da consegnarsi entro lo stesso mese di agosto, per un compenso di un'onza e 18 tarì.[119]

Il 19 ottobre 1510 si impegna quindi per una colonnina di marmo bianco con uno stemma araldico nel capitello, della stessa forma delle altre colonne che sono in una finestra della casa di mastro Bernardo Saulli, da consegnarsi entro Natale, per un compenso di 27 tarì.[120]

Il 26 marzo 1511 subaffitta per tre anni al "nobilis" Antonello de Chipriano, della "terra" di Sant'Angelo, una casa con sotto una bottega ubicata nel quartiere "xhalcie", vicino alla casa del magnifico Sigismondo di Risignano, a lui locata dall'*aromataio* Bernardo[121] e allo stesso Bernardo locata da Bernardo Saulli, anch'egli farmacista; il canone di affitto, per 3 onze e 12 tarì all'anno, verrà pagato al Saulli, cui si aggiungeranno 12 tarì all'anno da versarsi al

---

[116] ASP, not. Vincenzo Sinatra, st. 1, vol. 1600, c.s.n.
[117] ASP, not. Giacomo Lucido, st. 1, vol. 1878, c. 771. Un pagamento di 2 onze da parte del Vanella a Geronimo Lottu, quale procuratore del venditore, è segnato a margine dell'atto il 2 ottobre successivo.
[118] ASP, not. Pietro De Monaco, st. 1, vol. 2300, c. 202 v. Il pagamento a saldo di 6 onze e la consegna sono segnati a margine in data 24 settembre 1509.
[119] ASP, not. Pietro Russo, st. 1, vol. 612, c. 284.
[120] ASP, not. Giovanni de Marchisio, st. 1, vol. 3792, c.s.n.
[121] Il cognome del farmacista Bernardo non è trascritto.

Risignano, per conto del Vanella, concorrendo al pagamento dell'affitto di un'altra bottega che lo stesso giorno lo scultore prende in locazione dal Risignano. Lo stesso giorno, infatti, il magnifico Sigismondo de Risignano conferma al Vanella l'affitto di una bottega nel quartiere "xhalcie", vicina alla casa del locatore, per altri tre anni, per un canone di 3 onze e 12 tarì all'anno.[122]

Il 18 maggio 1512 Antonio acquista dal carrarese Lotto di Guido quattro carrate e mezzo di marmi rustici e alcuni capitelli marmorei lavorati, per il valore di 9 onze e 18 tarì, in presenza, quale testimone, di Giacomo "de Benedittis", ossia dello scultore Giacomo di Benedetto, che conosciamo attivo a Palermo fra il 1490 ed il 1519.[123]

Il 16 novembre 1513, definito "scultor", assieme al figlio Giacomo, quindicenne, vende una rendita.[124] Tre giorni dopo, il 29 novembre, affitta a Vincenzo Tranchida una casa "terrana" nel cortile "di la nania in cantoneria cortilioli", per 6 anni, per un'onza e 10 tarì all'anno.[125]

La vigilia di Natale seguente, assieme al figlio Giacomo, Antonio perdona il genero, mastro Nicola de Rigio, riconoscendogli la buona fede, circa l'accusa che egli stesso gli aveva mosso a riguardo della uccisione di Elisabetta, figlia di Antonio e moglie di Nicola, del ceffone inflitto al giovane Giacomo e del furto di certi beni. Si impegna quindi a pagare al genero, entro un anno, le 18 onze non ancora versate per completare la dote della figlia, dalla quale è nata la piccola Giovannella de Rigio.[126]

Del 26 giugno 1514, come si è visto, è l'impegno per l'esecuzione del tabernacolo per reliquie destinato alla chiesa dell'Annunziata di Ficarra, che viene consegnato il 25 ottobre 1514.

Il 9 novembre successivo Antonio nomina suo procuratore il figlio "hon(orabilis)" Giacobello per recarsi a Patti e recuperare da fra' Bartolomeo Bizolu, procuratore e vicario del vescovato di Patti, 10 onze "expensis vittus et potus ipsius constituentis et eius lavorantium et garzonum circa vacacionem(?) opere per eum facte", nonché "p. certa opera marmorea facta in cona ipsius ep(iscop)atus et p. expensis factis in dicta cona".[127]

Oltre alla esecuzione della statua della *Madonna col bambino* della cattedrale di Patti, Antonio aveva dunque lavorato insieme con alcuni collaboratori ad una custodia marmorea, probabilmente destinata alla medesima cattedrale, il cui compenso non era stato ancora saldato. Ma dell'opera non si hanno più notizie.

Il 3 settembre 1516 il nobile Melchiorre di Maida protesta perchè il Vanella vuole rifare un muro pericolante, mediante con la sua casa.[128]

Il 12 ottobre successivo, dal momento che ha venduto al defunto "hon(orabilis)" Antonio Purpuri, suo genero nativo di Cefalù, un lotto di terreno edificabile vicino alla sua abitazione, nella contrada dei Divisi, nel cortile "vocato di la nania", Giacomo Vanella, figlio ed erede universale di Antonio, che "manet in extremis ulti(mi)s vite", annulla il debito per censo sul terreno dovuto a suo padre dagli eredi del Purpuri.[129]

---

[122] ASP, not. Gerardo La Rocca, st. 1 vol. 2502, c. 374 r. e v.

[123] Ibidem, vol. 2503, c.s.n. Il saldo del prezzo dei marmi acquistati verrà versato il 7 gennaio 1513.

[124] ASP, not. Matteo Fallera, st. 1, vol. 1772, c.s.n.

[125] ASP, not. Pietro Russo, st. 1, vol. 616, c. 343.

[126] ASP, not. Giovanni Catania, st. 1, vol. 1928, cc. 687 v., 688 v., 690.

[127] ASP, not. Pietro Russo, st. 1, vol. 617, c. 268.

[128] ASP, not. Girolamo D'Andrea, st. 1, vol. 4048, c.s.n.

Lo stesso giorno Giacomo Vanella acquista da Michele Sautu, per 3 onze e 7 tarì, dei panni "maioricarum ad opus gramaglie" per lui e per Giovanni Giacomo Purpuri, suo nipote, e per gli abiti necessari a vestire il cadavere di Antonio, in fin di vita.[130]

La morte di Antonio Vanella dovette seguire a breve, se il successivo 29 novembre il figlio Giacomo si dichiara debitore del cognato Michele Sautu della somma di 6 onze e 19 tarì.[131]

Queste scarne notizie, insieme alle poche altre raccolte, ci permettono di ipotizzare che da Antonio Vanella e dalla moglie Margherita sono nati almeno due figli maschi e tre femmine. Il primogenito Giovanni, che abbiamo documentato studente a Siena nel 1496, nato alla fine dell'ottavo decennio del Quattrocento, probabilmente premuore al padre. L'unico figlio maschio che gli sopravvive, Giacomo, ricordato anche come Giangiacomo, nato intorno al 1498, rimane infatti erede universale di Antonio. Con una sola eccezione (Elisabetta, andata sposa a Nicola Rigio), ci sfuggono i nomi delle altre due figlie ricordate dai documenti, una sposata al cefaludese Antonio Purpuri, l'altra al "panniere" Michele Blundo alias Sautu.

Diversamente dalle consuetudini, nessuno tra i figli ed i generi di Antonio risulta avere esercitato l'arte della scultura; dalle poche indicazioni rintracciate, sembrerebbe infatti che la seconda generazione dei Vanella palermitani sia entrata a far parte della borghesia cittadina; pare confermarlo il matrimonio celebrato il 26 aprile 1517 tra il "no(bile)" Giangiacomo Vanella, figlio dei defunti Antonio e Margherita, e la "no(bile)" Bettuccia, figlia del defunto notaio Matteo Vermiglio e della moglie Agata[132].

Le figure

Fig. 1. Antonio Vanella, *Croce stazionale*, Castelbuono, documentata 1501 (particolare).

Fig. 2. Antonio Vanella, *Croce stazionale*, Castelbuono, documentata 1501 (recto).

Fig. 3. Antonio Vanella, *Croce stazionale*, Castelbuono, documentata 1501 (verso).

Fig. 4. Antonio Vanella, Portale, Baida (PA), chiesa di S. Giovanni Battista, documentato 1507.

Fig. 5. Antonio Vanella, Custodia eucaristica, Ficarra, chiesa madre, documentata 1514.

Fig. 6. Andrea Mancino e Antonio Vanella, Custodia eucaristica, Nicosia, chiesa di S. Nicolò, documentata 1499, datata 1500.

Fig. 7. Antonio Vanella, Basamento del fonte battesimale, Sciacca, chiesa madre, documentato 1490.

Fig. 8. Antonio Vanella, Basamento del fonte battesimale, Sciacca, chiesa madre, documentato 1490 (particolare).

Fig. 9. Antonio Vanella, Basamento del fonte battesimale, Sciacca, chiesa madre, documentato 1490 (particolare).

Fig. 10. Antonio Vanella e Andrea Mancino, *Madonna col Bambino*, Sutera, chiesa di S. Agata, documentata 1498.

---

[129] ASP, not. Giovanni Antonio Pinto, st. 1, vol. 2648, c. 118 v.
[130] Ibidem, c. 120
[131] Ibidem, c. 286
[132] Ibidem, c.s.n.

Fig. 11. Andrea Mancino e Antonio Vanella, Portale, Alcamo, chiesa madre, documentato e datato 1499.
Fig. 12. Antonio Vanella, *Madonna della Catena*, Pollina, documentata 1503.
Fig. 13. Antonio Vanella, *S. Antonio di Padova*, Marsala, chiesa di S. Francesco, documentato 1504.
Fig. 14. Antonio Vanella, *S. Antonio di Padova*, Marsala, chiesa di S. Francesco, documentato 1504 (particolare).
Fig. 15. Antonio Vanella (attr.), Cimasa di custodia eucaristica, Palermo, Galleria di Palazzo Abatellis (dalla chiesa di S. Giovanni di Baida).

Fig. 1

Fig. 2

Fig. 3

Fig. 4

Fig. 5

Fig. 6

Fig. 7

Fig. 8 e Fig. 9   Fig. 10

Fig. 11

Fig. 12

Fig. 13

Fig. 14

Fig. 15

Adimplento eius devotionis
Dall'abbazia di Santa Maria di Gangi Vecchio all'abbazia dell'Annunziata di Castelbuono: il definitivo trasloco dei Benedettini fra astuti incentivi e convenienze politiche dei marchesi di Geraci (1630-1654)

SALVATORE FARINELLA

Uno dei temi legati alla storia dei Ventimiglia riguarda l'antica abbazia benedettina di "Santa Maria di Gangi Vecchio", che alla metà del Seicento chiuse i battenti per il trasferimento dei monaci nel nuovo monastero di "Santa Maria dell'Annunziata" di Castelbuono: un trasferimento che la storiografia ufficiale fece passare come conseguenza di inesistenti incursioni di predoni (Rocco Pirri) o come effetto di una altrettanto immaginaria insalubrità dell'aria che avrebbe afflitto quel luogo nei pressi di Gangi (Vito Amico e gli storici e studiosi successivi), ma che in effetti è legato all'orgoglio familiare e alle strategie di politica territoriale perseguite dai Ventimiglia.

Il rinvenimento di numerosi documenti mi ha consentito, negli anni scorsi, di ricostruire l'intera storia della gloriosa abbazia di Gangi Vecchio e di pubblicare, in occasione di alcune importanti ricorrenze, un libro in edizione digitale[1]: in quella circostanza mi sono occupato dell'abbandono del monastero e del trasferimento "forzoso" de monaci a Castelbuono.

Nuove riflessioni e argomentazioni, alla luce di altri documenti, portano ad ampliare quanto ho già scritto sulla vicenda, sui rapporti fra i Ventimiglia marchesi di Geraci e principi di Castelbuono e l'abbazia di Santa Maria di Gangi Vecchio e sulle vere ragioni del trasferimento dei monaci nella capitale del marchesato, tema che lega le realtà territoriali dei due borghi madoniti e che contribuisce ad aggiungere un ulteriore tassello alla storia madonita.

Una vicenda che, oltre a far emergere l'indubbia devozione dei conti e marchesi di Geraci verso l'istituzione monastica, mette a nudo l'orgoglio della famiglia comitale e marchionale e il prevalere, su tutto, degli interessi di parte. [Fig. 1]

1. L'antefatto: i nuovi marchesi di Geraci (1619)
Alla morte senza eredi legittimi di Giovanni III Ventimiglia (1619), conte e marchese di Geraci e primo principe di Castelbuono, la guida dello Stato feudale passò al cugino Giuseppe, figlio di Carlo Ventimiglia conte di Naso e di Giovanna Ventimiglia baronessa di

---

Abbreviazioni: ACMG = Archivio Chiesa Madre di Gangi, AFT = Archivio Famiglia Tornabene, ASP-TI = Archivio di Stato di Palermo-Sezione Termini Imerese, BCRS-Pa = Biblioteca Centrale della Regione Siciliana - Palermo

[1] Salvatore Farinella, *L'abbazia di Santa Maria di Gangi Vecchio. Storia, arte e misteri dell'antico cenobio Benedettino*, edizione digitale, Gangi 2013. Le ricorrenze riguardavano il 650° anniversario della fondazione del monastero di Gangi Vecchio 1363, il 600° anniversario della elevazione ad abbazia 1413 e il 360° anniversario del trasferimento a Castelbuono 1654. In precedenza mi ero occupato della storia dell'abbazia in S. Farinella, *Santa Maria di Gangi Vecchio. Dalla fondazione del monastero alla dignità abbaziale (1363-1413). I primi cinquant'anni di vita dell'antica abbazia benedettina nelle testimonianze dei documenti inediti*, in «Paleokastro» n. 7/2002, p. 5-14; Id., *Storia delle Madonie. Dalla Preistoria al Novecento*, Palermo 2010, p. 182-183.

Regiovanni[2]: sarà però il figlio di costui, Francesco - succeduto al padre all'inizio del 1620 -, a promuovere il primo tentativo di trasferimento dei Benedettini da Gangi Vecchio nella cittadina di Castelbuono, da tempo divenuta sede della contea e marchesato di Geraci e dimora stabile dei Ventimiglia.
Il principe Francesco - terzo di questo nome, Vicario Generale del Val Demone e Grande di Spagna - aveva sposato in seconde nozze la nobildonna Maria Spadafora[3] la quale, donna pia, devota e timorata, nutriva una particolare devozione per la piccola chiesa dell'Annunziata esistente da tempo dentro al baglio del castello e che il principe suo marito aveva fatto ricostruire ornandola e abbellendola secondo il gusto dell'epoca[4]: una devozione profonda che condusse la dama a legare a quell'edificio, nel 1627, una rendita annuale di 4.000 scudi, pari a 80 onze, per la celebrazione di 7 messe quotidiane da celebrarsi per la remissione dei propri peccati a partire dal giorno della sua morte[5]. Fu proprio questa disposizione testamentaria a fornire al principe Francesco Ventimiglia il pretesto per attuare quel "piano" per il trasferimento dei monaci da Gangi Vecchio a Castelbuono, sotto l'apparente spinta devozionale ma in realtà con una ben precisa strategia per ristabilire un prestigio familiare incrinato da una disastrosa situazione finanziaria che si trascinava oramai da diversi decenni. [Fig. 2]
Vero è che, come i suoi predecessori, anche il principe Francesco nutriva una profonda devozione verso l'antica abbazia benedettina di Santa Maria di Gangi Vecchio, tant'è che anch'egli aveva provveduto a elargire concessioni a quei monaci, l'ultima delle quali nel 1624 quando *don Francesco conte di Ventimiglia Marchese di Irace e Prencipe di Castel Buono* aveva accordato ai padri del monastero di Gangi Vecchio di poter fare legna liberamente, purché secca, nel bosco della Ciambra, per uso proprio e senza limiti di quantità[6]: tuttavia, come i suoi predecessori, il principe si era trovato a gestire il lungo periodo di decadenza che aveva appannato il prestigio e il nome stesso della potente famiglia feudale.

---

[2] F. San Martino De Spucches, *Storia dei feudi e del titoli nobiliari*, Palermo 10924-1941, vol. VI (1929), quadro 788, p. 206; Orazio Cancila, *I Ventimiglia di Geraci (1258-1619)*, «Qaderni di Mediterranea. Ricerche storiche», 30, Palermo 2016, pp. 461-462.

[3] Antonio Mogavero Fina, *Castelbuono*, Palermo 1965, p. 32; Eugenio Magnano Di San Lio, *Castelbuono Capitale dei Ventimiglia*, Catania 1996, albero genealogico dei Ventimiglia a p. 359. Più recentemente si veda O. Cancila, *Alchimie finanziarie di una grande famiglia feudale nel primo secolo dell'età moderna*, in «Mediterranea. Ricerche storiche», 6/2006, p. 136: la principessa Maria Spatafora era figlia del principe di Maletto, Michele Spadafora, e di Stefania d'Aragona.

[4] E. Magnano Di San Lio, *Castelbuono*, cit., p. 191: i lavori sembra siano stati eseguiti intorno al 1622.

[5] AFT, Riassunto di fatti per il Signor Don Gandolfo Bongiorno contro l'Illustre Marchese di Geraci, in Volume della Scrittura e degli atti relativi alle Cause della prelazione nella enfiteusi di Camporotondo chiesta dal Signor Marchese di Geraci nella Gran Corte e nel Concistoro ed Altri contro il Monistero de' Benedettini di Santa Maria di Gangivecchio, cc. 152-155. E' questa una raccolta di carte relativa alla lite intercorsa negli anni '70 del Settecento fra i Bongiorno e i Ventimiglia sull'affitto del feudo di Camporotondo e dell'antica abbazia da parte dei Benedettini allo stesso Bongiorno. Il testamento della principessa venne redatto dal notaio Vittorio Mazza il 19 dicembre 1627: cfr. E. Magnano Di San Lio, Castelbuono, cit., p. 191, nota n. 571.

[6] BCRS-Pa, *Opus Privilegiorum tam Scripturarum Monasteri Sanctae Mariae De Gangio Veteri*, compilato nell'anno 1605, vol. XIII H 9, concessione del 30 luglio 1624.

Durante il secolo precedente infatti, i Ventimiglia erano stati sconvolti da una grave crisi finanziaria che li aveva portati a smembrare quel grande Stato feudale che fino ad allora era stato il marchesato di Geraci[7]: già il marchese Giovanni III era stato costretto ad alienare alcuni feudi e baronie, sia durante il periodo in cui era stato posto sotto la tutela del Presidente del Regno - don Carlo Aragona Tagliavia - sia quando, raggiunta la maggiore età, egli stesso aveva ricoperto quella prestigiosa carica. Riguardo al territorio di Gangi, nel 1578 il marchese aveva venduto il feudo San Gaime e lo Puzzo ad Antonio Nicosia e nel 1597 i feudi Alburchia e Capuano a Giovanni Forte Natoli, barone di Sperlinga: con il patrimonio posto sotto il controllo della Deputazione degli Stati[8], nel 1610 il marchese di Geraci si era trovato costretto a vendere a don Mario Cannizzaro altri due feudi dello stato di Gangi, quelli di Cavaliere e di Terrati[9].

Negli anni seguenti la situazione non era migliorata (soprattutto per la restituzione della ingente dote pretesa da donna Dorotea Branciforte, vedova del marchese Giovanni) tant'è che anche il principe Francesco si era ritrovato nelle medesime difficoltà del suo predecessore: motivo per cui nel 1625 egli era arrivato alla determinazione di vendere la terra e il castello di Gangi, insieme all'antica baronia e al castello di *Rahal Johannis* (l'odierna Regiovanni), a Francesco Graffeo già barone di Serra del Falco[10]. Una circostanza, questa, che poneva al Ventimiglia dei problemi di natura politica e al tempo stesso di prestigio del casato, tutt'altro che irrilevanti: sebbene, infatti, il territorio di pertinenza dell'antico monastero di Gangi Vecchio rimanesse in proprietà dei Benedettini, il fatto che l'abbazia si trovasse fra i domini di un altro feudatario comportava di fatto la perdita di quella prestigiosa sede religiosa, tanto cara alla sua famiglia, ma implicava soprattutto la perdita del controllo su un posto nel Parlamento del Regno. Appare dunque abbastanza chiara l'intuizione del principe di Castelbuono di cogliere le volontà testamentarie della moglie come valido pretesto per organizzare la venuta dei Benedettini nella sua capitale: tanto più che la celebrazione delle sette messe quotidiane disposte dalla principessa poteva benissimo essere affidata, più comodamente, al clero locale o ai Benedettini della vicina abbazia di Santa Maria del Parto, sulla quale i Ventimiglia esercitavano da tempo il diritto di patronato.

Le ragioni che indussero dunque i monaci di Gangi Vecchio a lasciare l'antica abbazia e a trasferirsi nel monastero dell'Annunziata nuovamente costruito per loro a Castelbuono non possono essere racchiuse nei passi di due fra i massimi storiografi siciliani che peraltro, entrambi abati, dovevano pur conoscere la storia dell'abbazia: Rocco Pirri (1577-1651) addebitò infatti il trasferimento alla presenza di *Praedonibus incursionibusque iniquorum hominum*[11]

---

[7] Per la crisi finanziaria dei Ventimiglia si veda O. Cancila, *Alchimie finanziarie*, cit., pp. 69 e segg.

[8] Organismo sorto nel 1598 per amministrare i patrimoni feudali in dissesto a garanzia dei creditori

[9] Per la vendita dei feudi di Gangi rinvio a F. San Martino De Spucches, *Storia dei feudi*, cit., *passim*.

[10] F. San Martino De Spucches, *Storia dei feudi*, cit., vol. IV (1926) quadro 411 (signore di Gangi), p. 14, e vol. VI (1929), quadro 788 (barone di Regiovanni), p. 206. Francesco Graffeo era figlio di don Girolamo Graffeo ed era già barone di Serra di Falco quando, nel maggio 1625, acquistò la terra e il castello di Gangi e la baronia di Regiovanni dal marchese di Geraci: cfr. S. Farinella, *I Principi di Gangi e Marchesi di regiovanni. I Graffeo, i Valguarnera (1625-1864)*, in corso di ultimazione.

[11] Rocco Pirri, *Sicilia Sacra. Disquisitionibus et notitiis illustrata*, terza edizione annotata da A. Mongitore ed accresciuta da V. M. Amico, Palermo 1733, tomo II, notizia ottava, p. 1228.

, mentre Vito Amico (1697-1762) addusse una *aeris insalubritatem*[12], cause pur probabili ma di fatto non vere.

2. Il monastero di Santa Maria di Gangi Vecchio: un orgoglio di famiglia. La fondazione e le prime dotazioni dei Ventimiglia conti di Geraci e di Collesano (1366-1372)

Il rapporto dei Ventimiglia con i Benedettini di Gangi Vecchio datava a tempi remoti, addirittura alla fondazione stessa del monastero della quale i conti di Geraci si consideravano i veri promotori: del resto la famiglia non era nuova a imprese di questo genere, avendo già sperimentato la propria partecipazione a fondazioni monastiche sia nella loro contea (l'eremo di frate Guglielmo a Castelbuono, poi divenuto l'abbazia di Santa Maria del Parto[13]) che in altre parti del regno di Sicilia (il convento di San Francesco a Salemi). Non c'è dubbio che senza il consenso del feudatario nessun tipo di attività edificatoria o di insediamento sarebbe stata possibile in uno Stato feudale, ma favorire e anzi incentivare la costruzione del monastero benedettino di Gangi Vecchio - essendo i Ventimiglia signori di Gangi - faceva parte di una sana devozione, come vedremo non del tutto disinteressata, che vedeva la famiglia aristocratica madonita adoperarsi a favore dei bisogni di quei frati ora elargendo benefici e privilegi, ora offrendo donazioni, permute o vendite di beni immobili a prezzi vantaggiosi, ora intervenendo in liti e problemi che coinvolgevano l'abbazia e proteggendo di fatto la comunità monastica.

Il monastero di Santa Maria di Gangi Vecchio era sorto nel 1363 ad opera di un gruppo di uomini - due sacerdoti e cinque chierici - desiderosi di vivere sotto la Regola del Santo di Norcia: la fondazione del cenobio si inseriva pienamente nel disegno insediativo perseguito dall'Ordine in Sicilia in quel momento e si collocava all'interno del quadro di rinnovato fervore religioso che, in quel torno di tempo, avrebbe portato all'istituzione di nuovi monasteri da parte dei Benedettini. Fra il quarto e il penultimo decennio del Trecento si assistette infatti sul territorio siciliano a una nuova ondata di insediamenti monastici - la terza, dopo quella dei tempi di papa Gregorio Magno (540-604) e quella dell'epoca normanna -: da Palermo a Messina a Catania, attraverso l'interno dell'isola, l'entusiasmo per la vita cenobitica percorreva gran parte della Sicilia e portava diverse persone, sia presbiteri che laici, ad abbandonare il decadimento generale della società e a unirsi insieme per vivere in comunità. In tale quadro aveva preso avvio infatti la rifondazione dell'antica abbazia di San Martino delle Scale, ricostruita nel 1347 ad opera di Angelo Sinisio, e nel 1361 la fondazione del monastero di San Placido di Calonerò nei pressi di Messina; nel 1363, grazie all'interessamento del conte di Mistretta e Maestro Giustiziere del Regno, Artale Alagona, era stato fondato il monastero di Santa Maria di Nova Luce, presso Catania, mentre nel 1420 sarebbe stata la volta del monastero di Santa Maria di Fundrò presso Piazza Armerina.

Il monastero di Santa Maria di Gangi Vecchio venne costruito a poca distanza dal borgo di Gangi, in un fondovalle carico di storia e di preesistenze[14]: qui erano le sorgenti di uno dei tre rami che formavano il fiume Salso - l'antico Imera meridionale - e in questo stesso luogo

---

[12] Vito Maria. Amico, *Lexicon Topographicum Siculum*, Catania 1760, tomo terzo, p. 203.
[13] A. Mogavero Fina, *L'abbazia di Santa Maria del Parto*, Palermo 1970.
[14] Per un approfondimento sulla fondazione del monastero di Santa Maria di Gangi Vecchio rimando ai testi citati nelle precedenti note 1 e 2.

si percepiva ancora la presenza di un insediamento di età romano-imperiale vissuto quasi ininterrottamente fino all'epoca bizantina e alto medievale, divenuto in epoca araba e normanna un modesto casale rurale, distrutto infine nel 1299 da Federico III d'Aragona e dal conte Enrico Ventimiglia nel corso dell'assedio alla vicina Gangi duranti i rigurgiti filo angioini del post "Vespro". Da qui l'aggettivo "vecchio" dato al casale che portava lo stesso toponimo del centro principale[15].

In quello stesso luogo - isolato nella campagna ma sufficiente vicino al borgo, con la presenza di acque e di vegetazione, di boschi e di materiale per la costruzione e perciò ideale per l'insediamento cenobitico secondo gli schemi monastici benedettini - sorgeva una piccola chiesetta diruta, retaggio del distrutto casale, dedicata a Santa Maria e tenuta in beneficio da due chierici che si sarebbero uniti ai sette fondatori del cenobio: attorno ad essa sorse allora il piccolo monastero, la cui fondazione venne sancita dall'arcivescovo Dionisio di Messina con un privilegio dell'8 febbraio 1364[16].

La costruzione dei primi ambienti e l'organizzazione del monastero durarono circa due anni, se l'elezione del primo Priore avvenne nel 1366: con una lettera del 21 giugno 1366 data nel casale di Regalbuto ancora l'arcivescovo Dionisio confermava infatti l'elezione a Priore di Gangi Vecchio del sacerdote Giovanni Parrinello, ispiratore spirituale della fondazione del monastero, che in onore del Santo sotto la cui Regola aveva scelto di militare volle essere chiamato con il nome di Benedetto[17].

Per l'area madonita e nebrodense del Valdemone il monastero di Santa Maria di Gangi Vecchio divenne in breve tempo un importante centro di vita spirituale, punto di riferimento per quelle popolazioni sopraffatte dalla miseria e dal decadimento.

Il cenobio ricadeva sotto il dominio feudale di Francesco II Ventimiglia, conte di Geraci e di Collesano e signore di Gangi, il quale mostrava una particolare attenzione per l'insediamento degli Ordini monastici nei propri domini, favorendone e incentivandone in tutti i modi l'attuazione: per un verso ciò era dovuto alla devozione sua e della famiglia verso la Chiesa - e nello specifico verso gli Ordini religiosi -, ma per altri versi una tale attenzione faceva parte di un precisa strategia politica che tendeva a porre in una posizione privilegiata quei signori feudali che promuovevano il costituirsi di nuove comunità monastiche nei loro territori. Dotare i monasteri di terre e di privilegi faceva parte infatti di quella politica di incentivazione e di potenziamento dei singoli cenobi che mirava ad accrescerne l'importanza, in vista di quel salto di qualità che consentiva l'accesso di priori e abati nel consiglio del Regno, cosa che come vedremo si verificherà puntualmente anche per il nostro monastero: del resto i Ventimiglia avevano la consapevolezza che una nascente comunità monastica avrebbe avuto bisogno dell'appoggio del feudatario del posto e, certi del prestigio che ne sarebbe derivato alla famiglia, essi agirono con tempestività in tale direzione.

A dieci giorni dalla conferma ufficiale del priore Benedetto da parte della Curia messinese, il conte Francesco mise in atto quella strategia, infarcita di sano trasporto devozionale e di accorta politica territoriale mista alla compiacenza e all'orgoglio di considerarsi il "fondatore" del cenobio, fatto che avrebbe notevolmente accresciuto il suo prestigio. Il 2

---

[15] Sulla questione si veda a S. Farinella, *Gangi. La Storia dal Medioevo al Novecento. 1. Dalla fondazione normanna alla fine del Medioevo (XII-XV secolo)*, Nepi (VT) 2017.
[16] BCRS-Pa, *Opus Privilegiorum*, cit., *Privilegia fundactionis Monasterij Gangij veteri*, parte II, cc. 1r/v.
[17] Ivi, parte II, cc. 5v-6.

luglio 1366 il conte di Geraci provvide infatti a dotare il monastero di Gangi Vecchio di una vigna e di alcune terre *vacue* (incolte) contigue al cenobio[18]. La donazione fu in effetti particolarmente complessa: sembra infatti che la vigna e le terre fossero già in possesso di un certo Andrea *de Chunna*, che pagava un censo annuo di 7 tarì e 10 grani alla curia comitale dei Ventimiglia: lo stesso *de Chunna* aveva venduto al monastero quei beni, caricati dell'onere del sopradetto censo, ma il conte Francesco non esitò a fare revocare la vendita e a donare gratuitamente ai Benedettini quelle terre, sollevandoli dall'onere del censo alla curia comitale. Se dal documento di assegnazione (in questo come negli altri successivi) risalta in maniera esplicito il riferimento alla fede e alla devozione verso la Vergine Maria (titolare del monastero nuovamente fondato) da parte della famiglia[19], così come l'attenzione dei Ventimiglia verso l'aldilà per cui veniva invocata l'indulgenza e la remissione dei peccati a essi spettante in cambio della devozione verso quella comunità monastica (in tutti i documenti è esplicitata la costante, quasi ossessiva preoccupazione per la sorte della loro anima nella formula *pro salute anime nostre*), dallo stesso documento traspare tuttavia l'azione non disinteressata del conte di Geraci che tendeva a stabilire la sua autorità sul monastero: da accorto uomo politico, il Ventimiglia legò infatti quella donazione alla clausola che il Priore e i monaci avrebbero dovuto abitare per sempre nel monastero di Santa Maria di Gangi Vecchio - ossia non avrebbero dovuto spostarsi in altro luogo, meno che mai al di fuori dei territori ventimigliani -, pena la revoca dell'assegnazione e il ritorno delle terre alla curia comitale.

A distanza di sei anni da questa prima concessione di terre che consentiva ai frati di poter avviare la vita monastica secondo il modello benedettino di autosufficienza, una seconda assegnazione del conte di Geraci ampliava di molto i confini della proprietà del cenobio. Con un documento del 20 marzo 1372 (che nella prima parte conferma la precedente dotazione) Francesco II Ventimiglia concedeva infatti al monastero di Santa Maria di Gangi Vecchio il vicino feudo di Camporotondo e uno "stazzone" per la produzione di tegole e mattoni in terracotta, specificando ancora che ciò avveniva per la salute dell'anima sua e dei suoi familiari[20].

Il documento è molto interessante per la minuziosa descrizione dei confini del feudo, ancora oggi in gran parte individuabili grazie alla presenza degli originari toponimi, e testimonia l'interesse di *Franciscus de Ventimilio Comes Ventimilii, Isole* [sic] *Majoris Cometatus Giracii et*

---

[18] Ivi, parte II, cc. 65 r-v.

[19] È spesso utilizzata la formula *Divinu Intuitu et Beate virginis Marie devotione* in riferimento alla devozione dei conti di Geraci.

[20] AFT, *Dotazione del feudo di Camporotondo al monastero di Santa Maria di Gangi Vecchio da parte di Francesco II Ventimiglia, Conte di Geraci e di Collesano*, 20 marzo 1372, vol. 3, *Atti dell'avv. Giuseppe Cocilovo. Autorità avanti cui pende la lite. Corte d'Appello 1^ Sezione Fascicolo 10 del Sig. Vincenzo Tornabene contro il Sindaco del comune di Gangi*, cc. 273-276 v. Il documento si trova pure in BCRS-Pa, *Opus privilegiorum*, cit., p. II, cc. 65 v-67 v. Sia nella copia dell'AFT, estratta dall'originale che si conservava presso l'archivio del Monastero di Santa Maria di Gangi Vecchio in Castelbuono, sia in quella della BCRS-Pa, il documento di dotazione del feudo di Camporotondo del 1372 è sottoscritto anche da un Giovanni Ventimiglia fregiato del titolo di *comes*: è da escludere che a quella data possa trattarsi di Giovanni, futuro primo marchese di Geraci, figlio di Enrico e nipote di Francesco II Ventimiglia, a meno di non considerarlo in fasce. Propendo quindi più per un errore di trascrizione considerato che, oltre ad Enrico, l'altro figlio del conte Francesco si chiamava Antonio.

Gulisani utriusque Petralie Dominus ac regni Sicilie Major Cammararius verso quella nuova realtà monastica presente nei suoi domini, in linea del resto con quanto avveniva negli altri cenobi esistenti nella vasta contea ventimigliana: così nell'abbazia di Santa Maria del Parto a Castelbuono, alla quale il conte Francesco donava il feudo di San Gregorio (o di San Giorgio) in territorio di Petralia con riserva del diritto di patronato sull'abbazia - cioè della facoltà di poter nominare l'Abate pur presentandolo all'Arcivescovo di Messina per l'approvazione -, o nell'abbazia di Santa Maria di Pedale a Collesano e nei priorati di Santa Maria della Cava a Geraci e di Santa Maria della Misericordia a Castelbuono alle quali il conte concedeva larghe elargizioni[21].

Con queste prime donazioni i Ventimiglia si sentivano a buon diritto i "fondatori" del monastero benedettino di Gangi Vecchio, un orgoglio di famiglia che crebbe nei secoli successivi con i numerosi privilegi concessi a quei monaci e con la crescita della notorietà del monastero che ben presto sarebbe stato elevato ad abbazia, vero e proprio motivo di vanto per la famiglia comitale.

3. Gli stretti rapporti fra i Ventimiglia e i Benedettini di Gangi Vecchio: l'elevazione ad abbazia fra privilegi e dotazioni dei conti e marchesi di Geraci (1423-1586)

L'interesse dei Ventimiglia verso il cenobio di Santa Maria di Gangi Vecchio divenne ancora più forte (e i rapporti fra i discendenti del conte Francesco e i Benedettini sempre più intensi) quando la comunità monastica venne gratificata del più importante dei privilegi: l'elevazione del monastero alla dignità abbaziale. La serie di benefici accordati al monastero di Santa Maria di Gangi Vecchio dai regnanti e da diversi pontefici era iniziata nel 1401 con l'esenzione della dogana e del dazio concessa da re Martino e ribadita nel 1405 dalla regina Bianca di Navarra - seconda moglie del sovrano e vicaria del Regno -: due anni dopo lo stesso sovrano accordava ai monaci il privilegio di poter estrarre dalla tonnara di San Giorgio a Palermo sei botticelle di pesce salato, esente da qualsiasi gabella. Nuovi privilegi seguirono da parte di re Alfonso "il Magnanino" nel 1421 (estrazione di 200 cantari di formaggio dai caricatori marittimi di Tusa, Agrigento e Licata, confermata e ampliata nel 1423 dal viceré Antonio de Cardona e nel 1425 dal viceré Niccolò Speciale), nel 1428 (assegnazione di 3 onze annuali) e nel 1433 (esenzione dei regi donativi), mentre nel 1431 papa Eugenio IV esentava i Benedettini di Gangi Vecchio dal pagamento del diritto della "quarta canonica", la tassazione costituita dalla quarta parte di ciò che benefattori e devoti devolvevano in favore dei monasteri che doveva essere versata alla Curia vescovile (esonero concesso a quasi tutti i monasteri siciliani)[22].

Il più alto privilegio venne tuttavia concesso alla comunità di Gangi Vecchio nel 1413: il 16 luglio di quell'anno infatti, a cinquant'anni dalla sua fondazione e mentre per la Sicilia iniziava una nuova era in cui perduta l'occasione di rimanere una monarchia indipendente (a seguito del subentro di Martino il Vecchio, padre del primo Martino, e del nipote Ferdinando di Castiglia re d'Aragona) l'isola diventava una provincia del regno spagnolo, il

---

[21] Cfr. A. Mogavero Fina, *L'Abbazia di Santa Maria del Parto*, cit., p. 12; R. Termotto, *Collesano dai Normanni ai Ventimiglia*, in *I Ventimiglia delle Madonie*, Atti del I seminario di studi, Geraci Siculo, 1987, p. 113.

[22] Per l'approfondimento dei privilegi concessi al monastero di Gangi Vecchio, documentati, si rimanda a S. Farinella, *L'abbazia di Santa Maria di Gangi Vecchio*, cit., p. 47-50.

monastero di Gangi Vecchio veniva elevato alla dignità abbaziale, divenendo così l'Abbazia di Santa Maria di Gangi Vecchio[23]. Primo abate di Gangi Vecchio fu il priore Marino Bonafede, originario della vicina Nicosia, che quel giorno venne investito della carica direttamente dall'arcivescovo di Messina - monsignor Tommaso Crisafi - il quale attribuì al nuovo eletto il privilegio di portare, nei giorni festivi e solenni, i segni della nuova dignità: la mitra, il bastone pastorale, i sandali e l'anello, insegne concesse agli Abati in segno della dignità ecclesiastica che li poneva alla pari dei vescovi.

Il nuovo stato conferiva a frate Marino e ai suoi successori nella carica un ruolo importante nella compagine religiosa e sociale del Regno: al governo a vita dell'Abate (*usque ad mortem*, prerogativa che si trascinerà fino agli inizi del XVI secolo) erano infatti collegate le rendite annesse all'ufficio nominale e soprattutto l'accesso al Braccio Spirituale del Parlamento siciliano. Composto da sessantacinque alti prelati, oltre ai vescovi delle città sedi di diocesi e al Regio Cappellano del regno, sedevano nel Braccio Spirituale anche i priori e gli abati delle più importanti realtà monastiche siciliane: l'Abate di Gangi Vecchio occupò il 56° posto[24].

La nuova situazione pose dunque l'abbazia di Santa Maria di Gangi Vecchio in una posizione tutt'altro che marginale nel territorio siciliano e nel comprensorio madonita, conferendo a quella comunità di monaci benedettini un primato esclusivo: a seguito dell'estinzione dei diversi monasteri che erano sorti nell'area nebrodense e madonita (dissolvimento avvenuto a cavallo fra il XIV e il XV secolo[25]), l'abbazia di Gangi Vecchio rimase l'unico cenobio dell'Ordine in piena attività nella Sicilia centro settentrionale, punto di riferimento per una vasta area territoriale e orgoglio della famiglia comitale.

La dignità abbaziale costituì per i Ventimiglia soprattutto la possibilità di poter contare su un altro alleato all'interno del Parlamento: incentivare e potenziare l'abbazia dotandola di terre e di privilegi divenne pertanto una priorità per i conti - e dal 1436 anche marchesi[26] - di Geraci, e i rapporti che già legavano i Ventimiglia ai Benedettini di Gangi Vecchio divennero molto più intensi, anche con il ramo cadetto della famiglia. È significativo l'esempio della magnifica donna Agata Ventimiglia, moglie di don Antonio signore e barone di Rahal Johannis (Regiovanni) del ramo collaterale dei marchesi di Geraci: nel suo testamento, redatto nell'aprile del 1436, la nobildonna dispose di essere sepolta proprio nella chiesa

---

[23] BCRS-Pa, *Opus privilegiorum*, cit., parte II, c. 4-5 v. La bolla di erezione in abbazia del monastero di Gangi Vecchio è contenuta in una trascrizione del notaio Urbano de Sinibaldi di Palermo, rogata in data 5 febbraio IX Indizione 1430. Il documento è pubblicato in S. Farinella, *L'abbazia di Santa Maria di Gangi Vecchio*, cit., Appendice dei documenti.

[24] Elena Cecchi, *Censimenti siciliani tra Cinque e Seicento nell'Archivio di Stato di Firenze*, in Giovanna. Motta (a cura), *Studi dedicati a Carmelo Trasselli*, Soveria Mannelli 1983, p. 227.

[25] Salvatore Cucinotta, *Popolo e clero in Sicilia nella dialettica socio-religiosa fra Cinque-Seicento*, Messina 1986, p. 322. In questo periodo, secondo l'autore, nell'area della Sicilia centro settentrionale chiusero i battenti i monasteri benedettini di Santa Maria de Pedaly (Collesano), San Giorgio (Gratteri), Sant'Anastasia (Castelbuono), Santo Stefano e San Vincenzo (Mistretta), San Giorgio (Tusa), San Basilio (Naso), San Giovanni dei Catalani (Caltanissetta), Santa Barbara (Caltavuturo o Polizzi), San Cosma e San Damiano (Cefalù), Santa Maria della Cava (Geraci). In zona rimaneva l'abbazia di Santa Maria del Parto, presso Castelbuono, il cui Abate tuttavia non risulta che avesse un posto nel Parlamento siciliano.

[26] Cfr. O. Cancila, *Castelbuono medievale e i Ventimiglia*, Quaderni di «Mediterranea. Ricerche storiche», n. 12, Palermo 2010, p. 122.

abbaziale di Santa Maria di Gangi Vecchio, alla quale legava un'onza annuale in perpetuo per la celebrazione di tre messe[27].

Nel corso dei secoli XV e XVI l'abbazia di Santa Maria di Gangi Vecchio ottenne dai Ventimiglia numerosi privilegi e diverse concessioni. Nel 1428 don Giovanni, primo marchese di Geraci, concesse ai monaci l'esenzione del diritto di 11 tarì e 5 grani sul "centimolo": ancora il marchese Giovanni nel 1465 concesse ai Benedettini il feudo di Montalbano (nella dizione locale Montelavàno) ubicato in territorio di Gangi, compreso a oriente fra territori di Sperlinga e Nicosia e il feudo di Montededaro in territorio di Geraci a settentrione[28]. Nel 1482 il marchese Enrico Ventimiglia concedette ai monaci la rendita di 3 onze annuali sulla gabella dell'erbaggio, insieme alla facoltà di poter vendere 25 vitelloni e cinque salme di frumento l'anno senza pagare il diritto di dogana, concessione confermata dal figlio Simone: costui continuò ancora sulle orme dei suoi avi, sollevando l'abbazia di Gangi Vecchio dal pagamento della decima sullo *stazzone* di Camporotondo e confermando nel 1503 la concessione di far legna in tutti i boschi dello Stato ventimigliano, licenza già rilasciata ai monaci dal suo bisnonno Giovanni e che venne ancora ribadita nel 1545 dal figlio Cesare, barone di Castelluccio.

Ancora il marchese Simone, nel 1512, accordò ai monaci di Gangi Vecchio di poter impiantare una vigna nel territorio del vicino feudo di Trebraccia, all'interno del borgensatico della madre Badessa di Gangi: quest'ultima circostanza conferma che già nel primo decennio del Cinquecento le monache dello stesso Ordine si erano insediate nell'antico oratorio di San Pietro nel borgo di Gangi - già concesso dall'Arcivescovo di Messina ai Benedettini di Gangi Vecchio nel 1366 -, costruendovi accanto la loro Badia[29].

Anche Giovanni II Ventimiglia, figlio del marchese Simone, tenne in grande considerazione l'abbazia di Santa Maria di Gangi Vecchio: suo è infatti il privilegio del 1545 che permetteva ai servitori del monastero di portare armi per la difesa personale nella terra di Gangi. Sotto la sua signoria l'antico monastero subì una delle sue più imponenti trasformazioni architettoniche, il cui preludio può essere colto nel 1547 nella concessione ai monaci - da parte dello stesso Giovanni - di poter estrarre *quacina* (calcina) da tutto il territorio della terra di Gangi «per lo bisogno della fabrica di detto monasterio», con l'esortazione agli ufficiali a non molestare i frati, sotto la pena di 25 onze[30]. Non a caso la fabbrica del nuovo monastero

---

[27] BCRS-Pa, *Opus privilegiorum*, cit., documento redatto a Nicosia il 10 aprile XIV Indizione 1436, parte II, c. 320 v-321 v.

[28] Ivi, documento inedito del 24 gennaio XIV Indizione 1465, parte II, c. 69-70 v. In effetti si tratta di una concessione in enfiteusi (affitto) del feudo di Montalbano in luogo di 4 once annuali concesse al monastero qualche tempo prima per la *specialem devotionem* che i Ventimiglia avevano nei confronti dei Benedettini di Gangi Vecchio: in seguito il feudo diverrà proprietà esclusiva dell'abbazia. Nella trascrizione del documento si rileva che il documento risulta a firma di *Arrigu di vinti miglia* e non di Giovanni, come avrebbe dovuto essere essendo costui marchese di Geraci fino al 1475.

[29] La notizia tratta da questo documento consente di affermare, diversamente da quanto sostenuto finora dagli storici locali Nasello e Alaimo, che le monache dello stesso Ordine presero possesso dell'antico oratorio e delle strutture annesse ben prima del 1576/1582 e non a causa dell'epidemia di peste che, affliggendo in quegli anni la Sicilia, avrebbe decimato i frati di Gangi Vecchio. Sull'argomento si rimanda a S. Farinella, *Gangi. La Storia*, cit., *passim*; Id., *La venerabile chiesa di San Pietro e la Badia delle Benedettine di Gangi. Artisti, maestranze, committenze e quotidianità nel monastero dal Trecento al Novecento*, in corso di redazione.

di Gangi Vecchio, fra il 1555 e il 1564, venne affidata a mastro Bernardino Lima, uno di quei *magistri* chiamati in quel torno di tempo a rinnovare gli impianti di chiese e monasteri in diversi borghi, scalpellino, capo mastro e imprenditore edile di origine longobarda ma naturalizzato a Castelbuono, evidentemente proposto (se non imposto) dal marchese di Geraci[31]. [Fig. 3]

I Ventimiglia furono dunque attivi protagonisti nella vita dell'abbazia di Santa Maria di Gangi Vecchio e i diversi privilegi concessi ai monaci confermano degli stretti rapporti che da sempre legarono la famiglia aristocratica a quei Benedettini. Lo stesso marchese Giovanni provvide a rendere la vita di quei frati ancora meno travagliata: con un altro privilegio del 1583, infatti, egli stabilì che né i gabelloti, né i Giudici, né il Maestro Notaro avrebbero potuto citare i monaci di Gangi Vecchio in giudizio in cause civili e criminali. Con quest'atto, forse per la prima volta, veniva sancita l'assoluta immunità dell'abbazia di Gangi Vecchio che veniva a essere di fatto considerata come abbazia marchionale, ossia centro monastico privilegiato e di assoluta giurisdizione dell'antica famiglia feudale: pochi decenni più tardi quest'ultima circostanza rappresenterà uno degli elementi preminenti nella decisione, assunta dai Ventimiglia, di trasferire i monaci da Gangi Vecchio a Castelbuono.

L'ossessiva devozione dei marchesi di Geraci verso l'istituzione monastica favorirà, paradossalmente, la fine della gloriosa abbazia a favore della nascita di una nuova realtà monastica, seppure in continuità con la precedente: e i motivi che portarono al trasferimento dei monaci e poi all'abbandono della vecchia abbazia furono di tutt'altra natura.

4. *Pro salute anime nostre*. I nuovi marchesi di Geraci e il primo tentativo per il trasferimento dei Benedettini a Castelbuono (1630)

Nel 1630 dunque, in un misto di devozione, interesse politico e prestigio del casato, prese avvio l'annosa questione che, a varie riprese e in poco più di vent'anni, portò all'abbandono dell'antica abbazia di Santa Maria di Gangi Vecchio: il trasferimento dei monaci a Castelbuono fu dovuto a motivi di squisito interesse politico, e qualunque mezzo si rivelò buono per ottenerlo.

Il primo tentativo di trasferimento ebbe luogo subito dopo la morte della principessa Maria Spadafora. In cambio di alcune elargizioni, il principe Francesco III Ventimiglia convinse infatti i monaci di Gangi Vecchio a occuparsi della celebrazione delle messe disposte dalla consorte: la donazione venne confermata con atto del 23 dicembre 1630 rogato dal notaio castelbuonese Vittorio Mazza[32] e fu ratificata dal notaio gangitano Egidio di Salvo con un atto del 31 dicembre dello stesso anno[33]. L'accordo col principe di Castelbuono viene

---

[30] Per i privilegi e le concessioni accordate dai marchesi di Geraci all'abbazia di Gangi Vecchio rimando ancora a S. Farinella, *L'abbazia di Santa Maria di Gangi Vecchio*, cit., Appendice dei documenti.

[31] Sui lavori del Lima nell'abbazia di Gangi Vecchio si veda a S. Farinella, L'abbazia di Santa Maria di Gangi Vecchio, cit., passim, e Id., Scarpellinij et marmorarij a Gangi fra Cinquecento e Seicento: opere e documenti, in Conoscere il territorio. Arte e storia delle Madonie. Studi in memoria di Nico Marino, atti della prima edizione delle giornate di studio (Cefalù 21-22 ottobre 2011), a cura di G. Marino e R. Termotto, Cefalù 2013, vol. I, pp. 143-180.

[32] Il documento è citato in E. Magnano Di San Lio, *Castelbuono*, cit., p. 192, nota n. 572.

[33] AFT, documento del 31 dicembre XIV Indizione 1630, notaio Egidio di Salvo, *Volume delle Scritture*, cit., cc. 148-150v. Un sunto dell'atto del notaio Vittorio Mazza è riportato nello stesso volume in

stipulato da don Severino da Messina, Decano e Cellerario del monastero, mentre Abate di Santa Maria di Gangi Vecchio era don Innocenzo da Catania[34].

L'intesa prevedeva che quattro padri e un chierico di Gangi Vecchio dimorassero perpetuamente a Castelbuono per il loro servizio nella chiesa dell'Annunziata, donata dal principe al monastero di Gangi Vecchio come *grangia* (dipendenza): i padri avrebbero dovuto celebrare quattro messe giornaliere per l'anima della defunta principessa, in luogo delle sette di cui alla disposizione testamentaria, impegnandosi il Ventimiglia a ottenere dal Pontefice - a proprie spese - la dispensa per le rimanenti tre messe. Oltre ai 4.000 scudi lasciati dalla moglie per la celebrazione delle messe, il principe si impegnava ad assegnare ai monaci altri 4.000 scudi per il mantenimento della *grangia* e ulteriori 1.000 scudi, da pagarsi entro dodici anni, per la fabbrica di locali e per altre cose necessarie. Di contro i monaci si impegnavano a dimorare nella grangia di Castelbuono, a tenere tutto il necessario per la celebrazione delle messe e a fare ratificare il contratto dal Capitolo Generale dell'Ordine entro quello stesso anno. Con lo stesso atto Francesco Ventimiglia confermava tutti i privilegi concessi fino ad allora dalla sua famiglia ai monaci di Gangi Vecchio, apponendo tuttavia il patto di "caducità" (inefficacia) a suo favore nel caso in cui frati fossero venuti meno ai loro obblighi: cosa ancora più importante, il principe accordava la libertà agli stessi monaci di abitare nella nuova dimora in qualsiasi numero essi volessero, spendendo qualunque somma per l'ampliamento delle fabbriche. Con ciò Francesco Ventimiglia poneva le premesse per il definitivo trasferimento dei frati a Castelbuono.

Nel 1632 il principe Francesco stipulava una soggiogazione di 80 onze per i 4.000 scudi promessi, mentre per gli altri 1.000 scudi assegnava ai frati 20 onze annuali dovutegli da tre debitori castelbuonesi[35]. L'anno seguente il principe assegnava ai monaci alcune fabbriche (dammusi, casalino, cavallerizza e giardinetto) vicino alla chiesa dell'Annunziata, insieme a 400 onze promesse dall'Università di Castelbuono per la fabbrica dei nuovi locali, imponendo ai frati la condizione di non poter abbandonare le nuove case[36].

I lavori per le fabbriche attorno alla chiesa dell'Annunziata iniziarono nello stesso anno 1633 e, dal tenore dei documenti, sembra proprio che non si trattasse di una semplice dipendenza dell'abbazia di Gangi Vecchio quanto della costruzione di un vero e proprio monastero, come viene più volte chiamata dagli stessi documenti quella fabbrica[37]: da ciò si può

Riassunto dei fatti, cit., cc. 152-155.

[34] R. Pirri, *Sicilia Sacra*, cit., parte II, libro IV, notizia VIII, p. 1227.

[35] AFT, *Volume delle Scritture, Riassunto dei fatti*, cit., c. 152 v. Il censo annuale al principe era dovuto da Vincenzo Bandò (per 15 onze), da Giovanni Battista Illustrasanti e dagli eredi del notaio Francesco Schimbenti (per le ulteriori 5 onze).

[36] Ivi, documento del 29 novembre II Indizione 1633, notaio Francesco Prestigiovanni, c. 153. Il documento è citato e riportato per stralci in E. Magnano Di San Lio, *Castelbuono*, cit., p. 192, nota n. 574.

[37] E. Magnano Di San Lio, *Castelbuono*, cit., documento n. 49 del 23 febbraio 1633, pp. 303-306; documento n. 53 del 10 dicembre 1633, p. 308; documento n. 54 del 28 novembre 1634, pp. 309-310. In questi documenti relativi alle fabbriche attorno alla chiesa dell'Annunziata, pubblicati integralmente dall'autore, si parla in maniera esplicita di *novo monasterio* di Castelbuono: la stessa descrizione dei lavori porta a pensare che si trattasse non della costruzione di una semplice *grangia* quanto di una vera e propria struttura conventuale destinata ad accogliere più che i quattro padri e il chierico previsti dall'accordo del 1630.

concludere che l'intento del Ventimiglia fosse quello di far trasferire tutti i monaci da Gangi Vecchio e di impiantare un nuovo monastero a Castelbuono. [Fig. 4]

Nel 1634 Francesco Ventimiglia confermava ancora tutti i privilegi (esenzioni, concessioni e immunità) già concessi ai monaci di Gangi Vecchio, assegnando le 400 onze dell'Università, le fabbriche e "mezzo denaro" d'acqua corrente per l'orto del nuovo monastero. Infine veniva stabilita la prelazione allo stesso principe in caso di vendita dei feudi di Camporotondo e di Montalbano[38]. Le difficoltà finanziarie in cui versava il Ventimiglia misero però in seria difficoltà i rapporti con i Benedettini, che nel frattempo si erano in parte trasferiti nella capitale del marchesato.

Nonostante i lavori per l'edificazione del nuovo monastero fossero già iniziati, le relazioni fra i Benedettini e il Ventimiglia cominciarono a incrinarsi a causa del mancato impegno al pagamento delle somme dovute da parte del feudatario. Una prima battuta d'arresto nella costruzione delle fabbriche fu causa della sospensione, nel 1635, della celebrazione delle messe da parte dei monaci: tuttavia, dopo un ulteriore accordo col principe Francesco, intorno al 1642 si rimise nuovamente mano alla costruzione del nuovo cenobio[39].

Ciononostante i rapporti continuarono ancora a deteriorarsi finché, stanchi delle continue controversie, i monaci se ne tornarono nell'abbazia di Gangi Vecchio, abbandonando Castelbuono.

In effetti, sembra che il Ventimiglia si fosse indebitato a tal punto nei confronti di quei frati da non poter più sostenere gli impegni assunti se, come riportano i documenti, lo stesso feudatario si trovava con un arretrato di oltre 1.300 onze da versare ai monaci: inoltre il principe non si era più curato di ottenere la dispensa per tre delle sette messe disposte da donna Maria nel proprio testamento[40].

A distanza di dodici anni dall'accordo, si concludeva il primo tentativo di trasferimento dei Benedettini dall'abbazia di Santa Maria di Gangi Vecchio al nuovo monastero di Castelbuono, ideato e perseguito da Francesco III Ventimiglia: a costui non fu dato di assistere al compimento di questo disegno che, qualche anno dopo, venne definitivamente concretizzato dal figlio Giovanni.

5. *Adimplento eius devotionis*. Il trasferimento definitivo dei Benedettini a Castelbuono: dall'abbazia di Santa Maria di Gangi Vecchio all'abbazia dell'Annunziata (1654)

Motus ex ejus maxima devotione quam semper habuit et habet erga d(ict)os P(at)res Engij veteris d(ict)i Ord(ini)s S(anc)ti Bened(ict)i pro adimplento eius devotionis, ossia «per dimostrare l'affetto e grande devoz(io)ne che sempre ha portato, e porta alla sud(ett)a Cong(regazio)ne e Religione del P(adre) S(an) Bened(ett)o e per adempiere alla sua devozione» è la formula utilizzata dall'*Ill(ust)ris D(omi)nus D(on) Jo(ann)es Comes de XX(mi)lijs Marchio Jeracijs et P(ri)n(ci)pes huius*

---

[38] AFT, documento del notaio Francesco Prestigiovanni in data 20 novembre II Indizione 1634, *Volume delle Scritture, Riassunto dei fatti*, cit., c. 153r. Il documento è citato e riportato in stralci da E. Magnano Di San Lio, *Castelbuono*, cit., p. 192, nota n. 574.

[39] E. Magnano Di San Lio, *Castelbuono*, cit., pp. 193-194.

[40] AFT, *Volume delle Scritture, Riassunto dei fatti*, cit., c. 153 v. Le somme dovute dal principe di Castelbuono ammontavano a onze 419.3.7, relative alla soggiogazione delle 80 onze elargite nel 1632, più onze 895.7 riguardanti i 5.000 scudi del 1630.

Civ(ita)tis Castriboni, et Scalette per giustificare l'operazione che portò, nel 1654, al definitivo trasferimento dei Benedettini da Gangi Vecchio a Castelbuono e all'abbandono della vecchia e gloriosa abbazia: l'affetto e la devozione sono evidentemente riferiti a Giovanni IV Ventimiglia, figlio di Francesco III e della principessa Maria Spadafora.

Il principe Francesco era morto senza vedere realizzato il suo desiderio di ricondurre entro i propri domini quell'antico e prestigioso cenobio per il quale i suoi avi avevano speso notevoli energie: e questo dopo avere sposato altre due nobildonne siciliane ed essere stato Deputato e Vicario Generale del Regno[41]. Nel 1648 gli successe il figlio primogenito Giovanni il quale, in maniera particolarmente determinata, entro pochi anni riuscì a dare compimento al disegno del padre: il trasferimento definitivo dei monaci da Gangi Vecchio a Castelbuono avvenne infatti nei primi mesi del 1654, dietro una serie di nuove concessioni da parte del giovane feudatario e grazie ad alcuni impegni assunti da ambo le parti[42].

Alla risolutezza del marchese Giovanni riguardo il definitivo trasferimento dei Benedettini da Gangi Vecchio non corrispose tuttavia un impegno altrettanto concreto per lo sviluppo della sua capitale. Sposatosi nel novembre del 1647 con donna Felice Marchese Speciale Valdina, il principe e marchese Giovanni Ventimiglia - quarto membro dell'antica famiglia a portare questo nome - preferì risiedere stabilmente a Palermo senza curarsi minimamente della capitale del suo Stato: anzi, sembra proprio che egli avesse totalmente rifiutato un qualsiasi rapporto con la città di Castelbuono se, primo dei Ventimiglia, dispose nel suo testamento di essere sepolto nella cappella di Sant'Anna del convento della Misericordia a Palermo[43]. Eppure egli riuscì in ciò in cui suo padre aveva fallito. [Fig. 5]

Prima di ogni cosa il principe Giovanni ottenne la dispensa pontificia sulle tre messe. Nel novembre del 1651, infatti, egli chiese alla Santa Sede di poter celebrare quattro delle sette messe disposte dalla madre, portando a motivo le difficoltà avanzate dai monaci per la celebrazione di tutte quante le messe giornaliere[44]. Per anticipare i tempi, in attesa del pronunciamento della Santa Sede, nel febbraio dell'anno seguente il nobiluomo stipulò un accordo con i frati di Gangi Vecchio[45], intesa che però non produsse il tanto atteso

---

[41] F. San Martino De Spucches, *Storia dei feudi*, cit., quadro 411, p. 14: riporta l'autore che Francesco Ventimiglia fu Deputato del Regno fino al 1651. Fra i motivi che portarono Francesco Ventimiglia a un ulteriore indebitamento sembra che vi fosse anche l'acquisto, dal re Filippo IV, del mero e misto impero sul principato di Castelbuono, per la considerevole cifra di 75.600 scudi, ossia ben 1.512 onze: cfr. A. Mogavero Fina, *Castelbuono*, cit., p. 34.

[42] Riportando un documento del notaio Luciano Russo (o Rosso), il Magnano di San Lio ritenne che il trasferimento dei monaci da Gangi Vecchio a Castelbuono avvenne nel 1652, così come previsto da un accordo: cfr. E. Magnano Di San Lio, *Castelbuono*, cit., p. 194. In effetti il trasferimento definitivo avvenne due anni dopo, nel 1654, anche a motivo del fatto che la dispensa per le tre messe fu ottenuta dal Ventimiglia solamente nel 1653: probabilmente alla base di questo mancato trasloco c'era ancora qualche incomprensione fra i monaci e il marchese di Geraci, definitivamente superata nel gennaio del '54.

[43] E. Magnano Di San Lio, *Castelbuono*, cit., p. 220 e p. 240, nota n. 735.

[44] AFT, lettera del 18 novembre 1651 contenuta nel documento di transazione fra il Decano del monastero di Gangi Vecchio e il marchese Giovanni Ventimiglia per il trasferimento definitivo a Castelbuono, *Volume delle Scritture*, cit., cc. 52-77 v. La lettera è riportata a cc. 61v-62.

[45] ASPa-TI, Fondo notai defunti, atto del 5 febbraio 1652, notaio Luciano Russo, vol. 2398 C, cc. 157 e segg.: il documento è citato anche in E. Magnano Di San Lio, *Castelbuono*, cit., p. 194, nota n. 586.

trasferimento per il ritardo nella concessione della dispensa: l'Arcivescovo di Messina infatti, Delegato apostolico della Sacra Congregazione dei Cardinali del Concilio Tridentino, dopo avere verificato che le 80 onze annuali sarebbero state insufficienti per la celebrazione delle sette messe quotidiane e per l'acquisto dei paramenti sacri, della cera, del vino, dell'olio e per gli altri servizi necessari, autorizzò la riduzione alle quattro messe giornaliere solamente nel novembre del 1653, fissando il corrispettivo a 2 tarì per ogni singola messa[46].

Ottenuta l'esenzione, la strada per il tanto atteso trasloco appariva oramai spianata: nel settembre dello stesso anno il Capitolo Generale dei Cassinesi, tenutosi a Palermo, aveva infatti accordato il permesso per il trasferimento dei monaci da Gangi Vecchio a Castelbuono[47]. Una nuova e definitiva transazione venne quindi stipulata il 5 gennaio 1654 presso il notaio Luciano Russo, allo scopo di regolamentare in maniera molto più puntuale i termini del trasferimento: sulla base delle originarie concessioni del marchese di Geraci, l'accordo venne sottoscritto dal Decano del monastero, don Angelo da Messina, in virtù di procura registrata con atto del notaio gangitano Tommaso di Salvo in data 24 settembre 1653, mentre era Abate di Gangi Vecchio don Giulio Marchesana[48].

Dopo una lunga introduzione nella quale veniva ripercorsa la vicenda del legato di donna Maria Ventimiglia e Spatafora e la successiva donazione della chiesa dell'Annunziata da parte del principe Francesco III Ventimiglia, e dopo aver ribadito la massima devozione della famiglia per i Benedettini di Gangi Vecchio, l'accordo elencava una serie di condizioni che avevano il sapore di un vero e proprio patteggiamento. In primo luogo il marchese Giovanni concedeva ai monaci di Gangi Vecchio metà del feudo di *Tornexia* con tutti gli alberi di olive, aranci, gelsi, i giardini, i terreni *scapoli* e tutte le fabbriche esistenti, eccetto il trappeto delle olive: il marchese si riservava il diritto di proibire la macina delle olive negli altri trappeti della zona e il diritto "del nozzulo" e "del tarì" per la macina e la produzione dell'olio nel suo trappeto[49].

---

[46] AFT, dispensa del 28 novembre 1653 contenuta nel documento di transazione fra il Decano del monastero di Gangi Vecchio e il marchese Giovanni Ventimiglia per il trasferimento definitivo a Castelbuono, *Volume delle Scritture*, cit., cc. 52-77 v: il testo della dispensa è riportato a cc. 62-65.

[47] Ivi, *Riassunto dei fatti*, cit., c. 154. Il permesso venne accordato dal Capitolo Generale il 10 settembre 1653.

[48] Ivi, documento del 5 gennaio VII Indizione 1654, Transactio Pro Venerabili Monasterio SS. Annunciationis Castriboni cum Domino Don Joanne de XXmiliis, accordo di transazione fra il Decano del monastero di Gangi Vecchio e il marchese Giovanni Ventimiglia per il trasferimento definitivo a Castelbuono, cc. 52-77 v, cit.. Il documento, fra l'altro riportato in sunto anche in Riassunto dei fatti, cit., cc. 154-155, è integralmente pubblicato in S. Farinella, L'abbazia di Santa Maria di Gangi Vecchio, cit., Appendice dei documenti, doc. n. 16, pp. 215-218. Riguardo al trasferimento dei monaci da Gangi Vecchio a Castelbuono il Pirri addusse invece la motivazione delle incursioni dei briganti: «... Sub eo in oppidum Castelli boni Monachi commigrantes, novum Coenobium moliri coeperunt, ac vetus Gangii Praedonibus passim, incursionibusque iniquotum hominum obnoxium reliquerunt. Huic translationi Hieracii Marchio manus adjutrices extendit, bonisque, ac censibus rem familiarem adauxit ...». Cfr R. Pirri, Sicilia Sacra, cit., parte II, libro IV, notizia VIII, p. 1227-1228.

[49] Il "diritto di nozzulo" (nocciolo) prevedeva che alle olive da macinarsi nei trappeti del marchese di Geraci venisse effettuata una sola passata della mola e che al predetto feudatario spettasse il nocciolo (e la polpa), sostanzialmente i due terzi del prodotto.

Il territorio assegnato ai Benedettini confinava con il feudo *delli frassani* e con il feudo *di bisconti* ed era delimitato dal "pizzo di piano grande" e dal "fiume grande" che formava il confine del feudo di Tornexia: il predetto feudo costituiva parte dei 4.000 scudi legati dalla madre del marchese Giovanni, mentre per la restante parte lo stesso feudatario assegnava ai monaci alcuni uliveti esistenti nel territorio di Pollina. Il tutto previa stima fatta da tre esperti estimatori: Pietro Bisignano, *alias Cicchella*, eletto dal Decano di Gangi Vecchio, Angelo Battaglia chiamato da Giovanni Ventimiglia, e mastro Giuseppe Conforto, Capo Mastro castelbuonese, nominato dalle parti di comune accordo[50].

Naturalmente la nuova donazione prevedeva che i monaci osservassero alcune clausole espressamente indicate nell'accordo: intanto le olive raccolte dagli stessi frati o dai loro gabelloti dovevano essere macinate solamente nel trappeto del marchese esistente nel feudo di Tornexia, pagando il peso feudale del diritto di nozzulo e del tarì e sottostando alla nomina, da parte dello stesso feudatario, delle "persone trapettarie", ossia dei sovrintendenti alla macina; né i monaci né i loro gabelloti potevano costruire trappeti, mulini, *martelletti*, *paratori*, *centimoli*, *pisti*, *cartere* né nessun'altra specie di costruzione atta allo sfruttamento dell'acqua del fiume: solamente veniva accordato l'uso di quell'acqua per l'irrigazione dei giardini, delle *noare* (noccioleti), e degli orti. La contravvenzione a tale obbligo comportava, da parte del marchese di Geraci, la facoltà di poter abbattere quelle fabbriche senza alcuna autorizzazione o ordinanza da parte dei Giudici.

La condizione più impegnativa per l'Abate era il trasferimento a Castelbuono di tutti i monaci di Gangi Vecchio, senza la possibilità di fare ritorno nell'antica abbazia: l'accordo prevedeva che potesse rimanere solo il padre Cellerario o un altro monaco per la cura dei beni del vecchio monastero.

A fronte degli obblighi derivanti ai monaci dalle donazioni di Giovanni Ventimiglia, gli stessi Benedettini posero alcune condizioni alle quali lo stesso marchese, per la rapida risoluzione della faccenda, non poté che sottostare: il feudatario si obbligava infatti a pagare ai frati le 885.7 onze di debito contratto dal padre, assegnando alcune partite d'olive (sulle quali il feudatario trattenne astutamente l'equivalente per il diritto di nozzulo e del tarì), mentre per le rimanenti 419.3.7 onze non pagate dal principe Francesco per la celebrazione delle messe lo stesso Giovanni Ventimiglia si obbligava ad assegnare ai Benedettini altre fabbriche e altri alberi d'olive. Inoltre, dopo due giorni dalla stipula della transazione, il marchese era obbligato a depositare presso una persona di fiducia degli stessi monaci la somma di 100 onze, da servire per le riparazioni da apportarsi alle fabbriche del monastero castelbuonese[51].

Le nuove fabbriche concesse dal Ventimiglia erano poste vicino alla porta detta "Felice", un tempo chiamata Porta di Pollina perché si apriva sulla strada che da Castelbuono conduceva

---

[50] Giuseppe Conforto era noto anche nell'ambiente gangitano per essere stato impegnato, proprio in quegli anni (1645-47), nella realizzazione del portale della chiesa di Santa Maria della Catena di Gangi: cfr. ACMG, *Libro dei conti della chiesa di Santa Maria della Catena*, vol. 1643-1677, anni 1644/45-1646/74, c. 2 v-8 v. Si cfr. pure S. Farinella, *La chiesa di Santa Maria della Catena in Gangi. Guida alla storia e all'arte*, Madonnuzza - Petralia Soprana 2003, *passim*.

[51] Nella precedente transazione del febbraio 1652, agli atti dello stesso notaio, la medesima somma era stata richiesta in deposito da parte dei monaci per il trasporto dei mobili da Gangi Vecchio a Castelbuono: evidentemente questa clausola fu motivo di disaccordo se, nella transazione definitiva del 1654, venne modificata vincolando quella somma alla riparazione delle fabbriche castelbuonesi.

alla vicina cittadina madonita: confinavano poi con la strada *dell'Arbori*, dov'era una fontana, e col giardino grande del marchese. Ai monaci venne anche concessa la facoltà di aumentare quei locali, attraverso la costruzione di nuovi vani e senza che il Ventimiglia o i Giurati di Castelbuono potessero impedirlo: tuttavia ai frati era fatto obbligo di non poter chiudere la Porta Felice che doveva rimanere utile al pubblico transito, pur potendovi costruire sopra alcune stanze.

Per consolidare la transazione, il marchese di Geraci legò le concessioni all'impegno dei Benedettini di non violare gli accordi, primo fra tutti quello di non fare mai più ritorno nell'abbazia di Gangi Vecchio: nel caso contrario infatti sia la chiesa dell'Annunziata, sia le rendite, le fabbriche, la metà del feudo di Tornexia con tutti i suoi fabbricati e le terre, come anche gli uliveti e i nuovi fabbricati concessi nei pressi della Porta Felice sarebbero ritornati immediatamente in potere del Ventimiglia, senza bisogno di ratifica da parte del tribunale. Di contro però, nel caso in cui il contratto fosse stato dichiarato nullo, tutti i privilegi e le concessioni fatte dal padre del marchese nel 1630, comprese quelle previste dalla transazione in questione, sarebbero rimaste valide e di appannaggio degli stessi monaci.

Stipulato l'accordo, i Benedettini di Gangi Vecchio non opposero dunque alcuna obiezione al loro trasferimento e al conseguente abbandono della vecchia abbazia: tanto più che, conservando i precedenti possedimenti, essi avrebbero accresciuto di molto le loro rendite e le proprietà immobiliari. In più da Giovanni Ventimiglia i monaci ottenevano ancora altri benefici che, senza dubbio, li ponevano in una posizione di privilegio rispetto agli altri Ordini religiosi presenti a Castelbuono: essi ottennero infatti la possibilità di spendere tutte le rendite e le entrate dell'abbazia di Gangi Vecchio per il mantenimento del monastero di Castelbuono, senza alcuna limitazione, la possibilità di servirsi dello *spandente* dell'acqua corrente che il marchese avrebbe portato al suo castello e infine la concessione del terreno dov'erano alcune fabbriche iniziate dagli stessi monaci negli anni del primo tentativo di trasferimento. Queste ultime in particolare, delle quali era stato fatto il *designo* e del cui terreno era stato stipulato contratto di concessione da parte del principe don Francesco Ventimiglia, confinavano con il Piano di San Paolo nei pressi della cosiddetta "porta falsa".

La transazione avrebbe dovuto essere resa esecutiva entro il termine di tre mesi con la stipula del contratto, termine oltre il quale si avrebbe avuto l'annullamento di quanto convenuto. Evidentemente il termine venne rispettato, ed entro il mese di aprile del 1654 i Benedettini di Gangi Vecchio si trasferirono definitivamente nel monastero di Castelbuono, lasciando praticamente in abbandono l'antica e gloriosa abbazia di Santa Maria[52]. [Fig. 6]

6. I motivi reali del trasferimento dei Benedettini da Gangi Vecchio a Castelbuono

Il trasferimento dei Benedettini da Gangi Vecchio a Castelbuono fu veramente dovuto a quel *motus ex ejus maxima devotione quam semper habuit et habet erga d(ict)os P(at)res Engij veteris d(ict)i Ord(ini)s S(an)cti Bened(ict)i pro adimpleto eius devotionis* da parte dei Ventimiglia ? E i

---

[52] Rilevo come, nonostante la particolare minuzia nell'imposizione delle clausole da ambo le parti, il marchese di Geraci non abbia mantenuto fino in fondo gli impegni presi, non assegnando in toto quanto promesso: ciò è quanto sembra rilevarsi dal *Riassunto dei fatti* citato in AFT, vol. 1, *Volume delle Scritture*, cit., c. 15, dov'è espressamente affermato che «…j fondi assignati ai monaci furono diversi…».

monaci accettarono il trasferimento e il conseguente abbandono dell'antica e gloriosa abbazia di Santa Maria di Gangi Vecchio per ragioni di sana devozione dei loro protettori?
Dalla lettura delle carte d'archivio appaiono chiare le motivazioni, di carattere pratico, che spinsero i monaci a trasferirsi a Castelbuono: da un lato infatti l'abbandono di Gangi Vecchio è legato alle ingenti quantità di rendite e di beni immobili concessi da Francesco Ventimiglia - e poi dal figlio Giovanni - ai monaci di Gangi Vecchio, rendite e beni che si aggiungevano al già cospicuo e ragguardevole patrimonio immobiliare in potere dei Benedettini, dall'altro lato a una nuova condizione di prestigio che gli stessi monaci avrebbero assunto con il trasferimento a Castelbuono, la città capitale del marchesato ventimigliano.
Per quanto riguarda invece i Ventimiglia la questione appare più intrigante. Grazie alla determinazione di Giovanni Ventimiglia, a distanza di circa un quarto di secolo il desiderio del principe Francesco era diventato realtà: un desiderio fondato sul pretesto di rispettare le ultime volontà della consorte (e madre) e sul presupposto della dichiarata devozione verso l'Ordine benedettino e l'abbazia di Santa Maria di Gangi Vecchio da parte della famiglia, ma sostanzialmente suscitato dalla ossessione di tutelare il prestigio del casato che, in quella occasione, assumeva connotazioni di natura politica.
Sebbene le motivazioni dichiarate dal marchese Giovanni Ventimiglia appaiano squisitamente riconducibili alla venerazione e al rispetto per l'Ordine, almeno in apparenza, tanto da far includere nella transazione che il trasferimento dei monaci avveniva «... per dimostrare l'affetto e la grande devozione che sempre ha portato, e porta alla sudetta Congregazione e Religione del Padre San Benedetto ed anco, per rendersi conforme alla volontà di detto quondam Signor Don francesco Marchese suo Padre ...», alla base del passaggio dei Benedettini da Gangi Vecchio a Castelbuono stanno invece interessi di natura concretamente politica che così vengono riassunti nei documenti d'archivio: «... Si alienò frattanto lo Stato di Gangi della Casa Ventimiglia, ed essendo rimasto il Monistero in quel Territorio fù ciò motivo di dispiacere al Marchese di Geraci di quei tempi per nome Francesco, e desiderando che non fosse lontano dai confini della sua Baronia per l'affezzione che gli conservava in riguardo alla fondazione fatta dà suoi Magiori in rapporto alla divozione che avea per P(adri) Cassinesi, e per rispetto al decoro e utilità della Baronia stessa perciò fù che si diede a persuadere i P(adri) perché da Gangi si trasferissero in Castelbuono...»[53].
Nel giugno del 1625 si era conclusa infatti la transazione per la vendita delle baronie di Gangi della e di Regiovanni a favore di Francesco Graffeo barone di Serra del Falco: nello stesso anno il Graffeo aveva anche acquisito il titolo di marchese che aveva prontamente trasferito su Regiovanni, circostanza che gli consentiva di entrare nel Braccio baronale del Parlamento con tutte le prerogative e i privilegi. Da quella data l'antica abbazia di Santa

---

[53] AFT, Relazione a favore di Gandolfo Felice Bongiorno per la cancellazione della riserva nella sentenza del Tribunale della Gran Corte Civile, documento senza data, Volume delle Scritture, cit., cc. 156-163: le motivazioni sono a c. 156 v. Il documento fa parte di una serie di carte del processo intentato nel 1772 dall'allora marchese di Geraci contro Gandolfo Felice Bongiorno dei baroni del Cacchiamo per l'affitto del feudo di Camporotondo e dell'antico monastero di Gangi Vecchio, lite ampiamente descritta in S. Farinella, L'abbazia di Santa Maria di Gangi Vecchio, cit.

Maria di Gangi Vecchio non era più incastonata nei possedimenti ventimigliani ma in quelli di un altro feudatario che del marchese di Geraci era stato peraltro creditore.

Fu dunque per il "decoro e utilità della Baronia" della casa Ventimiglia (che non tollerava l'esistenza del vecchio cenobio nelle terre di un altro feudatario, con tutto ciò che questo comportava anche in termini di influenze e di gestione del voto dell'Abate di Gangi Vecchio in seno al Parlamento) e non per "per dimostrare l'affetto e la grande devozione" della famiglia verso i Benedettini (né, tantomeno, per le motivazioni addotte dalla storiografia, ossia la presenza di briganti o della malaria) che nel 1654 i Benedettini di Gangi Vecchio (i quali ebbero senz'altro il loro tornaconto) furono indotti (ma non troppo) a trasferirsi in quel di Castelbuono: da quel momento in poi la vita monastica dell'antico cenobio continuò nel nuovo monastero della capitale ventimigliana e, a motivo del trasferimento dei monaci nella chiesa dell'Annunziata, assunse il titolo di "Santa Maria Annunziata di Gangi Vecchio"[54]. È ciò con buona pace di tutti.

7. Opere d'arte dall'abbazia di Gangi Vecchio a Castelbuono

Prima di chiudere questo scritto mi pare doverosa un'ultima considerazione di carattere storico-artistico. Quando nel 1652 si raggiunse l'accordo per il trasferimento dei monaci dall'abbazia di Gangi Vecchio al nuovo monastero dell'Annunziata di Castelbuono, fra i patti e le condizioni del trasloco era previsto che nell'ultimato cenobio si dovessero trasferire «tutti i monaci di detto monastero di gangivecchio con soi choro, et organo et tutti altri arnesi»: di contro l'obbligo del marchese era quello di depositare presso una persona di fiducia dei monaci la somma di 100 onze, da servire «per trasportarsi dette robbe et arnesi orghano et Choro»[55].

Appare evidente che diverse *robbe et arnesi* - ossia suppellettili e opere d'arte liturgiche - presenti nella vecchia chiesa abbaziale di Santa Maria di Gangi Vecchio seguirono la sorte dei monaci, ritrovandosi ad adornare la chiesa dell'Annunziata annessa al nuovo monastero benedettino di Castelbuono.

Fra le opere trasportate ed espressamente citate nell'atto vi era anche il coro ligneo, posto nel cappellone della chiesa abbaziale di Gangi Vecchio, eseguito probabilmente intorno alla prima metà del Seicento da un intagliatore che potrebbe corrispondere ad Antonino d'Occure di Mistretta: l'ipotesi prende corpo dal documentato impegno dell'Occure di realizzare nel 1644 un coro ligneo per la chiesa madre di Geraci «… uniforme et dello stesso designo conforme sonno li capichori delli banchi delli monaci di Gangi lo vecchio…»[56],

---

[54] La storiografia tradizionale, da Vito Amico in poi fino ad epoca contemporanea, ha errato attribuendo il titolo dell'Annunziata all'abbazia di Gangi Vecchio fin dalla sua fondazione nel 1363, titolo che invece venne attribuito nel 1654 ad effetto del trasferimento dei monaci e dell'abbazia nella chiesa eponima a Castelbuono.

[55] ASPA-TI, Fondo notai defunti, documento del 5 febbraio 1652, cit., notaio Luciano Russo, cc. 162 e segg.: il documento è citato anche da E. Magnano Di San Lio ed è ritenuto dall'autore l'atto conclusivo dell'annosa questione del trasferimento dei Benedettini a Castelbuono. In effetti, come si è visto, il trasferimento definitivo da Gangi Vecchio a Castelbuono avvenne solamente nel 1654 e nella definitiva convenzione di quell'anno rimase solamente l'obbligo del trasporto da parte dei monaci, mentre le previste 100 onze messe a disposizione dal marchese di Geraci furono destinate ai lavori di manutenzione da effettuarsi successivamente nel monastero castelbuonese.

circostanza riferita al fatto che, verosimilmente, il coro ligneo della nostra abbazia era stato realizzato qualche anno prima, e dunque prima del trasloco dei monaci a Castelbuono, dallo stesso artigiano su commissione dei Benedettini.

A tale conclusione giungiamo confrontando i due cori ancora oggi esistenti: sia quello di Geraci che quello della chiesa dell'Annunziata di Castelbuono presentano infatti i medesimi lineamenti stilistici, le stesse modanature e l'analoga impostazione. Vi è di più: anche il coro di Castelbuono presenta dodici stalli, tanti quanti erano i monaci dimoranti nell'abbazia di Gangi Vecchio. [Fig. 7]

Non vi è dubbio che nel trasferimento a Castelbuono i Benedettini di Gangi Vecchio abbiano portato via tutto ciò che poteva essere trasportato: oltre al coro ligneo venne infatti trasferito anche l'organo (che probabilmente è quello che attualmente domina il vestibolo d'ingresso della chiesa castelbuonese) e le altre *robbe et arnesi* fra i quali, con ogni probabilità, c'era anche la statua in marmo della *Madonna col Bambino* su base istoriata che oggi campeggia sull'altare principale nel cappellone della chiesa dell'Annunziata di Castelbuono: nella base del gruppo scultoreo è incisa la data 1574[57] che richiama alla mente gli importanti interventi strutturali e artistici a cui l'abbazia di Gangi Vecchio fu soggetta nella seconda metà del XVI secolo e che segnarono non poco il vecchio cenobio[58]. [Fig. 8]

È dunque ragionevole pensare che anche la statua dedicata alla Vergine Maria possa rientrare fra gli interventi artistici commissionati dai Benedettini fra gli anni '50 e '80 del Cinquecento per adornare la chiesa abbaziale e il monastero di Gangi Vecchio[59]: tanto più che la statua oggi esistente a Castelbuono non raffigura l'Annunziata - a cui è dedicata la chiesa castelbuonese - ma una Madonna col Bambino il cui modello iconografico si avvicina più alla cosiddetta Madonna "della Vittoria", soggetto in voga proprio nella seconda metà del Cinquecento a ricordo della vittoria di Lepanto (1571) e peraltro molto vicino alla statua marmorea della Madonna col Bambino detta appunto "della Vittoria" oggi esistente nella cappella eponima della chiesa madre di Gangi[60].

Provenienti dalla chiesa abbaziale di Santa Maria di Gangi Vecchio potremmo considerare anche un pregevole *Crocifisso* cinquecentesco e alcune tele di soggetto benedettino: l'assenza di elementi più certi ci consiglia tuttavia di procedere con prudenza e di rinviare tali assegnazioni a future e più documentate occasioni. Ad ogni modo sia il coro ligneo che la statua della Vergine - e forse anche l'organo - della chiesa castelbuonese rivelano una più che

---

[56] Giovanni Travagliato, *Gli archivi delle arti decorative delle chiese di Geraci*, in Maria Concetta Di Natale (a cura), *Forme d'arte a Geraci Siculo. Dalla pietra al decoro*, Bagheria 1997, p. 153: il documento è del 23 settembre XIII Indizione 1644.

[57] La data venne rilevata anche dal Mogavero Fina, secondo cui l'opera proveniva proprio dalla chiesa dell'abbazia di Gangi Vecchio: cfr. A. Mogavero Fina, *Castelbuono*, cit., p. 45.

[58] Sull'argomento si rimanda a S. Farinella, *L'abbazia di Santa Maria di Gangi Vecchio*, cit., parte II, cap. 3, e parte III, cap. 1.

[59] All'anno 1571 sono datati, ad esempio, gli affreschi eseguiti nel refettorio dell'abbazia dal pittore e scultore ennese *Pietro de Bellio*: cfr. S. Farinella, *L'abbazia di Santa Maria di Gangi Vecchio*, cit.

[60] Sulla questione si veda S. Farinella, *Un "Itinerario gaginiano" con tanti appunti*, in Espero 1 settembre 2011, p. 13. Rilevo qui alcune analogie fra le due opere, fra le quali il piedistallo a disco circolare su base parallelepipeda e, soprattutto, l'analogo "pomello" tenuto in mano dal Bambino in entrambe le statue.

probabile provenienza dalla vecchia chiesa abbaziale benedettina di Santa Maria di Gangi Vecchio.

Le figure

Fig. 1. L'abbazia di Santa Maria di Gangi Vecchio.
Fig. 2. Francesco III Ventimiglia, marchese di Geraci e principe di Castelbuono (da C. Ciolino, *Il Tesoro Tessile della Matrice Nuova di Castelbuono Capitale e Principato dei Ventimiglia*, Messina 2007).
Fig. 3. Prospetto d'ingresso abbazia di Gangi Vecchio.
Fig. 4. Chiesa Annunziata Castelbuono.
Fig. 5. Giovanni IV Ventimiglia, marchese di Geraci e principe di Castelbuono (da C. Ciolino, *Il Tesoro Tessile della Matrice Nuova di Castelbuono Capitale e Principato dei Ventimiglia*, Messina 2007).
Fig. 6. Il maniero di Castelbuono e, sulla destra, la chiesa e il monastero dell'Annunziata.
Fig. 7. Coro ligneo della chiesa dell'Annunziata di Castelbuono proveniente dall'abbazia di Gangi Vecchio.
Fig. 8. *Madonna col Bambino*, autore ignoto, 1574, chiesa dell'Annunziata, Castelbuono, proveniente dall'abbazia di Santa Maria di Gangi Vecchio.

Fig. 1

Fig. 2

Fig. 3

Fig. 4

Fig. 5

Fig. 6

Fig. 7

Fig. 8

Il salterio diurno francescano della biblioteca Liciniana di Termini Imerese

Donatella Aiello

Nella Biblioteca Comunale Liciniana di Termini Imerese, che contiene diverse pergamene antiche, manoscritti di uomini illustri e incunaboli, nonché libri liturgici provenienti da monasteri, è conservato un salterio diurno francescano risalente al XVII secolo. Esso faceva coppia con un altro salterio, quello notturno, che, purtroppo, è stato trafugato nel 1998 e non è stato più ritrovato. Tuttavia, quest'ultimo ricopriva un'importanza notevole ai fini dell'inquadramento storico in quanto conteneva nell'ultima carta un'iscrizione che riportava le seguenti parole: «FINIS- FRATER PAULUS A THERMIS INUTILIS IESU CHRISTI CRUCIFIXI SERVUS, ORDINIS MINORUM STRICTIORIS OBSERVANTIAE SCRIBEBAT PANORMI IN VENERABILI CONVENTU SANCTAE MARIAE IESU ANNO DOMINI 1647». Da questa iscrizione si ricavano tre notizie fondamentali: l'autore, il luogo e l'anno di produzione. Dell'autore, peraltro, non dell'intero salterio ma soltanto delle miniature, sappiamo che fu tal Paolo da Termini, appartenente alla Provincia dei Frati Minori Riformati del Val di Mazara. Ma non sappiamo molto di più: le ricerche condotte presso l'Archivio Francescano di Palermo, presso la Biblioteca Comunale di Termini Imerese e la consultazione dell'illustre opera di Pietro Tognoletto[1] non hanno fatto luce sul frate che non si era distinto, evidentemente, per santità o doti particolari, ma si era dedicato solo alla decorazione di salteri. Riguardo alle altre due notizie, sappiamo che il salterio fu realizzato nel 1647 presso il Convento di Santa Maria di Gesù, dove sono conservati altri due salteri molto simili a quello termitano. Dopo questa data non si sa cosa sia accaduto e rimangono diversi dubbi: per quanto tempo il salterio è rimasto a Palermo? Quando è giunto nella Biblioteca di Termini? E da dove? A tali domande non si possono dare risposte certe, anzi, esse lasciano spazio a varie ipotesi. I libri contenuti nella biblioteca termitana provengono da donazioni di uomini illustri dell'*entourage* culturale della cittadina oppure dai conventi soppressi del territorio. Ora, a causa della soppressione degli Ordini Religiosi, avvenuta nel 1866[2], tutte le opere d'arte e i libri di proprietà dei conventi confluirono in archivi, biblioteche e musei. A Termini Imerese esistevano numerosi conventi, tra cui quello dei Cappuccini, quello dei Gesuiti e quello dei Frati Minori di stretta osservanza di Sant'Antonio di Padova, nonché altri conventi francescani. È probabile che il nostro salterio fosse destinato al monastero di Sant'Antonio di Padova e che, quindi, provenisse da questo fondo, sebbene due volumi relativi a questo convento[3] non facciano alcun riferimento alle opere d'arte o ai libri liturgici in esso contenuti.

---

[1] P. Tognoletto, *Paradiso Serafico del fertilissimo Regno di Sicilia: overo Cronica, nella quale si tratta dell'origine della Riforma de' Minori Osseruanti in questo Regno, della Fondatione, e Riformatione de' i Conuenti, de' Casi Notabili successi, con la Vita, e Miracoli, di tutti Beati, e Serui di Dio, così Frati, come Tertiarij, dell'uno, e l'atro sesso* […], voll. 10, Palermo 1677.

[2] La cosiddetta "eversione dell'asse ecclesiastico" si realizzò a causa di due leggi del Regno d'Italia, ovvero, il Regio Decreto 3036 del 7.7.1866, in esecuzione della Legge del 28.6.1866, n. 2987, e la Legge 3848 del 155.8.1867.

[3] Anonimo, *Libro della fundatione di questo luoco di S. Antonino di Termini. Storia della chiesa di S. Antonio di Padova*, Termini Imerese 1613; Anonimo, *Frati defonti dalla fundatione del nostro convento di S. Antonio*,

Il salterio diurno è un libro corale manoscritto, redatto secondo la forma voluta da Pio V ad uso dei Frati Minori. Il termine "salterio" indica la raccolta dei salmi, le centocinquanta preghiere ritenute ispirate dallo Spirito Santo e contenute nell'Antico Testamento. Nella liturgia cristiana i salmi iniziarono ad essere usati in duplice modo: o legati alle letture della Sacra Scrittura nel corso delle celebrazioni, oppure come recitazione continua nell'arco della settimana da parte delle comunità monastiche, nota anche come "ufficio divino", che comprende sette ore di preghiera (mattutino, prima, terza, sesta, nona, vespri, compieta)[4]. L'aggettivo "corale" indica un libro liturgico usato nel coro situato nell'abside, dove sedevano i sacerdoti e i religiosi seguendo il testo e la musica da un codice di grandi dimensioni. Proprio per questo motivo questi libri non contengono letture, orazioni e benedizioni, ma soltanto i salmi. La parola "diurno" indica un tipo di salterio che comprende la preghiera salmodiale dall'ora prima alla compieta. Il nostro salterio è un manoscritto membranaceo nella prima carta, cartaceo nelle restanti. Le carte sono 79 e sono numerate nel *recto*; in più ritroviamo un'altra pagina numerata con i numeri 3 nel *recto* e 4 nel *verso* e un foglio in stampa moderna attaccato al foglio di risguardia. La scrittura utilizzata è la gotica corale arrotondata che, nonostante il giudizio dispregiativo degli umanisti, risulta una delle più perfette e studiate. La legatura del salterio è a piena pelle con applicazioni metalliche di rinforzo e borchie chiodate poste in prossimità degli angoli. Il taglio presenta per tutti i lati il colore rosso. Il manoscritto presenta diverse parti danneggiate a seguito di attacchi di insetti xilofagi non più attivi; ai margini sono presenti dei rudimentali interventi di restauro, mediante carta semplice o riciclata, che risalgono al XIX e XX secolo. I capoversi sono in due colori, rosso e blu; i salmi e gli inni sono scritti in nero, ma intestazioni, antifone e titoli correnti sono rubricati. I capilettera sono di vario tipo e natura: quelli fogliati, ossia lettere rivestite da elementi vegetali quali foglie d'acanto lanceolate; le iniziali rubricate, ossia lettere realizzate a corpo pieno con inchiostro rosso e azzurro alternati; lettere calligrafate nere (Fig. 1), con piccole filigrane all'interno; nonché iniziali filigranate policrome (Fig. 2), realizzate a penna e inchiostro, generalmente rosso o azzurro, ma anche verde e violetto. Interessante è l'uso delle iniziali rubricate fesse e rifesse (Fig. 3): le prime sono lettere con una fessura ottenuta a risparmio all'interno di uno stesso colore, o rosso o blu; le seconde sono lettere in cui la fessura a risparmio separa il corpo in due parti cromaticamente diverse, generalmente rossa o blu. Alcune di queste lettere rubricate rifesse contengono all'interno una decorazione floreale su fondo color ocra a simulare l'oro (Fig.4). Da ricordare le lettere con coda, un prolungamento calligrafico della stessa lettera.
La bellezza del salterio, tuttavia, è legata alla presenza di due miniature che si trovano entro capilettera abitati e istoriati: la prima rappresenta l'episodio della Visitazione di Maria ad Elisabetta ed è collocata nella c. 29 v., in corrispondenza del *Magnificat*; la seconda, nella c. 54 v., raffigura la Presentazione di Gesù al tempio e si trova subito dopo il *Cantico di Simeone*.

---

cominciando dal 1614 al 1856, (il libello si trova in appendice al volume citato immediatamente prima). I due manoscritti sono conservati nel fondo antico della Biblioteca Liciniana di Termini Imerese.
[4] La recita del salterio fu introdotta nelle basiliche romane tra il III e il IV secolo; esso è suddiviso in due gruppi, il primo (salmi 1-108), recitato nella preghiera del mattino, il secondo (salmi 109-147), distribuito nella preghiera serale dei giorni della settimana. Per un approfondimento della tematica, si veda J. PINELL (a cura di), *La liturgia delle ore*, in *Anàmnesis*, voll. 7, Città di Castello 2012, V.

La raffigurazione dell'episodio della Visitazione prende le mosse dal brano evangelico di Lc 1, 39-56, in cui Maria, arca della nuova alleanza, quindi, "teofora", viene salutata da Elisabetta come Madre del Signore. La Visitazione è l'incontro fra la giovane madre, Maria, l'ancella del Signore, e l'anziana Elisabetta, che nella vecchiaia aveva concepito un figlio, e che è simbolo dell'Israele che attendeva il Messia[5]. Per quanto riguarda la seconda miniatura, essa trae ispirazione dall'episodio biblico raccontato da Luca (2,22-39), e relativa all'adempimento, quaranta giorni dopo la circoncisione, da parte dei genitori, di due prescrizioni della Legge: quella della purificazione della madre (Lv 12) e quella del riscatto del figlio primogenito (Es 13,1-2)[6]. Sulle scale del tempio, Maria e Giuseppe incontrano Simeone, un uomo giusto e pio, che aspettava la liberazione di Israele. Preso il bambino tra le braccia, non pronuncia il rito ma loda Dio per la salvezza che, attraverso Gesù, raggiungerà tutti i popoli e lascia i genitori di Gesù senza parole: la salvezza è aperta a tutti i popoli, anche ai pagani, e la sua venuta è per la rovina e la risurrezione di molti israeliti. Poi, prospetta un finale drammatico alla stessa Maria, vista come il popolo fedele che verrà attraversato dalla spada della divisione[7].

Dal punto di vista iconografico le due miniature appaiono piuttosto rudimentali. La scena della Visitazione è inserita nel primo capolettera del *Magnificat* (Fig. 5): si tratta di un'iniziale fogliata, ossia rivestita di foglie d'acanto lanceolate. Proprio nella parte centrale della cornice si distinguono dei nodi centrali da cui si diramano i racemi fogliati. Per quanto riguarda la scena, si possono notare, in primo piano, le figure di Elisabetta e Maria, colte nell'atto dell'abbraccio: le mani sono piuttosto grandi, probabilmente, proprio per mettere in risalto il gesto rappresentato. In particolare, Maria pone la mano sinistra sul ventre della cugina, anche lei incinta, e la mano destra sulle sue spalle. Il suo volto è gioioso, al contrario di quello di Elisabetta, che risulta pensierosa. Maria indossa una tunica rosa e un manto verde, mentre la cugina ha una tunica beige e un mantello marrone chiaro. Nella parte sinistra della miniatura troviamo due figure maschili, quasi sicuramente Zaccaria e Giuseppe, nell'atto di stringersi le mani. Zaccaria si trova su un gradino, forse quello della casa, ed ha la gamba spostata in avanti come per accogliere Giuseppe che, invece, si trova sulla strada. Sullo sfondo si vedono, sul lato destro, un fianco di una montagna e, sotto, un gruppo di case, forse un piccolo villaggio, mentre, a sinistra, due costruzioni architettoniche: la prima dovrebbe essere l'abitazione di Zaccaria ed Elisabetta, visibile solo in parte; la seconda è una

---

[5] Dopo l'annuncio dell'Angelo, Maria si mette in viaggio «in fretta», come dice Luca, per fare visita alla cugina Elisabetta e prestarle servizio. Davanti alla presenza del Verbo incarnato in Maria, Elisabetta, ispirata, riconosce l'opera grandiosa di Dio nella giovane cugina, la sua dignità di Madre di Dio, la sua fede nelle parole recatele dall'angelo e la santificazione di Giovanni, che esulta di gioia nel seno della madre e che dà l'avvio alla sua missione di Precursore del Messia.

[6] Difatti, secondo la Legge, la madre, dopo la circoncisione del bambino, era impura per 40 giorni e non poteva toccare qualsiasi cosa santa e entrare nel santuario. Alla fine di questo periodo, doveva salire al tempio di Gerusalemme e offrire al sacerdote un agnello di un anno come olocausto e un colombo o una tortora in sacrificio per il peccato (Lv 12,4).

[7] Il secondo personaggio che i due incontrano nel tempio è Anna, un'anziana vedova di ottantaquattro anni, assai devota, che non si allontanava mai dal tempio, servendo Dio continuamente attraverso digiuni e preghiere. Simeone e Anna sono, quindi, gli ultimi due profeti dell'Antico Testamento: rappresentano l'antica alleanza che fa posto alla nuova.

costruzione a due piani: la parte inferiore ha quattro finestre, mentre la parte superiore presenta un balconcino che gira su due fronti ed è sormontato dal tetto con tegole e un timpano. Dietro, in alto, si intravedono un puntale e, nel cielo, delle nuvole.

Anche la seconda scena è inserita in un capolettera non solo fogliato, ma anche zoomorfo, come fanno capire la figura anguiforme dal corpo squamoso e dalla testa umana maschile posta di profilo, con una lunga lingua estroflessa e la coda desinente in foglia tripunta, poggiante sull'apice dell'asta, che si intreccia con il delfino che costituisce il corpo curvo della N (Fig. 6). Inoltre, questa cornice somiglia ad un'architettura con colonne e capitelli fogliati di gusto tardo rinascimentale e manierista. All'interno, la scena è ambientata dentro al tempio, come sottolineano le modanature della cornice che scorre lungo tutta la parte superiore della rappresentazione. Dietro i personaggi vi è un'architettura con due pilastri e, in mezzo, una struttura convessa. Il tetto, inoltre, non è liscio, ma presenta una cupola che viene evidenziata dalla sfumatura dei colori (più chiaro a sinistra, più scuro a destra). Sulla parete sinistra si apre una porta delimitata da un architrave modanato. Il fulcro della scena è costituito dai tre personaggi centrali: Maria, che regge il Bambino Gesù, e Simeone, rappresentato di tre quarti, con le spalle rivolte all'osservatore. Simeone è seduto su uno sgabello, vestito con abiti dell'epoca: è anziano, come denotano la barba lunga e la calvizie; l'orecchio sembra più in basso rispetto alla posizione normale, le mani risultano piuttosto definite e attorno agli indici è legato il filo. Egli è colto nel momento vero e proprio della circoncisione, ossia quando sta per recidere il prepuzio[8]. Maria è avvolta in un manto dalle tinte blu scuro e oro e il suo volto appare piuttosto preoccupato, consapevole di ciò che avverrà nei momenti successivi. Il modo in cui tiene il Figlio ricorda la tela di Ettore Cruzer della chiesa di S. Maria degli Angeli dei Cappuccini di Petralia Sottana[9]. Il Bambino, circondato da un'aura luminosa, appare di dimensioni e muscolatura piuttosto esagerate, visto che, comunque, era passata appena una settimana dalla nascita. Ricorda, piuttosto, le rappresentazioni di Ercole infante intento a strozzare i serpenti inviatigli da Era[10]. Con una delle manine tira la barba di Simeone; l'altra mano è poggiata al velo della Madre. A reggere il suo piedino c'è Giuseppe: è curioso come sia piuttosto defilato nella scena e compaia dietro ad uno degli astanti presenti. Si vedono soltanto il volto, una parte della spalla e il braccio. Sembra, inoltre, che al di sotto del Bambino ci sia un pouf con una grande balza color magenta alla cui estremità si trova una passamaneria con nappine di gusto piuttosto moderno, più che ebraico. Fanno da cornice alla scena sei personaggi. Il primo a sinistra è la profetessa Anna: ha le mani piuttosto grandi e sproporzionate giunte al petto, è avvolta in un manto verde scuro e giallo, il volto è molto colorato ai bordi. Il secondo personaggio ha un viso quasi rinascimentale nei tratti, ma il disegno è lasciato a matita e manca di colore tranne che nell'avambraccio destro che regge una lunga fiaccola. Dietro a questa si vede un

---

[8] Si tratta di quello che gli ebrei chiamano *milà* che doveva essere compiuta all'ottavo giorno dalla nascita durante le ore diurne e prevedeva tre atti, normalmente distinti: *milà* propriamente detta, che consiste nella recisione del prepuzio, cioè della pelle che ricopre la sua punta; *peri'à*, rivoltamento della mucosa sottostante; *metzitzà*, succhiamento del sangue della ferita.

[9] Cfr. M.C. DI NATALE (a cura di), *Opere d'arte nelle chiese francescane. Conservazione, restauro e musealizzazione*, Palermo 2013, pp. 96-97.

[10] Si confronti, a tal proposito, la statua marmorea *Eracle bambino strozza i due serpenti mandati da Era* conservata ai Musei Capitolini di Roma.

uomo con turbante, a fianco un altro uomo con un gioiello sulla fronte, e, ancora, un terzo, rappresentato di fianco, di mezza età, con la barba, con una fronte larga e con delle piccole corna su di essa (quasi come Mosè!), ha un mantello colore ocra, porta la mano destra sulla spalla come se volesse aggiustarlo. Infine, l'ultimo personaggio ha il volto più scuro degli altri, è rappresentato col corpo frontale, ma il volto girato verso la scena principale, ha la tunica bianca e il mantello color magenta, come una parte del turbante sul capo. Anch'egli regge una lunga fiaccola. In basso si può notare un piede, piuttosto sgraziato nella raffigurazione. A differenza dell'altra miniatura, in questa emerge ancora dallo sfondo la griglia che è servita al miniatore per la composizione dell'opera.

Le due miniature, per quanto siano opere di un miniatore del Seicento rimasto poco conosciuto, sono frutto di ripresa di modelli noti. In particolar, a proposito della Visitazione, siamo certi che il modello sia la Visitazione di Martin de Vos diffusa attraverso l'incisione di Johan Sadler del XVI secolo (Fig. 7). Come si può notare, la nostra miniatura è esattamente lo specchio dell'incisione di de Vos, fatto assolutamente naturale se si considera che la matrice dell'incisione va al contrario. Facendo un confronto, troviamo i quattro personaggi rappresentati nelle stesse posture, anche se i dettagli nelle vesti e nei volti di de Vos sono maggiori e tendono a riprodurre uno stile ed un ambiente fiammingo quattro-cinquecentesco. Notevole è la somiglianza delle architetture, soprattutto nell'edificio con il balconcino, il tetto di mattoni e il timpano triangolare, come anche la parete architettonica sul fianco della scena. Sono ugualmente presenti la montagna, l'albero e le nuvole sullo sfondo che, tuttavia, nell'incisione risultano più grandi e maggiormente dettagliati. È curioso come sia possibile ritrovare una identica rappresentazione della Visitazione nella Chiesa Madre di Geraci Siculo (Fig. 8), in particolare in uno dei dipinti che decorano il coro ligneo, opera di Antonino De Occurre. Esso «presenta appunto sugli schienali un'interessante riproduzione figurativa degli episodi salienti della vita della Vergine, Titolare della chiesa, tratte dall'apocrifo Protovangelo o Libro di Giacomo, dalla *Legenda Aurea* di Iacopo da Varazze, diffuse da testi come la *Vita di Maria Vergine* di Pietro Aretino (1539) e da incisioni come quelle note di Karel van Mallery (1571-post 1635) nella *Vita Beatissimae Virginis Mariae imaginibus exspressa*»[11]. Sempre in area fiamminga si situerebbe anche la seconda miniatura, soprattutto per la presenza delle due fiaccole, l'attenzione particolare conferita alla luce che unifica tutto lo spazio, la visione particolareggiata della scena, l'eccessivo miniaturismo che si nota soprattutto nel nucleo centrale, i ritratti con posa di tre quarti.

Nonostante le piccole dimensioni delle miniature del salterio termitano, si è potuto riscontrare l'utilizzo in esse, da parte di fra' Paolo, del cosiddetto "rettangolo aureo", che, secondo i Greci, era lo standard della perfezione e dell'armonia di una qualsiasi opera d'arte[12]
. Partendo dalla Visitazione, si possono rintracciare gli assi perpendicolari della composizione: in particolare, l'asse verticale che parte dall'occhiello in alto nella cornice e termina in corrispondenza della biforcazione che si trova in basso, e l'asse orizzontale, che

---

[11] G. TRAVAGLIATO, *Testimonianze pittoriche a Geraci Siculo dal Medioevo al XIX secolo*, in M. C. DI NATALE (a cura di), *Geraci Siculo. Arte e devozione. Pittura e Santi protettori*, San Martino delle Scale 2007, p. 92.

[12] La sezione aurea, in ambito matematico e storico-artistico, è una proporzione geometrica, che si fonda su un rapporto specifico, nel quale la parte maggiore sta alla minore come l'intera sta alla parte maggiore. Luca Pacioli, nel trattato *La divina proportione*, diffuse il culto della sezione aurea, considerata quale chiave universale per potere entrare nei segreti della bellezza come in quelli della natura.

divide le teste dei personaggi dai corpi. Punto centrale della composizione è la spalla di Elisabetta, su cui è poggiata la mano destra di Maria. Nella miniatura è possibile rintracciare vari rettangoli aurei: quello maggiore, che racchiude l'intera scena e su cui si può supporre sia stata costruita la cornice fiorata. Il rettangolo centrale racchiude la scena degli abbracci; inoltre, le due diagonali tracciate, una nel quadrato e una nel rettangolo aureo, intersecandosi, centrano la stretta di mano dei due protagonisti maschili. Ancora, si possono unire gli sguardi dei personaggi tracciando un arco che passa per tra punti, ossia l'occhio di Zaccaria, quello nascosto di Elisabetta e quello di Maria. Sempre a partire dagli occhi, si possono tracciare delle linee che convergono verso l'occhiello centrale della cornice, formando, così, un triangolo dal probabile significato simbolico. L'autore della miniatura, pertanto, ha seguito i canoni di perfezione e armonia, avendo alla base un disegno preparatorio da modificare all'occorrenza.

Stesso studio si può portare avanti per la seconda miniatura che, a differenza sella prima, lascia ancora vedere le linee di composizione e il non-finito nella mancata colorazione di alcune parti. Anche in questo caso è possibile tracciare un rettangolo grande che contiene l'intero disegno su cui è stata disegnata, successivamente, la decorazione fito e zoomorfa. Se si tracciano delle campiture a partire dalla diagonale del quadrato di base del rettangolo aureo, si nota come nel triangolo rettangolo formato sulla diagonale siano inseriti i personaggi principali, ossia la Sacra Famiglia e Simeone, mentre nella parte aurea ci siano gli altri personaggi di contorno. Se si prova a tracciare l'asse di simmetria, si può notare che esso divide esattamente in due parti il disegno e coincide con la candela posta al centro del dipinto. Infine, all'interno del grande rettangolo aureo è ancora visibile il reticolo di piccoli rettangoli creato dal miniatore, sul quale egli ha costruito il disegno: anche questi sono rettangoli aurei.

Bibliografia

Manoscritti

Libro della fundatione di questo luoco di S. Antonino di Termini. Storia della chiesa di S. Antonio di Padova, Termini Imerese 1613.

Frati defonti dalla fundatione del nostro convento di S. Antonio, cominciando dal 1614 al 1856, in appendice a *Libro della fundatione di questo luoco di S. Antonino di Termini. Storia della chiesa di S. Antonio di Padova*, Termini Imerese 1613.

Pubblicazioni

M. C. DI NATALE (a cura di), *Opere d'arte nelle chiese francescane. Conservazione, restauro e musealizzazione*, Palermo 2013.

J. PINELL (a cura di), *La liturgia delle ore*, in *Anàmnesis*, voll. 7, Città di Castello 2012, vol. V.

P. TOGNOLETTO, *Paradiso Serafico del fertilissimo Regno di Sicilia: overo Cronica, nella quale si tratta dell'origine della Riforma de' Minori Osseruanti in questo Regno, della Fondatione, e Riformatione de' i Conuenti, de' Casi Notabili successi, con la Vita, e Miracoli, di tutti Beati, e Serui di Dio, così Frati, come Tertiarij, dell'uno, e l'atro sesso* […], voll. 10, Palermo 1677.

G. TRAVAGLIATO, *Testimonianze pittoriche a Geraci Siculo dal Medioevo al XIX secolo*, in M. C. DI NATALE (a cura di), *Geraci Siculo. Arte e devozione. Pittura e Santi protettori*, San Martino delle Scale 2007.

Le figure

Fig. 1. Fra' Paolo da Termini, Salterio diurno francescano, Iniziale calligrafata nera, c.73 v. (Biblioteca Comunale "Liciniana"- Termini Imerese).

Fig. 2. Fra' Paolo da Termini, Salterio diurno francescano, Iniziale filigranata, c.54 v. (Biblioteca Comunale"Liciniana"- Termini Imerese).

Fig. 3. Fra' Paolo da Termini, Salterio diurno francescano, Iniziale rubricata rifessa, c.13 v. (Biblioteca Comunale "Liciniana"- Termini Imerese).

Fig. 4. Fra' Paolo da Termini, Salterio diurno francescano, Iniziale rubricata rifessa con interno a decorazione floreale su fondo ocra, c.5 r. (Biblioteca Comunale "Liciniana"- Termini Imerese).

Fig. 5. Fra' Paolo da Termini, Salterio diurno francescano, Iniziale fogliata e istoriata contenente la miniatura della Visitazione, c.29 v. (Biblioteca Comunale "Liciniana"- Termini Imerese).

Fig. 6. Fra' Paolo da Termini, Salterio diurno francescano, Iniziale fogliata e istoriata contenente la miniatura della Presentazione al Tempio, c.54 v. (Biblioteca Comunale "Liciniana"- Termini Imerese).

Fig 7. Maarten de Vos, Visitazione, incisione di J. Sadler, XVI secolo (www.stpauls.it).

Fig. 8. Matteo Sammarco (attr.), Visitazione (Chiesa di Santa Maria Maggiore, Geraci Siculo).

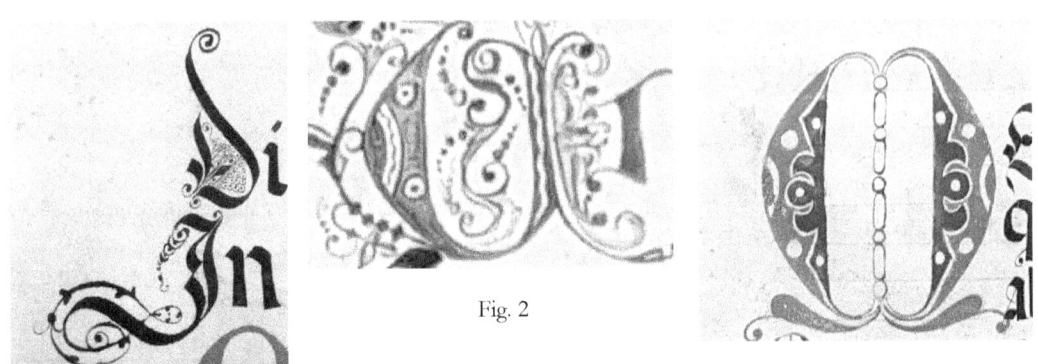

Fig. 1

Fig. 2

Fig. 3

Fig. 4

Fig. 5

Fig. 6

Fig. 7

Fig. 8

La chiesa di San Giorgio a San Mauro Castelverde, una fabbrica di transizione

Giuseppe Antista

La chiesa di San Giorgio Martire è uno dei principali edifici religiosi di San Mauro Castelverde (Pa), nonché sede dell'unica parrocchia cittadina; si colloca in un contesto urbano di pregio, essendo in sommità del centro abitato, appena sotto i ruderi del castello medievale (Figg. 1-3).

Il sagrato della chiesa è costituito da un terrapieno murato, un tempo chiuso da due porte con arco, tuttora esistenti (Fig. 4); l'assetto di tale piano, detto di San Giorgio, risale alla fine del XVII secolo, come si deduce dal manoscritto *Tradizioni e Memorie della terra di S. Mauro…*, redatto all'inizio del Settecento dall'erudito locale don Francesco La Rocca: «Nell'anno 1685 si diede principio al Piano grande dinanzi la Chiesa, che prima era assai angusto, e scosceso […] si cinse tutto di muraglia, con li sedili attorno si fece il siliciato […] doppo nell'anno 1696 si alzarono li dui Archj nelle due Capi di strada e nel medemo anno fu detto Piano benedetto per cimiterio […]Nel 1697 si fece la porta di Pietra intagliata della nave di S. Giorgio […] si fece il piano dinanzi la Porta di S. Giorgio, con la scalinata d'Intaglio, che prima in questo sito vi era la strada che traversava per di sopra li Pilastri del Campanile cui passavano tutti sorti di Bestij e altri, con pregiudizio della riverenza dovuta alla Chiesa»[1].

L'edificio, che custodisce numerose opere d'arte[2], ha una planimetria di tipo basilicale, con tre navate coperte da volte a botte e concluse sul fondo da ampie cappelle; l'incrocio tra la nave centrale e il transetto è sottolineato da un tamburo ottagonale allungato in senso trasversale e sovrastato da una calotta a sesto ribassato.

L'ingresso principale avviene attraverso il campanile, posto in asse con la navata centrale; la torre, conclusa da una cupoletta conica, ha un paramento murario in pietra a vista e al secondo ordine doveva avere delle bifore sui tre lati liberi (Fig. 5). Il fornice al primo terra è coperto da una volta a crociera costolonata e immette all'interno della chiesa attraverso un portale a sesto acuto, che sebbene riconfigurato in età moderna[3], presenta nella ghiera intermedia dei motivi decorativi a racemi; questi ultimi appaiono simili a quelli dell'originario ingresso – oggi inglobato nella costruzione – del castello di Gangi, centro infeudato come San Mauro dai Ventimiglia.

Sebbene le funzioni difensive della torre risultavano limitate dal sovrastante castello, una delle sue bifore, quella rivolta verso la ripida strada d'accesso al borgo dal lato meridionale, in una data imprecisata venne trasformata in feritoia (Fig. 6), con l'aggiunta di una muratura informe e la formazione di una strombatura dal lato interno[4].

---

[1] F. La Rocca, *Tradizioni e Memorie della terra di S. Mauro (oggi S. Mauro Castelverde), pubblicate ed annotate dal Dr. Gioacchino Drago*, [Palermo 1976] San Mauro Castelverde 1997, pp. 30-31.

[2] Per una disamina delle opere d'arte presenti nella chiesa si rinvia a S. Anselmo, *Le Madonie. Guida all'arte*, Palermo 2008, pp. 189-193.

[3] Si ha infatti notizia che «La porta grande dell'Ala maggiore, che prima era assai angusta che non poteva entrarvi la Bara di S. Mauro nel 1633 fu slargata, col tagliare due altri ordini d'intaglio che vi erano similj agl'altri remasti»; si veda F. La Rocca, *Tradizioni e Memorie…*, cit., 25-37.

[4] Il castello venne fondato nel 1196 dalla contessa Guerrera, avente un ruolo feudale derivante dalla signoria di Geraci, a cui apparteneva San Mauro; si veda C. Filangeri, *Presidi di cresta e direzioni di*

La tipologia della torre con portico d'ingresso riprende modelli di età normanna– si pensi alla Martorana a Palermo – ed è presente anche in altri centri madoniti, tra cui i campanili di San Bartolomeo a Geraci Siculo e quello della chiesa Madre di Gangi, noto con l'appellativo di torre Ventimiglia[5]; come è stato documentato proprio in quest'ultimo caso, è probabile che anche la torre di San Mauro assolvesse a funzioni civiche, sia nella loggia del piano terra, forse usata per le adunanze cittadine, che nella sala al primo livello, a cui si accede tramite una scala a chiocciola ricavata nello spessore murario in corrispondenza dell'angolo sud-est[6]. Sebbene gli elementi architettonici del campanile sono chiaramente riconducibili all'architettura medievale, l'interno della chiesa appartiene piuttosto al repertorio linguistico tardo barocco (Fig. 7). Tuttavia le colonne e pilastri che delimitano la navata centrale, messi in luce recentemente, rivelano un impianto antecedente, coevo probabilmente al campanile; dal citato manoscritto del La Rocca si possono infatti ricavare indirettamente delle interessanti indicazioni sulla configurazione originaria della chiesa, che a partire dagli anni venti del XVII secolo fu profondamente rinnovata e ampliata, demolendo i muri perimetrali e conservando solo i sostegni: «Dopo l'anno 1624 [...] si cominciò la volta della nave maggiore, e dopo successivamente si cominciò la fabrica del Coro dietro l'Altare Maggiore, nel 1630 furono dette fabbriche finiti di tutto punto. Due anni dopo si cominciò l'Ala sinistra detta del Sacramento, che essendo [...] assai stretta si slargò nella forma che al presente si vede, e si adornò di quattro Cappellj [...] Nell'anno 1658 si cominciò la fabbrica dell'Ala destra detta di San Giorgio, per uguagliarla a proporzione della sinistra, buttando a terra la fabrica antica, che [...] era stretta di larghezza non più di diece palmj [...] Nell'anno 1668 fra D. Filippo Spallino fra serviente della Religione di Malta [...] fece di fondamenti la sacristia a canto la Cappella del Sacramento [...]

Onde si conclude che la fabrica della Chiesa antica, non è remasto altro che li semplici colonne con i suoi Archi, e il resto tutto s'è fatto e rinnovato a tempi nostri o poco prima [...] Nel 1697 si fece la porta di Pietra intagliata della nave di S. Giorgio»[7].

Questi lavori si inserirono nel più ampio quadro di rinnovamento degli edifici religiosi di origine medievale, che nel Seicento interessò molti centri madoniti; infatti, a partire dai primi decenni del secolo, sulla scorta dei lavori promossi dal vescovo Francesco Gonzaga (1587-1593) nella cattedrale di Cefalù e nell'osservanza delle indicazioni post tridentine, si provvide

---

scavalcamento, in *Ruggero I, Serlone e l'insediamento normanno in Sicilia*, atti del convegno internazionale di studi (Troina 5-7 novembre 1999) a cura di S. Tramontana, Troina 2001, pp. 49-61.

[5] Altre analogie costruttive possono cogliersi inoltre con il campanile della cattedrale di Nicosia, con quello della Matrice Vecchia di Castelbuono e con quello più tardo della chiesa Madre di Petralia Sottana; queste torri si connotano per il virtuosismo strutturale di una costruzione svuotata alla base e poggiante su arcate. Si veda E. MAGNANO DI SAN LIO, *Torri e logge civiche nei territori dei Ventimiglia e nella Sicilia centro-settentrionale*, in *Alla corte dei Ventimiglia. Storia e committenza artistica*, atti del convegno di studi (Geraci Siculo, Gangi, 27-28 giugno 2009) a cura di G. Antista, Geraci Siculo 2009, pp. 78-85; sul campanile della chiesa Madre di Gangi si veda in particolare S. FARINELLA, *La torre "dei Ventimiglia" a Gangi*, in «Paleokastro», 5, 2001, pp. 52-54.

[6] In un'epoca imprecisata, la gran parte dei gradini in pietra che sbalzano dal bastone centrale della scala vennero sostituiti da gradini in legno di fattura non accurata; sulle scale a chiocciola si veda M. M. BARES, *Le scale elicoidali con vuoto centrale: tradizioni costruttive del Val di Noto nel Settecento*, in *Le scale in pietra a vista nel Mediterraneo*, a cura di G. Antista e M. M. Bares, Palermo 2013, pp. 73-97.

[7] F. LA ROCCA, *Tradizioni e Memorie...*, cit., 25-37.

all'aggiornamento degli spazi liturgici con la costruzione di nuovi e ampli cori nelle chiese Madri di Polizzi, Collesano, Mistretta e Tusa, o si attuarono radicali trasformazioni dell'intero organismo edilizio, proprio come nel caso di San Mauro o della chiesa Madre di Geraci[8].

L'originaria chiesa di San Giorgio era di ridotte dimensioni, essendo le navate laterali larghe la metà di quelle attuali e aveva un soffitto ligneo, probabilmente a cassettoni: «era tutta converta a soffitta e dellj travi che lo sostenevano ancora se ni vedono quattro che servirono per cateni della volta maggiore»[9]. Come tuttora si vede, le navate erano definite da colonne cilindriche alternate a pilastri quadrati, reggenti quattro arcate, che come indica la forma e curvatura dei conci reimpiegati per sopraelevare i sostegni nella fase di ampliamento, dovevano avere un sesto ogivale (Fig. 8). I capitelli e le basi, rinvenuti da poco sotto uno spesso strato di intonaco, non si prestano a essere classificati secondo gli ordini architettonici consueti, ma appartengono piuttosto a un repertorio d'invenzione, con decorazioni fitomorfe e zoomorfe, come nel capitello della colonna prossima al lato settentrionale del transetto (Fig. 9).

Molti degli elementi architettonici della torre (la bifora del lato sud, la volta a crociera costolonata, il portale), nonché i sostegni della navata e le arcate ogivali un tempo presenti, riconducono la costruzione all'ultima fase della stagione gotica, con una possibile datazione alla metà del XV secolo; tale ipotesi è avvalorata dall'iscrizione CCCC presente in un concio del lato nord del campanile, che si ritiene priva delle altre lettere a completamento della data e inoltre non si trova nella collocazione originaria[10].

Già nel 1463 la chiesa doveva essere aperta al culto, come attesta una lastra tombale, attualmente conservata in sacrestia un tempo posta nella zona presbiterale, appartenuta a un esponente della famiglia Ventimiglia, titolare del marchesato di Geraci, che comprendeva anche San Mauro. Al 1514 risale invece l'ancona marmorea che campeggia nell'altare principale; l'opera, commissionata da Andrea de Marta, è stata attribuita da Gioacchino Di Marzo agli artisti Giuliano Mancino e Bartolomeo Berrettaro[11].

L'alternanza di colonne cilindriche e pilastri (in questo caso ottagonali) è presente in Sicilia pure nella chiesa abbaziale di Santa Maria di Maniace, risalente alla fine del XII secolo,

---

[8] Sull'argomento si veda C. FILANGERI, *Dall'agorà al presbiterio. Storia di architetture della Sicilia*, Palermo 1988, pp. 53-86, mentre sul caso di Geraci si rinvia a G. ANTISTA, *La chiesa madre di Geraci Siculo: storia della fabbrica dal Medioevo al Novecento*, in *Arte nelle Madonie. Storia, restauro, design*, a cura di G. Antista, Geraci Siculo 2013, pp. 11-33.

[9] F. LA ROCCA, *Tradizioni e Memorie...*, cit., p. 26.

[10] Del tutto inaccettabile è la datazione al IV secolo d.C. proposta dal La Rocca a partire dalle lettere dell'epigrafe, che un tempo era posta nel prospetto occidentale della torre; si veda F. LA ROCCA, *Tradizioni e Memorie...*, cit., p. 25. La collocazione temporale all'epoca normanna proposta dal Leonarda non trova conferma negli elementi stilistici residui, certamente posteriori; si confronti M. LEONARDA, *Ricerche ed esame delle notizie tradizionali e storiche di San Mauro Castelverde*, [Palermo 1894] 1987.

[11] Sull'opera si veda G. DI MARZO, *I Gagini e la scultura in Sicilia nei secoli XVI e XVII*, Palermo 1880-1883. Soli pochi anni dopo (1522) venne commissionato il *retablo* della chiesa di Santa Maria de' Franchis a opera di Simone I Ventimiglia e dalla moglie Elisabetta Moncada; si veda G. FAZIO, *La cona dell'altare maggiore di Simione Marchisi e Isabela Marchisa*, in *Il convento degli Agostiniani a Geraci Siculo: un monumento ritrovato*, a cura di G. Antista, Geraci Siculo 2016, pp. 81-103.

mentre arcate ogivali su massicce colonne mostra la trecentesca chiesa di Santa Caterina a Naro, ma il modello planimetrico e architettonico più prossimo a San Giorgio nel territorio madonita è rappresentato dalla Matrice Vecchia di Castelbuono (Fig. 10); la navata centrale della chiesa, di origine trecentesca ma consacrata solo nel 1494, è delimitata da sostegni cilindrici alternati a pilastri, che al centro della navata assumono una sagoma cruciforme per via dei ringrossi a sostegno delle arcate trasversali[12].

È ipotizzabile quindi che le maestranze che lavorarono nella chiesa di San Giorgio volutamente riproposero il modello della vicina Castelbuono, che dal 1454 era divenuta la sede privilegiata del marchesato per volontà del marchese Giovanni I Ventimiglia; del resto, come lascia ipotizzare la lastra tombale rinvenuta, i signori di San Mauro avranno avuto un ruolo rilevante nella committenza dell'opera. La chiesa di San Giorgio rappresenta nel contesto territoriale un esempio interessante di fabbrica tardogotica, che nei capitelli e nelle basi dei sostegni ha dei caratteri del tutto originali, sebbene opera di ingenue maestranze locali, ma il vero motivo d'interesse risiede nella possibilità di poter leggere simultaneamente le sue complesse e secolari stratificazioni architettoniche.

Le figure

Fig. 1. San Mauro Castelverde. Chiesa di San Giorgio, esterno.

Figg. 2-3. Pianta e sezione della chiesa [posta a fine serie].

Fig. 4. Vista di uno degli archi che delimita il sagrato.

Fig. 5. Vista della torre campanaria.

Fig. 6. Particolare del campanile con la bifora trasformata in feritoia.

Fig. 7. Chiesa di San Giorgio, interno.

Fig. 8. Particolare di uno dei sostegni con i conci delle arcate originali.

Fig. 9. Particolare di un capitello con figura di animale.

Fig. 10. Castelbuono. Matrice Vecchia, interno.

---

[12] Sulla datazione della chiesa si rinvia a O. CANCILA, *Castelbuono medievale e i Ventimiglia*, «Quaderni Mediterranea. Ricerche storiche», 12, Palermo 2010, p. 164.

Fig. 1

Fig. 4

Fig. 5

Fig. 6

Fig. 7

Fig. 8

Fig. 9

Fig. 10

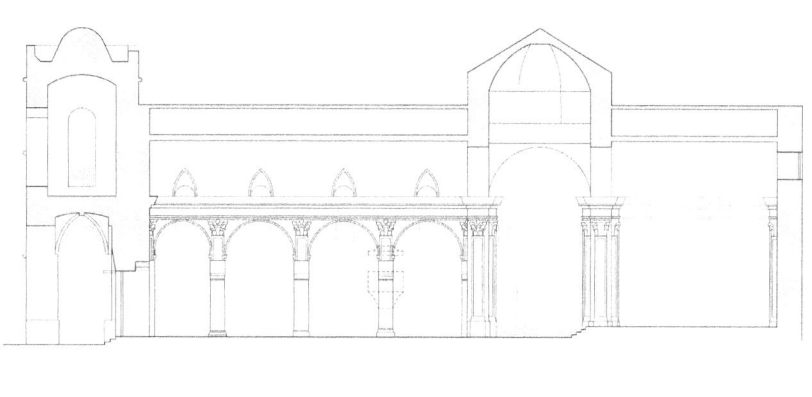

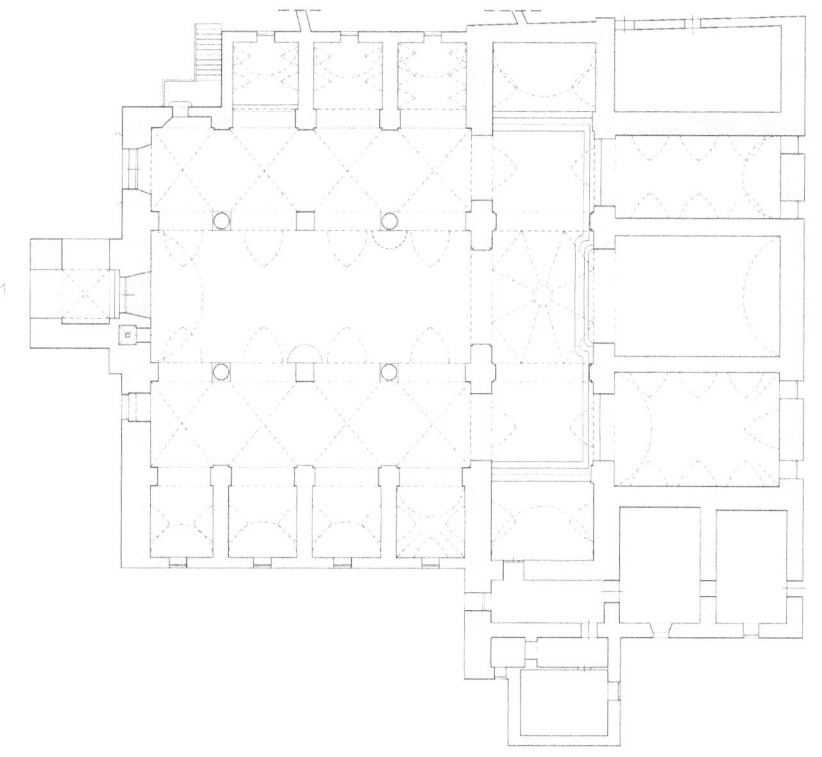

Figg. 2-3

Ricerche
VIII edizione (2018)

L'estrazione e l'uso delle "brecce calcaree a rudiste" (Cretaceo sommitale) in Termini Imerese (Palermo) nei sec. XVII-XX

PATRIZIA BOVA° – ANTONIO CONTINO*° – GIUSEPPE ESPOSITO°

1. Introduzione

Termini Imerese è ubicata nel settore tirrenico della Sicilia centro-settentrionale, quasi al centro del golfo omonimo, limitato ad E dalla Rocca di Cefalù e ad O dal Capo Zafferano. Il sito sul quale sorge l'abitato, naturale punto di sbocco di un vasto e fertile entroterra cerealicolo[1,] compreso ad E dalle Madonie, a S e SO dai monti di Termini Imerese-Trabia, è solcato, da E verso O, dai fiumi Imera settentrionale, Torto e S. Leonardo (Fig. 1).
Il *Regio Caricatore del Grano*[2], era costituito da un complesso di magazzini (gravitanti sull'attuale Piazza Crispi) per il deposito transitorio, specialmente di cereali e legumi, da sdoganare prima del carico. Tale complesso fece la fortuna economica della cittadina (che già in età augustea fu detta *Splendidissima*), attirando mercanti mediterranei e perfino atlantici (nei sec. XVI-XVIII). La rada antistante, infatti, fu il fulcro di rilevanti flussi commerciali *carico-scarico*, non solo di derrate, ma anche di merci di lusso[3,] quali ad es. i drappi di seta. Un pregio specifico ebbero i materiali lapidei e, in particolare, i calcari giura-cretacei, affioranti sulla costa rocciosa occidentale della rada predetta, coltivati con l'appellativo commerciale di "Pietra di Termini". Nello specifico, i calcari del Cretaceo sommitale furono anch'essi cavati ed utilizzati per l'esecuzione di strutture architettoniche anche monumentali. Il presente studio, focalizzato su tali litologie, è un ulteriore contributo del gruppo di lavoro "Le risorse lapidee dall'antichità ad oggi in Sicilia nel contesto mediterraneo" (progetto: "Estrazione di materiali lapidei in Sicilia"; sottoprogetto: "Estrazione delle brecce calcaree a rudiste in Sicilia"), nel quadro dell'attività scientifica dell'Accademia Mediterranea Euracea di Scienze, Lettere e Arti (A.M.E.S.L.A.) di Termini Imerese (Palermo). Gli obiettivi attesi sono: a) investigare gli aspetti metodologici dell'indagine tenendo conto di un approccio multidisciplinare; b) realizzare un primo inventario dei materiali lapidei, specialmente di quelli di provenienza extrainsulare; c) precisare le aree di estrazione, le vie di trasporto e di

---

[*] Dipartimento di Scienze della Terra e del Mare (DiSTeM), Università degli Studi di Palermo, via Archirafi 20, 90123 – Palermo; °Accademia Mediterranea Euracea di Scienze Lettere e Arti (A.M.E.S.L.A.),Via Gregorio Ugdulena, 62, 90018 Termini Imerese (Palermo). Rilievi e studi geologici: P. Bova, A. Contino, G. Esposito; ricerche storiche, stilistiche, araldiche ed archivistiche: P. Bova, A. Contino.

[1] Cfr. H. BRESCH, F. D'ANGELO, *Structure et évolution de l'habitat dans la région de Termini Imerese*, «Mélanges de l'École française de Rome», Moyen-Age, Temps modernes, t. 84, n° 2, 1972, pp. 361-402; R. M. DENTICI BUCCELLATO, *Un porto granario sotto Alfonso il Magnanimo*, in *Città e vita cittadina nei paesi dell'area mediterranea. Atti del convegno internazionale in onore di S. Tramontana, Adrano-Bronte-Catania-Palermo, 18-22 novembre 2003*, a cura di B. Saitta, Viella, Roma 2006, p. 249 e segg.

[2] Il *Regio Caricatore* fu abolito con R. D. 21 giugno 1819 (cfr. R. GREGORIO, *Sulle derrate principali che si estraggono in Sicilia*, in R. GREGORIO, *Discorsi intorno alla Sicilia*, Palermo, Reale Stamperia, 1831, pp. 103-108).

[3] Nel XV sec., la casata termitana dei Bonafede, per regia concessione, gestì la *Dohana della Caxia*, comprendente anche i dazi sui beni di lusso, quali le sete, le stoffe, i preziosi etc., cfr. A. MANGO DI CASALGERARDO, *Nobiliario di Sicilia*, voll. 2 [Palermo 1915-18] Forni, Bologna 1979, I, *ad vocem*;

diffusione; d) analizzare le modalità d'impiego, di riuso, di conservazione, e l'eventuale degrado dei materiali lapidei; e) sviluppare strategie di conservazione, tutela e valorizzazione delle risorse lapidee come bene culturale di ambito geologico.

2. Siti di estrazione, litologia, genesi e caratteristiche litotecniche delle "brecce calcaree a rudiste" (Cretaceo sommitale) di Termini Imerese

Le cave della cittadina imerese, anticamente ubicate sul lido, alle pendici della *Rocca del Castello*, permettevano la coltivazione dei calcari giurassici e cretacei, ben esposti in una sezione geologica naturale[4]. La roccia calcarea è costituita da *clasti*, cioè da frammenti lapidei preesistenti o di parti scheletriche di organismi (*bioclasti*) che hanno subito trasporto e sedimentazione. La taglia, è compresa tra quella di un'arenaria e di una breccia calcarea[5], talvolta a grossi elementi (*megabreccia*). La cosiddetta "Pietra di Termini", di solito esibisce una gradevole tonalità grigio scura, che fa contrasto con le bianche vene di calcite spatica. Il nome commerciale di "Pietra bianca di Termini" era, invece, peculiare delle candide "brecce calcaree a rudiste" del Cretaceo sommitale.

I calcari cretacei dei monti di Termini Imerese-Trabia sono contraddistinti dalla prevalenza di gusci fossili, da frammentari ad integri, appartenenti alle rudiste, molluschi bivalvi (o lamellibranchi)[6] scomparsi con l'estinzione in massa della fine del Mesozoico, una delle maggiori nella storia della Terra che, secondo la teoria più accreditata, sarebbe dovuta a cause extraterrestri[7]. Nel Cretaceo, le rudiste popolarono più volte gli ambienti marini poco profondi delle piattaforme carbonatiche[8], tropicali o subtropicali, peculiari per gli organismi bentonici.

A luoghi, in tali brecce, tra gli elementi clastici calcarei, si riconosce una frazione più fine, con resti di organismi pelagici (cioè viventi in mare aperto), quali i radiolari[9] e le spicole di spugne[10]. I fossili di mare basso, sotto forma di *bioclasti*, o inglobati negli elementi costituenti

---

[4] Cfr. A. CONTINO, *Le Grotte della Rocca del Castello in Termini Imerese (Palermo)*, atti del 2° Seminario Internazionale di studi sul Carsismo negli Iblei e nell'area sud-mediterranea, 28-30 maggio 2004, Castello di Donnafugata (RG), suppl. a «Speleologia Iblea» n. 12, 2007, pp. 256-259; C. GENNARO *et al.*, *Multidisciplinary approach to define the Plio-Quaternary tectonics in the Termini Imerese Mts. (Northern central Sicily)*. In: Critelli S. *et al.* (a cura di), "Note brevi e riassunti dell'86° Congresso Nazionale della Società Geologica Italiana" (d'ora in poi SGI), Arcavacata di Rende (CS), 18-20 settembre 2012, Rendiconti on line SGI, vol. 21 (2012), parte 1, 170-171.

[5] Formata da *clasti* prevalentemente angolosi di dimensioni superiori a 2 mm.

[6] Organismi acquatici (marini, in subordine lacustri/palustri o fluviali), viventi mobili o infissi/attaccati sul fondo, in genere con conchiglia a due valve, congiunte da cerniera, tenute unite da un apparato muscolare complesso, cfr. P. BOUCHET *et al.*, *Nomenclator of bivalve families and classification of bivalve families*, «Malacologia», 2010, vol. 52, pp. 1-184. Sui *rudistidi*, cfr. P. W. SKELTON, *Rudist classification for the revised Bivalvia volumes of the 'Treatise on Invertebrate Paleontology'*, «Caribbean Journal of Earth Science», vol. 45, 2013, pp. 9-33.

[7] Cfr. L. W. ALVAREZ *et al.*, *Extraterrestrial cause for the Cretaceous–Tertiary extinction*, «Science», 1980, 208, pp. 1095–1108.

[8] Ampie estensioni sub-pianeggianti (10-100 km) di ambienti marini caldi e poco profondi, in gran parte legati alla proliferazione di numerosi organismi *biocostruttori*.

[9] Protozoi (organismi marini unicellulari microscopici), a guscio siliceo, costituenti rocce e sedimenti marini (*fanghi a radiolari*), specialmente di mari profondi.

le brecce, subirono trasporto e risedimentazione, mescolandosi ai resti di organismi pelagici, in un ambiente marino molto più profondo. I materiali detritici, più o meno grossolani, provenienti dalla piattaforma carbonatica, scivolavano accumulandosi al piede della scarpata sottomarina[11] che si apriva in direzione del mare aperto. Questi depositi furono sottoposti a modificazioni, sia di natura fisica (ad es. la *compattazione* dovuta al carico dei sedimenti sovrastanti), che chimica (ad es. la *cementazione*), che prendono il nome di diagenesi. Tali processi, attivatisi simultaneamente alla deposizione (diagenesi precoce), si incrementarono con il successivo carico prodotto da ulteriori apporti sedimentari (diagenesi tardiva). In tal modo, da un originario sedimento calcareo detritico, più o meno grossolano, privo di legante naturale, si giunse ad una roccia calcarea coerente.

Le predette "brecce calcaree a rudiste" sono intercalate nei depositi di ambiente pelagico, tipici di un ambiente di scarpata e di bacino: l'antico dominio paleogeografico Imerese[12]. Il contiguo dominio di piattaforma carbonatica Panormide[13] costituiva l'area sorgente del materiale risedimentato, legato agli *aprons carbonatici*, veri e propri flussi sottomarini di sedimenti (fanghi, sabbie e brecce), che si dipartivano da una zona di alimentazione continua e di estensione lineare o areale[14]. Nella successione Imerese, i livelli calcarei cretacei della parte sommitale della formazione Crisanti[15] appartengono al «membro delle brecce a rudiste», e costituiscono un corpo pluridecametrico, dotato di una buona continuità laterale (che permette di correlarlo a distanza), addizionato all'interno di una successione di rocce prevalentemente silicee (marne a radiolari, radiolariti[16], diaspri e calcari silicei). Si tratta di livelli risedimentati bioclastici e banchi di brecce, costituiti da clasti, da spigolosi a sub-

---

[10] Elementi scheletrici sciolti delle spugne (invertebrati primitivi a forma di sacco, costituiti da semplici tessuti gelatinosi, senza veri e propri organi, dotati di scheletro interno, corneo, calcareo o siliceo).

[11] Zona ad elevata pendenza, delimitata a valle da una rottura di pendio ad andamento concavo (di raccordo con la sottostante piana sottomarina).

[12] La denominazione deriva dai monti di Termini Imerese dove è esposta la successione caratteristica.

[13] Dai monti di Palermo, dove affiorano le successioni tipiche.

[14] Dall'inglese *apron* 'grembiule', cfr. H. T. MULLINS, H. E. COOK, *Carbonate apron models: alternatives to the sub marine fan model for paleoenviromental analysis and hydrocarbon exploration*, «Sedimentary Geology», vol. 48, 1986, pp. 37-79.

[15] La formazione (d'ora in poi fm.), unità litostratigrafica fondamentale, è un corpo roccioso distinguibile/delimitabile (cartografabile) dagli adiacenti, per omogeneità litologica o per la combinazione di tipi litologici (che si alternano uniformemente), avente una precisa collocazione stratigrafica ed un'ampia estensione areale. La fm. Crisanti è divisa (dal basso verso l'alto) in quattro unità di rango inferiore (membri): a) *radiolaritico* (radiolariti alternate ad argilliti silicee del Giurassico inf.-medio); b) *delle brecce ad Ellipsactinia* (brecce ed arenarie calcaree ad elementi di piattaforma, del Giurassico sommitale); c) *marnoso-spongolitico* (marne e calcari marnosi rossastri a radiolari, spicole di spugne e foraminiferi, diaspri, ed intercalazioni di arenarie calcaree, del Cretaceo inf. p. p.); d) *delle brecce a Rudiste* (Cretaceo sup.), cfr. R. CATALANO et al., *Note illustrative della Carta Geologica d'Italia alla scala 1:50000 del foglio 609-596 "Termini Imerese"-"Capo Plaia"*. Progetto CARG, ISPRA, Servizio Geologico d'Italia, Dipartimento di Geologia e Geodesia dell'Università degli Studi di Palermo, 2013, pp. 82-87.

[16] Rocce sedimentarie silicee di ambiente marino, ben stratificate, compatte e tenaci, opache o traslucide (diaspri), costituite prevalentemente da gusci di radiolari.

arrotondati, in prevalenza calcarei e, subordinatamente, silicei. Gli elementi carbonatici contengono una fauna fossile, tipica di ambienti marini poco profondi, costituita da *rudistidi*, echinodermi[17], foraminiferi[18] bentonici (*orbitolinidi*[19], mentre nei livelli più alti vi sono *orbitoididi*[20]), e da una flora ad alghe calcaree[21]. Gli spazi tra i clasti, sono riempiti da un sedimento calcareo fine con resti di organismi pelagici, spesso a scheletro siliceo, quali radiolari e spicole di spugne.

Le rocce sedimentarie della successione Imerese, coinvolte nella tettonica compressiva del Cenozoico (Miocene inferiore), furono sradicate dal loro originario substrato, andando a costituire dei grandi corpi rocciosi che furono traslati per centinaia di chilometri, piegati, fagliati ed accavallati, sino ad essere inglobati in un segmento della catena siciliana, i monti di Termini Imerese-Trabia.

Nella sezione naturale di Termini Imerese (Fig. 2), in seno alla fm. Crisanti, contrariamente ai siti circonvicini, manca il cosiddetto «membro marnoso-spongolitico» costituito da marne silicee rossastre, diaspri, e subordinate intercalazioni calcaree, che risulta sostituito da livelli temporalmente all'incirca equivalenti dati da calcari bioclastici e brecce a rudiste (famiglia *Requienidi*) con intercalazioni di marne verdastre.

Il sovrastante «membro delle brecce a rudiste», è dato da due corpi carbonatici separati da una superficie di non deposizione, marcata da un crostone ferro-manganesifero. Quest'ultimo, potrebbe avere un legame con la grande trasgressione[22] del Cretaceo sup. (Turoniano inf.) che annegò le piattaforme riducendo drasticamente la sedimentazione nei bacini sedimentari[23]. L'orizzonte inferiore, costituito da calcari brecciati (con clasti silicei nerastri) o bioclastici grigiastri, in grossi banchi, mostra abbondanti resti fossili di molluschi bivalvi (*rudistidi*), gasteropodi[24], echinodermi (crinoidi), alghe calcaree, coralli, foraminiferi bentonici (*orbitolinidi*), che lo fanno datare al passaggio tra Cretaceo inf. e sup. (Albiano-Cenomaniano)[25].

L'orizzonte superiore, invece, è dato da calcari biancastri bioclastici, ben stratificati, con intercalazioni di calcari brecciati con clasti silicei. I livelli bioclastici si alternano o si intercalano a marne verdastre e, verso l'alto, a calcari marnosi biancastri, con grana finissima. Queste rocce, datano alla sommità del Cretaceo (Campaniano-Maastrichtiano), come

---

[17] Animali marini provvisti di placche calcaree (*endoscheletro* calcareo) o di spine, aculei e *radìoli*, calcarei o cornei. Le placche sono fisse nei ricci di mare (*echinoidi*), mobili o articolate in alcune stelle di mare (*asteroidi*), isolate nei cetrioli di mare (*oloturoidi*), mentre i crinoidi, vivono oggi fissati al fondo.

[18] Protozoi prevalentemente marini, bentonici o planctonici, a guscio calcareo, arenaceo, siliceo e pseudo-corneo.

[19] Grandi foraminiferi bentonici, a guscio calcareo imperforato, di forma discoidale conica o concavo-convessa e struttura interna complessa.

[20] Grandi foraminiferi bentonici, a guscio calcareo perforato, di forma discoidale e struttura interna complessa.

[21] Alghe totalmente e/o parzialmente calcificate, caratteristiche di un ambiente a bassa energia.

[22] Spostamento della linea di costa verso terra, indicata dalla migrazione dei depositi litoranei.

[23] Cfr. J. M. HANCOCK, E. G. KAUFFMAN, *The great transgression of the late Cretaceous*, «Journal of Geological Society of London», vol. 136, 1979, pp. 175-186.

[24] Molluschi acquatici (marini, lacustri e fluviali) o terrestri (polmonati), privi di simmetria bilaterale, con ampio piede e capo ben distinto, tentacoli retrattili, organi visivi ed escretori.

[25] Specie diagnostiche: *Orbitolina trochus* (Fritsch), *O. texana* (Roemer).

attestano i resti fossili di bivalvi (*rudistidi*), nonché foraminiferi bentonici[26] e planctonici[27].

La roccia, per le sue discrete caratteristiche fisico-meccaniche che ne consentono il taglio e la lavorabilità, nonché per la sua relativa durevolezza, si presta particolarmente ad essere impiegata come elemento decorativo per esterni, anche in strutture monumentali (ad es. portali). Livelli campionati, analoghi ai materiali lapidei decorativi, osservati in sezione sottile al microscopio[28] esibiscono un calcare bioclastico costituito per oltre il 90% da elementi calcitici organogeni, orientati parallelamente alle superfici di strato, allungati o rotondeggianti, prevalentemente di *rudistidi* della famiglia dei *radiolitidi*[29], che dominarono i mari poco profondi del Cretaceo sup. In subordine, vi sono i resti fossili di foraminiferi bentonici (*orbitoididi*) e di echinodermi. La taglia è compresa tra quella di un'arenaria (*biocalcarenite spatica*) o di una brecciola.

3. Notizie storiche sulle cave della Rocca del Castello in Termini Imerese

Nella cittadina imerese, sin dal medioevo, l'esigenza di materiale lapideo di pregio per ornare gli edifici di culto o pubblici o gentilizi, portò alla coltivazione di cave di pietra a "cielo aperto" o "a giorno", dette in siciliano *pirrere* (dal francese *perriere* 'cava di pietra'), site *extra moenia*, sul lido a ridosso dell'area urbana, alle pendici della Rocca del Castello. Gli orizzonti calcarei giurassici e cretacei furono prelevati, sia per le ottime proprietà litotecniche, sia per i costi di estrazione e di trasporto via mare parzialmente contenuti.

L'attività estrattiva è attestata sin dal XV sec. con la cava detta del *Valàto* o *Balàto*, dall'arabo *balāt* o *balātah* «lastra di pietra»[30], epiteto legato alle testate dei banchi rocciosi, inclinati di oltre 40° sull'orizzontale ed immergenti a N, che rendevano molto acclive il capo roccioso costellato da una scogliera naturale, con blocchi scalzati al piede, scivolati o crollati.

Il 16 ottobre V[a] indizione 1486, lo scultore Giorgio de Milano, si obbligò a realizzare un arco con la pietra estratta da questa cava (*perrera*) dal *Balàto*, per la cappella di patronato della famiglia Bruno, in S. Maria di Gesù-La Gancia[31]. Ancora il 17 febbraio 1[a] indizione 1527 (1528), lo scultore Tommaso de Chino, aquilano, cittadino di Termini, si obbligò per la somma di 10 *onze*, con fra Pietro Baylin, abate della commenda palermitana di S. Giovanni dell'ordine gerosolimitano, ad intagliare un portale monumentale «*de lapide civitatis predicte Thermarum*», da consegnare entro la fine di giugno, «*hic Panormi, in ripa maritime*»[32].

---

[26] Specie rappresentative: *Orbitoides media* (D'Archiac), *Siderolites* cfr. *calcitrapoides* Lamarck.

[27] Organismi marini liberi, privi di moto proprio, che vivono sospesi nell'acqua, trasportati dalle correnti. Presenza di *Globotruncana* sp., specialmente nei livelli più alti.

[28] Cfr. A. CONTINO, *Stratigrafia e strutture geologiche del settore occidentale dei monti di Termini Imerese*, tesi sperimentale di laurea (inedita), Università degli studi di Palermo, Facoltà di Scienze, corso di Laurea in Scienze Geologiche, A. A. 1989-90, p. 34.

[29] Cfr. J. M. PONS, E. VICENS, *The structure of the outer shell layer in radiolitid rudists, a morphoconstructional approach*, «Lethaia», 41, 2008, 219–234.

[30] Cfr. H. WEHR, *A Dictionary of Modern Written Arabic*, Milton Cowan, 1976, *ad vocem*. Dal XVI fu detta anche di *Muso di Lupa*, per la tipica conformazione del promontorio calcareo, cfr. A. CONTINO, *Le Grotte della Rocca del Castello*...cit., p. 256.

[31] Cfr. G. DI MARZO, *I Gagini e la scultura in Sicilia nel secoli XV-XVI*, Tipografia del Giornale di Sicilia, voll. 2, Palermo 1880-83, II, doc. XIII (dagli atti di notar Antonio de Michele di Termini), pp. 15-16.

[32] Cfr. Ivi, doc. CVIII (dagli atti di notar Antonino Lo Vecchio di Palermo), pp. 148-149. Su Pietro Baylin, cfr. A. GIUFFRIDA, *La Sicilia e l'Ordine di Malta (1529-1550) La centralità della periferia*

Un decennio dopo, i cavatori o picconieri (*pirriaturi*) termitani, riuniti in società, godevano di apposite tariffe per il trasporto del materiale cavato[33].

Nella 2ª metà del Cinquecento, nella cittadina imerese, l'impulso edilizio legato sia alla nascita di edifici di culto, che privati (per il patriziato urbano), incrementò l'attività estrattiva di calcare. A ciò si aggiunse la crescente richiesta della "Pietra di Termini" in Palermo per la decorazione di edifici ecclesiastici, pubblici e privati[34]. Gli amministratori comunali (*giurati*) di Termini, sin dal 1573, emisero appositi bandi per disciplinare l'attività di cava, al fine di porre un freno all'indiscriminata estrazione (talvolta anche abusiva) di calcari, che rischiava di produrre lo scivolamento di porzioni di roccia che sostenevano parte della cinta bastionata e delle cisterne d'acqua[35].

Nel Seicento, per i lavori di «ingrandimento» della chiesa madre furono estratti pezzi d'intaglio dalle cave predette, nonché da un'altra attivata nella parte alta della *Rocca del Castello*[36]. Il materiale decorativo, attraverso le medesime vie di trasporto dei cereali che confluivano nel *Regio Caricatore* già citato, ma secondo un percorso inverso, raggiungeva anche i centri abitati delle Madonie[37].

Nel Settecento, la "Pietra di Termini" fu largamente adoperata per ornare vari edifici di culto della cittadina imerese. Emblematica è la spettacolare scalinata monumentale del santuario di Maria SS. della Consolazione[38] che, a nostro avviso necessita di un urgente intervento di restauro.

Negli anni '70 del XVIII sec., l'abate termitano Giuseppe Sansone, accademico euraceo, nel suo spassoso poema inedito «L'invidia», in ottave siciliane, non manca di citare le cave site sulla costa[39]. In questo torno di tempo, la pietra calcarea era estratta, sotto forma di lastre o

---

mediterranea, Associazione Mediterranea, Palermo 2006, pp. 56-57, online nella sezione "Quaderni" del sito www.mediterranearicerchestoriche.it.

[33] Cfr. *Atti dei Magnifici Giurati della Splendidissima e Fedele città di Termini* (d'ora in poi AMG), 1537-38, addì 13 ottobre XIª indizione 1537, in *Frammenti degli atti dei Giurati dal 1516 al 1549* (d'ora in poi AMG, *frammenti 2*), misc. mss. sec. XVI, Biblioteca comunale Liciniana di Termini Imerese (d'ora in poi BLT) ai segni *III 10 i 3*, s. n. p.

[34] Cfr., ad es., A. MAZZÈ, *I luoghi sacri di Palermo. Le Parrocchie*, introduzione di M. Calvesi, Flaccovio, Palermo 1979, p. 159; A. PETTINEO, *Giorgio di Fazio e i Gagini nelle fabbriche del viceré Toledo al Palazzo Reale di Palermo*, «Paleokastro», n. s., suppl. «Paleokastro Magazine», a. I, n. 2, Maggio 2010, p. 58 (doc. II).

[35] Cfr. A. M. MUSSO, *Codice de' Privilegi, e Consuetudini della Splendidissima, e Fedele Città di Termini Imerese* etc., ms. 1760, BLT ai segni *AR e a 2*, p. 280.

[36] Cfr. A. CONTINO, *Le Grotte della Rocca del Castello*...cit., p. 263.

[37] Cfr. ad es. R. TERMOTTO, *Sclafani Bagni: profilo storico e attività artistica*, Comune di Sclafani Bagni, Palermo 2009, pp. 124-125.

[38] Cfr. G. CATANZARO, *Storia di un santuario 1553-2003: la chiesa della Madonna della Consolazione di Termini Imerese a 450 anni dalla fondazione*, GASM, Termini Imerese 2003, 120 pp., e D. SUTERA, *Santuario della Madonna della Consolazione a Termini Imerese*, in D. SUTERA, *Ricostruire storia e rappresentazione, Prospetti chiesastici nella Sicilia del Settecento*, Caracol, Palermo 2013, pp. 15-29.

[39] «èramu assittati affacciu mari / fora Porta Filici a li Pirreri, pri vidiri i pezzi cavriari», cfr. Atti dell'Accademia Euracea di Termini, tomi 3, 1774-1800, I, assemblea del 15 febbraio 1774, ms. LBC ai segni *AR d β 32*.

di blocchi più o meno grandi, utilizzando la forza di espansione prodotta dai cunei di legno, debitamente inseriti nelle fratture e bagnati.

A partire dagli anni '70 dell'Ottocento, la porzione litoranea del monte Garofalo, con il suo caratteristico promontorio, fu progressivamente sventrata dai fronti di cava, attivati per l'estrazione di roccia con l'esplosivo, al fine di erigere la diga foranea del nuovo porto (primo tratto completato nel 1888). Attorno al 1909-10 si avviò un ulteriore prolungamento del molo, secondo un apposito piano regolatore. Le cave site nella parte sommitale della rocca, nell'area dell'ex castello, dove si produceva calce per uso prevalentemente locale e dove lavoravano molti scalpellini, finirono per modificare irreparabilmente il paesaggio, distruggendo anche grotte ed antiche falesie[40].

Infine, agli inizi degli anni '50 del XX sec., per realizzare la nuova galleria ferroviaria fu estratto del materiale lapideo dalle cave del porto ed impiegato nelle costruzione delle strutture murarie relative al concomitante raddoppio della linea ferrata. Le cave storiche termitane, quali beni culturali geologici o geositi[41], meriterebbero di essere tutelate e valorizzate, magari inserendole nella vasta rete europea degli *ecomusei*[42]. Ciò potrebbe avere una fattiva ricaduta economica, attraverso il cosiddetto "geoturismo", attirando visitatori ed appassionati.

4. Il palazzo senatorio di Termini Imerese ed il suo portale monumentale

La storia del portale monumentale del palazzo senatorio di Termini Imerese, si lega indissolubilmente a quella dell'edificio pubblico (di cui è ornamento precipuo), il più rappresentativo della cittadina, già residenza del locale governo demaniale, oggi sede storica dell'amministrazione civica. Grazie al poligrafo Baldassarre Romano (Termini Imerese, 23 febbraio 1794 – ivi, 22 novembre 1857), possiamo conoscere dettagliatamente quale sia stata la struttura amministrativa delle città demaniali e, nello specifico della cittadina imerese[43].

Il palazzo comunale termitano è un vero e proprio "palinsesto urbano", essendo pluristratificato ma, nel contempo, affetto da lacune che rendono alquanto complesso lo studio cronologico-stratigrafico del manufatto. L'immobile sorge nella piazza principale (*platea civitatis*), fulcro commerciale medioevale[44], sul bordo di un ampio pianoro naturale. Quest'ultimo, non è altro che un lembo di un'antica superficie di abrasione, originatasi durante una delle fasi di stazionamento alto del livello del mare nel corso del Pleistocene medio[45].

---

[40] Cfr. A. CONTINO, *Le Grotte della Rocca del Castello*...cit., pp. 260-263.

[41] Cfr., ad es., G. GISOTTI, *Rapporti tra formazioni geologiche e paesaggio – il paesaggio geologico*, "Bollettino del Servizio Geologico d'Italia", vol. 109, Roma 1993, pp. 137-152; ID., *Le cave: riflessi geologici e ambientali*, "L'Industria mineraria", n. 5, 1990, pp. 17-29.

[42] Cfr. G. CORSANE *et al.*, *Ecomuseum evaluation: experiences in Piemonte and Liguria, Italy*, "International Journal of Heritage Studies", vol. 13 (2), 2007, pp. 101-106.

[43] Cfr. B. ROMANO, *Notizie storiche intorno alla città di Termini*, ms. cartaceo, 1838, in Biblioteca comunale di Palermo (d'ora in poi BCPa) ai segni *4 Qq D 78*, ed. a stampa, biografia dell'autore, cronologia delle opere, premesse e note al testo di A. Contino e S. Mantia, GASM, Termini Imerese 1997, pp. 54-60.

[44] Sulla piazza-mercato cfr. H. BRESC, *L'espace public à Palerme, 1100-1460*, in J. HEERS (Ed.), *Fortifications, portes de villes, places publiques dans le monde méditerranéen*, Paris 1985, pp. 41-58.

L'edificio pubblico, già esistente nel Quattrocento[46], fu chiamato *Tocco*[47], appellativo questo che è comune ad altre strutture civiche con antistante loggiato (su colonne o pilastri, con scanni, donde l'appellativo di *seggio*), cioè di un vero e proprio spazio pubblico aperto sulla piazza principale (dove, ad es., si affiggevano i bandi ufficiali, vi si trattavano aste di case e terreni etc.). In ambito meridionale, il lemma *theatrum*, era sinonimo di *Toccum Universitatis*[48]. In tale senso, quindi, va inteso il termine *theatrum*, attestato nei rogiti di Termini del 1492, relativo ad un immobile sito vicino la chiesa e convento di S. Francesco d'Assisi, corrispondente proprio al *Tocco* dei documenti cinquecenteschi[49].

Nel 1515, il *Tocco* era già vetusto ma, come attesta una petizione del 4 febbraio 4ª indizione, i *giurati* non erano in grado di ripararlo, mancando del tutto gli introiti daziari (*in primis* quelli del *Regio Caricatore*), in conseguenza di annate scarse o addirittura sterili[50]. Negli anni 30' del Cinquecento, gli spazi comuni dell'edificio civico erano esposti ad atti di dispregio, quali l'indecente abitudine di fare bisogni corporali sotto il loggiato. A tal riguardo, dapprima come deterrente fu imposta ai trasgressori un'ammenda pecuniaria (i cui introiti erano destinati alla fabbriceria dell'acquedotto comunale), poi si giunse perfino ad offrire ricompense ai delatori[51].

---

[45] Cfr. A. CONTINO, *Geologia Urbana dell'abitato e della Zona Industriale di Termini Imerese (Sicilia settentrionale)*, tesi di dottorato di ricerca in Geologia, XVII ciclo, Università degli studi di Palermo, Dipartimento di Geologia e Geodesia, 2005, p. 75.

[46] «*Jam publica alia ad urbis ornatum œdificia celebrantur: Civilis Consilii Basilica, quae ante Saeculum XVI. auspicia habuit & sequentis anno XL. circiter ea, qua nitet hodie magnificentia, absoluta Magistratus Conventibus ineundis amplissimas continet aulas, & fori negotiis tractandis: aptissìma, opportuno situ ad majoris Templi sinistrum latus assurgit*», cfr. v. *Thermae Himerenses* in V. M. AMICO STATELLA, *Lexicon Topographicum Siculum*, voll. 3 in tt. 6, Pulejo, *Catanae* MDCCLIX, II (1), p. 222.

[47] Nella voce «*loya*» (loggia) del *Declarus* (1348) del catanese Angelo Senisio, abate di S. Martino delle Scale, è presente la prima attestazione siciliana di *Toccum* (cfr. A. MARINONI, *Dal "Declarus" di A. Senisio i vocaboli siciliani*, in "Bollettino del Centro Studi Filologici e Linguistici Siciliani", d'ora in poi BCSFLS, Palermo, 1955, n. 3, p. 83), lemma che deriva dal greco antico θῶκος "seggio" o "adunanza" (cfr. G. ALESSIO, *L'elemento greco nella toponomastica della Sicilia*, in BCSFLS, 1955, n. 3, p. 258).

[48] Cfr., ad es., C. TUTINI, *Del origine, e fundatione de' seggi di Napoli*, Napoli s. d. (1641 c.), pp. 35 e segg.; H. BRESCH, *À Corleone et en quelques autres lieux: la maison sicilienne des "Terres" et des casaux (XIIe-XVe siècle*, in: A. BAZZANO, E. HUBERT (*sous la direction de*), *Castrum 6. Maisons et espaces domestiques dans le monde méditerranéen au Moyen Age*, Collection de l'école française de Rome – 105/6, Collection de la casa de Velazquez – 72, p. 108.

[49] B. ROMANO, *Notizie storiche...cit.*, p. 51, invece, interpreta alla lettera il termine *theatrum*.

[50] «*Item di supplicari sua altezza perche (sic) la citati epovera (sic), et non teni uno denaro di patrimonio per beneficari un tocco undi si conveni tutta la Città quando si hà (sic) da teneri consiglio et parlamento per cosi concernenti a lo beneficio de ditta Città (...) Placet regie m(aiesta)ti quod prorex videat necessitatem reparandi domi predicte, et circa reparacionem provideat ut sibi videbitur*», cfr. A. M. MUSSO, *Codice de' Privilegi...cit.*, f. 280.

[51] «*Bando et comandamento da parti di li m(agnifi)ci Jurati di la citati di Termini che no(n) sia p(erson)a alcuna di qualsivoglia grado e condicio dija o debia ne presuma intrarj di notti in lo toccu di la ditta citate ne in quillo di jorno ne di notti dija fari bructicza alcuna supta pena di oniza una a li maragmi di l'acqua*», cfr. AMG, 1535-36, addì 8 ottobre VIIIª indizione 1535, in *Frammenti degli atti dei Giurati dal 1518 al 1589* (d'ora in poi AMG, *frammenti 1*), misc. mss. sec. XVI, BLT ai segni *III 10 i 2*,

Nella seconda metà del Cinquecento, a causa dell'incremento demografico, il *Tocco* divenne angusto per contenere le pubbliche sedute. Il 9 marzo XIV^a indizione 1586[52], infatti, il consiglio civico nel quale si stabilì l'ingrandimento della *Maggior Chiesa*, non si tenne nel *Tocco*, bensì nella *sala grande* del vicino ospedale della SS. Trinità (oggi sede del museo civico "B. Romano").

Tra la fine del Cinquecento e gli inizi del Seicento, una classe dirigente, molto attenta alla cosiddetta *urbanistica istituzionale*[53], volle fortemente il radicale rinnovamento della residenza civica, volto ad un maggiore «decoro» e risanamento igienico. In tale ottica, si trasformò il tessuto medievale preesistente, riorganizzandone gli spazi, al fine di realizzare la *domus civitatis*, assurta a nuovo simbolo della cittadina demaniale, in un'unica massiccia entità volumetrica, dotata di compatta parte basamentale o «banconata» (nel Novecento imbruttita da un rivestimento di lastre cementizie) sulla quale si eleva il piano nobile[54].

A nostro avviso, il progetto del novello fabbricato si inserisce in un organico piano di riqualificazione della *Piazza della Città*, centro nevralgico della cittadina, in uno con la «dilatazione» delle due principali emergenze architettoniche, rispettivamente residenza dell'autorità religiosa (la *Maggior Chiesa*) e di quella civile (il *Palazzo Senatorio* o *del Magistrato*). L'intera pianificazione urbanistica è attribuibile al pittore ed architetto palermitano Antonino Spatafora che, sin dall'anno indizionale 1593-94, ricoprì la carica di *architeptor et caputmagister fabricarum* della città. Lo Spatafora, fondatore di una vera e propria scuola artistica termitana, fu una figura poliedrica, versatile nell'ingegneria idraulica e militare, nell'agrimensura e nella cartografia, nonché nell'ideazione e realizzazione di apparati effimeri[55].

Nella prima metà del XIX sec., Baldassarre Romano ci ha lasciato una precisa descrizione di come doveva presentarsi l'edificio civico seicentesco, rimasto sostanzialmente immutato sino agli anni 30' dell'Ottocento, prima degli scempi di cui egli fu testimone oculare: «Il palazzo della città [...] era d'un bel prospetto, come al presente, con ampia porta ornata di cariatidi e d'altri intagli, sulla quale sta tuttavia una grande aquila di marmo tra due stemmi della Sicilia (*sic*) e di Termini. Da una lunga scala di pietra fuori nel mezzo si entrava in un primo grandioso salone coperto d'una superba soffitta di legname con grossissime trave (*sic*,

---

fasc. II, s. n. p. Simile tenore ha un'ordinanza dell'anno XIII^a indizione 1539-40: «nessuno faccia nel tocco della città ad effecto dj in q(ui)llo orinarj oy fari alt(r)a bructicza supta pena di onza una al denunziante, tarì 7 e grana 10 allo baglio della città e lo resto a li maragmi di ditta citati», cfr. AMG, 1539-40 in *frammenti 2*, misc. mss. cit., s. n. p.

[52] Cfr. G. M. SCEUSA PROVENZANO, *Termini Imerese Splendidissima, e Fedele Città della Sicilia, suo Nome, sua Origine, suo culto, e suoi progressi sotto i Dominij che il nostro Regno han Governato*, ms. BLT ai segni *AR d β 22*, 1796, ff. 60r-61r.

[53] Cfr. J. CONNORS, *Borromini and the Roman Oratory, Style and Society*, New York-Cambridge 1980, p. XXIII.

[54] La facciata maggiore «sarà alta dalla strada almeno cinque gradi per più magnificenza, & anche per la sanità», cfr. S. SERLIO, *Tutte l'Opere d'Architettura*, a cura di G. D. Scamozzi, De' Franceschi, *Venetia MDLXXXIIII*, lib. VII, p. 190r.

[55] Cfr. A. CONTINO, S. MANTIA, *Vincenzo La Barbera architetto e pittore termitano*, presentazione di M. C. Di Natale, ed. GASM, Termini Imerese 1998 (*cum bibl.*) p. 59 e segg.; ID., *Architetti e pittori a Termini Imerese tra il XVI ed il XVII secolo*, presentazione del rev. F. Anfuso, GASM, Termini Imerese 2001, p. 18 e segg.; P. BOVA, A. CONTINO, *Apparati effimeri per la festa del Corpus Domini nella Maggior Chiesa di Termini Imerese (1594-1649)*, «Espero», a. VIII, n. 39, dicembre 2014, p. 8.

travi) d'abete scorniciate ed intersecate a cassettone, dentro de' quali oltre a un bel rosone eran varie figure ed ornamenti simbolici, lavorati pure maestralmente (*sic*, magistralmente) in legno; e nel centro di tale ricca soffitta pendeva un'altra più grande aquila con le ali distese e le armi reali nel ventre. Da questo salone passavasi in un piccol'atrio a destra del quale si entrava in una grande stanza, ed a sinistra in un'altra di egual grandezza, ma decorata in pitture e particolarmente de' vaghi freschi di Vincenzo Barbera, che rappresentano una serie di fatti dell'antica storia d'Imera e di Terme[56]». Il «grande salone» era «largo palmi ventisette (6,95 m) e lungo niente meno che cento (25,75 m)». Negli anni '30 dell'Ottocento, quando si intervenne pesantemente sulla ripartizione interna degli ambienti, «da superba soffitta fu smantellata e distrutta e la grande aquila[57], lo stemma nazionale della Sicilia, che stava lassù maestosa senza che lo straniero l'avesse atterrata, fu dalla mano stessa de' Terminesi strappata e fatta piombare giù dall'alto sminuzzolandosi e riducendosi in pezzi».
Nel nuovo edificio rettangolare seicentesco furono enucleati gli ambienti interni (verosimilmente superstiti nelle murature portanti a maggiore spessore) e gli spazi esterni del «Tocco» medievale. La nuova riconfigurazione produsse la totale scomparsa del vano aperto del portico esterno, prospettante sulla piazza principale[58], mentre dal lato opposto sorse un'ariosa anticamera quadrangolare (con gli aditi alle altre stanze inquadrati da bei portali manieristici), impreziosita da una loggetta inquadrante una veduta del paesaggio termitano, con la riviera, sovrastata dalla gradinata naturale dei pianori terrazzati pleistocenici e dal monte S. Calogero (o Euraco) e, in quinta scenica, le Madonie.
Alla fine del Cinquecento od agli inizi del Seicento, per finanziare la ristrutturazione della *domus civitatis*, fu destinata la somma di 2 *grana* a salma o *cantàro* sui dazi del *Regio Caricatore del Grano*.
Il 18 maggio 15ª indizione 1602, un dispaccio del tribunale del real patrimonio consentì la spesa di *onze* 148 *tarì* 21 e *grana* 7, per l'ampliamento dell'edificio comunale (previa deliberazione del consiglio civico del 21 giugno 1601[59], *terminus ante quem* per la redazione del progetto dell'edificio). I rogiti della Vª indizione 1607-8, nonostante le lacune nella serie dei registri giuratori (mancano gli anni indizionali 1600-1, 1601-2, 1603-4; 1605-6), ci informano che le opere quinquennali, scadenti nel 1608, furono finanziate con gli introiti sui dazi del *Caricatore* e rinnovate per altrettanti anni[60]. Nell'anno indizionale 1609-10, l'edificio pubblico doveva già essere già realizzato "nel grezzo". In tale torno di tempo, infatti, l'architetto e pittore Vincenzo La Barbera (Termini Imerese, 1577 c. - Palermo, 30 marzo 1642), allievo e genero dello Spatafora, decorò la *Sala del Magistrato* o *Cammara Picta*[61]. Il La Barbera, ideò,

---

[56] Cfr. B. ROMANO, *Notizie storiche*...cit., pp. 43-44.

[57] Nel museo civico "B. Romano" sono oggi esposti alcuni frammenti ricomposti.

[58] Il «Tocco» è idealmente raffigurato nel labarberiano quadrone a fresco raffigurante «Stenio che si oppone alla rapacità di Verre» della *Sala del Magistrato*, dove si adombra la continuità d'uso del sito come sede del governo cittadino, sin dal dominio romano.

[59] Cfr. A. M. GARGOTTA, *Sui bagni termo-minerali di Termini-Imerese notizie storiche con osservazioni chimiche e medicinali*, Dato, Palermo 1830, pp. 22-23.

[60] Cfr. AMG, 1607-8, ms. BLT ai segni *III 10 a 21*, ff. 99-100.

[61] Cfr. P. GIUDICE, *Sopra lo Zoppo di Gangi e Vincenzo La Barbiera* in «Effemeridi Scientifiche e Letterarie per la Sicilia» n. 44 t. XVII (1837) pp. 106-115; I. DE MICHELE, *La Sala del Consiglio Comunale di Termini Imerese*, «L'Imerese» n. 6, copia in A. GALLO, *Notizie di artisti siciliani da collocarsi ne'*

realizzò, firmò e datò (Fig. 3)[62] l'imponente ciclo a fresco della sala (a lui recentemente intestata), encomiastica esaltazione mitografica dell'antica e nuova Imera, progetto iconografico-celebrativo fortemente propugnato dall'amministrazione del tempo. Gli aspetti relativi alla scelta dei soggetti storici ed alle didascalie dei cartigli furono curati dal beneventano Giovanni Leonardo Faraone, *magister gramaticæ et humanitatis* nella cittadina imerese[63].

Ancora nel detto anno indizionale ed in quello seguente furono apposte nella facciata di piazza del palazzo civico, due iscrizioni: quella a destra, rammenta l'inaugurazione a Termini (1° giugno 1610) delle scuole pubbliche, affidate ai domenicani, sotto gli auspici del viceré Juan Fernandez Pacheco de Villena[64,] mentre quella a sinistra, attesta la visita (1° aprile 1611, venerdì santo), prima del suo insediamento a Palermo, del nuovo viceré Pedro Giron de Ossuna, che volle concedere al civico magistrato il titolo di *Spettabile*[65.] La presenza delle due iscrizioni, ben si accorda con quanto sostenuto dal Romano, secondo il quale l'ossatura dell'edificio sarebbe stata terminata «verso il 1612»[66,] quindi, vivente lo Spatafora. Quest'ultimo, si spense il 20 giugno 1613 ed il precitato Vincenzo La Barbera[67,] divenne *Ingegnerus fabricarum civitatis thermarum*, avendo affidata la direzione dei lavori pubblici[68].

---

registri secondo l'epoche rispettive, ms. sec. XIX, Biblioteca Centrale della Regione Siciliana ai segni *XV H 20.1* f. 369 e segg.; G. CORRIERI, *Il Piano del Duomo di Termini e l'opera di Vincenzo Barbera*, Quaderni del Cancro, 1973, s. n. p. (pp. 12-17); V. ABBATE, *La Cammara picta del Magistrato e l'«Umanesimo» termitano agli inizi del Seicento*, «Storia dell'Arte», n. 68, 1990, pp. 36-70; A. CONTINO, S. MANTIA, *Premessa all'appendice* in B. ROMANO, *Notizie storiche...*cit., nota n. 11 p. 105; ID., *Vincenzo La Barbera...*cit., p. 83; R. TEDESCO, *Da Stesicoro a Stenio due civiltà un solo popolo: La Cammara Picta del palazzo del Magistrato di Termini Imerese*, Vera Canam, Palermo 2016, p. 62 e 69.

[62] Nella parete di fronte l'ingresso della *Sala del Magistrato* è affrescato un cartiglio con iscrizione (le cui lettere sono state dipinte scorciate e sformate a seguire realisticamente le volute), della quale sono state proposte varie trascrizioni ed esplicazioni, spesso tra loro discordanti (cfr. bibliografia cit. nella nota n. 63). La presenza, prima della data, di una piccola lettera S in apice, fondamentale per la corretta interpretazione della dicitura è sfuggita alla maggior parte degli studiosi (ad es. in R. TEDESCO, *Da Stesicoro a Stenio...*cit. p. 62, è totalmente omessa nel testo e nella restituzione grafica, mentre a p. 69, curiosamente, è appena accennata). Qui, per la prima volta, presentiamo la corretta trascrizione (che emenda le precedenti) e la nostra proposta di integrazione delle abbreviazioni: VINCE/N/TIVS BARBERA IN(VENTOR) P(ICTOR) T(H)ER(MITANU)^S▲ 1610▲.

[63] Cfr. A. CONTINO S. MANTIA, *Vincenzo La Barbera...*cit., pp. 83-85; ID., *Dallo studium medievale al liceo classico "Gregorio Ugdulena", 700 anni di storia della cultura e delle istituzioni scolastiche a Termini Imerese*, Istituto di Istruzione Superiore di Secondo Grado "G. Ugdulena", Termini Imerese 2007, p. 30 note n. 134 e 135.

[64] Cfr. Ibidem e doc. n. 1 p. 165.

[65] Durante la reggenza di questo viceré, nel piano inferiore dell'edificio civico fu impiantato il carcere comunale, poi rifabbricato e fortificato nel 1651, come deliberato nel consiglio civico del 12 novembre di detto anno (cfr. Anonimo, *Scritti diversi di Termini Imerese*, ms. sec. XVII-XVIII, BLT ai segni *AR e a 7*, p. 133v).

[66] Cfr. B. ROMANO, *Notizie storiche...*cit., p. 43.

[67] Il nonno di questo artista, il *Genuens* Bartolomeo Barbieri (il cui cognome fu poi sicilianizzato in *Varveri* o *Barberi* o *La Barbera*), sposando la termitana Lucrezia, acquisì la cittadinanza imerese *propter ductione uxoris*, cfr. A. CONTINO, S. MANTIA, *Vincenzo La Barbera...*cit., pp. 35-36.

[68] Su questo titolo, cfr. ivi p. 88; ID., *Architetti e pittori...*cit., pp. 117-121 e 144. In AMG manca un

Anteriormente al 1619-20, ebbe inizio una nuova fase di lavori che riguardarono l'edificio senatorio, guidata sempre dal La Barbera. Infatti, dai registri degli anni indizionali 1619-20 e 1620-21, è certo che la «fabrica (*sic*) della Casa di città», era già stata data a cottimo (*staglio*, dal castigliano *destajo*), dai «giuratj antepassatj», per l'importo totale di *onze* 120, come da apposito contratto e relativo capitolato (*obligo*) delle opere, agli atti in notar Gerolamo di Martino, «attuario della città di Termini»[69]. A causa delle lacune presenti nella serie dei rogiti di questo notaio, non è stato possibile rintracciare la predetta stipula[70] tra l'*universitas* ed i *fabricatores* Antonino Scarfellita (o Scarfillita), Pietro La Rosa e Pietro di Maijo (o di Maio o di Maggio), che si erano aggiudicati l'appalto ed avevano già incassato, in più mandati, ben *onze* 80. Da una scarna menzione nel registro del 1619-20, inoltre, risulta che lo Scarfellita si aggiudicò anche l'appalto di non ben specificati lavori d'intaglio per il finimento in pietra concia[71], dell'ornamento con fregio, architrave e cornice.

Nel 1622-23, per la somma di *onze* 24, ancora lo Scarfellita ebbe assegnati anche i lavori di sostituzione del tetto vecchio con quello nuovo, nella sala grande del palazzo civico[72].

Nel seguente anno indizionale, i tre appaltatori entrarono in disaccordo con la committenza, sostenendo di non sussistere alcun obbligo contrattuale né relativamente alla realizzazione della copertura sottotegola di ardesia ligure o *balati di genoa*[73], a protezione del tetto, né alla

---

settennio (1612-13; 1613-14; 1614-15; 1615-16; 1616-17; 1617-18; 1618-19), cruciale per studiare gli esordi del La Barbera in questa sua mansione.

[69] Cfr. AMG, 1619-20, ms. BLT ai segni *III 10 a 25*, ff. 41v-42r, punti 1-2; AMG, 1620-21, ms. BLT ai segni *III 10 a 26* f. 48, punto 1, 13 settembre V^a indizione 1621. Addì 8 ottobre 1619, Girolamo di Martino divenne attuario, previa rinuncia in pari data del suo predecessore Domenico di Pace, cfr. AMG, 1619-20, ms. cit. f. 2r.

[70] Cfr. Archivio di Stato di Palermo sezione di Termini Imerese (d'ora in poi ASPa – Te), dove sono superstiti esigue minute (1615-17; 1621-23, 1640-44) e pochi registri (1612-13, 1615-16, 1620-21, 1623-24, 1626-27, 1628-29, 1638-44).

[71] Cfr. AMG, 1619-20, ms. cit.: «m(ast)ro Ant(oni)no (Scarfellita) muratore m(ast)ro Intagliatore have havuto unzi cinquanta in diversi ma(n)dati p(er) lo finime(n)to di petra concia da fa(r)lisj frixo (fregio), et architravo (*sic*, architrave) a unzi 7 la ca(n)na $^{(= 2,06\ m)}$ et la cornici a unza 1 la ca(n)na a tutti sui dispesj co(n)forme appare p(er) co(n)tra)tto nelli ditti atti».

[72] Cfr. AMG, 1622-23, ms. BLT, ai segni *III 10 b 1*, f. 4r: 5 ottobre VI^a indizione 1622, «Atto della liberationi dello tetto della Casa della Città». L'impresa appaltante si impegnò a sostituire, a proprie spese, le strutture lignee vecchie con quelle nuove, con l'obbligo di togliere tutti i logori arcarecci di castagno (*trava seu castagnolj*), sostituendoli singolarmente coi nuovi, mentre i correntini (*custanj*) della nuova orditura del tetto, andavano distanziati di «quattro palmj (c. 1 m)». I *mastri*, infine, dovevano «morare e stipari bene li portusj di detti castagnolj co(n) calci e gisso a tuttj spesj loro et a tratti a tuttj loro spesj eceptuata la lignamj che cj vorra (*sic*) p(er) detto tetto novo co(n) haver a farj lo ditto servizo giornalme(n)te senza intervallo». Il contratto d'obbligo per «divarj et mettirj lo tetto vecchio di la sala dila Casa de la Città», fu stipulato tra i giurati (Pietro di Marino, Giovanni Vincenzo Marino, Pompilio Ruffino e Francesco Solito) e lo Scarfellita, il 4 ottobre VI^a indizione 1622, a decorrere dal giorno successivo, cfr. ASPa-Te, notar Gerolamo de Martino, vol. 13153, minute, 1621-23, anno indizionale 1622-23, f. 1.

[73] Cfr. P. BOVA, A. CONTINO, *L'importazione e l'uso dell'ardesia ligure (Pietra di Lavagna) nella Sicilia centro-settentrionale (XV-XVIII secolo)*. In: *Arte e Storia delle Madonie Studi per Nico Marino*, atti della sesta ed., Castelbuono (Palermo), 22 ottobre 2016, a cura di G. MARINO, R. TERMOTTO, novembre 2018, pp. 101-124.

messa in opera del rivestimento finale di tegole fittili (*li canalj*), affermando altresì di aver già imbiancato le tre facciate principali, compresa quella di piazza[74]. Non è noto però, a causa delle lacune nella serie dei registri, quale fu la tempistica ed il successivo sviluppo di questa controversia giuridica.

Nel medesimo torno di tempo, da un'altra scarna indicazione archivistica risulta che era stata appaltata a *mastro d'ascia* Pietro Margotta l'esecuzione, in legno di castagno, di due finestre e di una porta d'entrata di un ambiente «sotto la cammera della Casa della Città»[75]. L'incarico di «assettare l'intaglio» della porta predetta, fu dato a *mastro* Damiano Palumbo, membro dell'omonima famiglia di artefici, alcuni dei quali specializzati in lavori di scultura[76]. Attualmente, l'unico uscio nella facciata di strada del palazzo civico, prospettante sull'attuale Via Stenio, è adornato da un piccolo portale in *pietra di Termini*, con archivolto semicircolare su plinti, sormontato da tre robuste grandi mensole o *gactuni* (al centro con funzione di chiave di volta) sostenenti un elegante balcone. In quest'ultimo, posto all'altezza del piano nobile, si apre un finestrone con gli stipiti ornati da mezze colonne lisce, poggianti su piedistalli, sormontati da capitelli ionici che reggono l'architrave, il fregio e la cornice modanata.

I successivi atti giuratori superstiti, relativi all'ultimo quinquennio degli anni 20' del Seicento ed al decennio seguente, sinora non hanno fornito ulteriori riscontri documentari concernenti le nuove opere. La priorità di altri lavori pubblici, ma soprattutto la negativa congiuntura economica[77], avranno avuto un peso notevole sulla tempistica relativa al compimento dell'edificio civico, a causa del netto calo degli introiti comunali derivanti dai dazi del *Regio Caricatore del Grano*.

Lo storico locale sac. don Vincenzo Solìto, si limita a menzionare *en passant* il perfezionamento dell'edificio, senza fornire precise indicazioni cronologiche (anche se pone l'evento tra due avvenimenti datati, rispettivamente, 1638 e 1650), a parte la citazione dei giurati in carica in un determinato anno indizionale[78].

---

[74] Cfr. AMG, 1623-24, ms. BLT, ai segni *III 10 b 2*, ff. 134v-135r.: «da facciata della piazza sicome già è stata fatta co(n) soj pilastri fintj (cioè lesene) et laltra (sic) dui facciatj cioè una in frontisp(iti)o la magg(io)re chiesa, l'altra la casa in frontisp(iti)o che tenino a loheri li padrj del detto co(n)vento di s(an)to franc(es)co d'assisj».

[75] «Se li notifica come e (*sic*, è) stato dato allo staglio la p(or)ta et duj finestrj di castagna a m(ast)ro petro margotta p(er) la sta(n)zia sotto la cam(m)era della Casa della Città per p(re)zzo di onze 5. (tarì) 24. quale have di (*sic*) havuto il prezzo di d(ett)a porta», cfr. AMG, 1623-24, ms. cit., f. 136 n. 30.

[76] «Et più se li notifica che m(astr)o damiano palu(m)bo have di assettare l'Intaglio della s(uddet)ta porta q(ua)le anco have avuto onze 3. (tarì) 18 p(er) p(re)zzo di d(ett)o Intaglio», cfr. Ibidem n. 31. I Palumbo lapicidi furono attivi non solo a Termini (cfr. A. CONTINO, S. MANTIA, *Note dei curatori* in B. ROMANO, *Notizie storiche...*cit., p. 92, nota n. 125; ID., *Architetti e pittori...*cit., p. 58; G. CATANZARO, *Storia di un santuario...*cit., p. 47), ma anche nelle Madonie (cfr. R. TERMOTTO, *Sclafani Bagni...*cit., pp. 124-125).

[77] Nella 1ª metà del Seicento, la Sicilia fu funestata da penurie di grano e conseguenti carestie (1625, 1630, 1636, 1639, 1640, 1647). Ad es., G. CHACCON (G. SPUCCES S. J.), *Mercurio panormeo ò vero l'Almirante in Palermo ricevuto quand'egli ne' 16. di Giugno del 1641. prese primieramente il governo del Regno di Sicilia*, Cirillo, Palermo MDCXXXXI, riferisce che l'Isola era «stata di molti anni in quà (*sic*) nelle raccolte infelice, tanto che la lunga carestia finalmente in disperation di fame terminar si vedea» (pp. 2-3), mentre nell'estate del 1641 si ebbe «abbondante raccolta» (p. 29).

Il portale monumentale d'ingresso (Fig. 4), cardine dell'edificio più rappresentativo della cittadina demaniale[79], sinora non è stato oggetto di alcuno studio specifico. L'opera, che si caratterizza per un'insistita semplicità classicheggiante, con un'attenta meditazione sull'antico, esibisce due monolitici pilastri laterali (poggianti su piedistalli), ornati da cariatidi, acefale e monche degli arti superiori, fasciate in un panneggio che però lascia in gran parte scoperti i seni. Gli arti inferiori, fortemente stilizzati, sono separati da una scanalatura verticale (glifo) che nel suo attacco superiore curiosamente simula le parti pudende. Le due cariatidi[80], sono sormontate da capitelli di ordine composito[81], che sostengono le mensole o *gactuna* del frontone. Modanati si presentano gli stipiti e l'architrave (la cui parte inferiore è ornata al centro da un mascherone, a custodia dell'ingresso, esibente un grottesco volto maschile barbuto, in parte danneggiato).

Il fregio, elegantemente scolpito, all'interno di un ovale mostra l'iscrizione di ispirazione antiquaria[82]: ORDO ET POPVLVS / THERMITANVS / VRBIS HIMERÆ: che sancisce l'ideale continuità del senato e del popolo di *Himera* e di *Thermae Himerenses*, sino alla Termini seicentesca. Le cornici oblique del frontone, spezzate[83] agli angoli inferiori, lasciano libero uno spazio simmetrico che, essendo disadorno, a nostro avviso, forse era stato concepito per ospitare un duplice abbellimento (ad es. gli stemmi che furono invece collocati in una posizione più elevata). Al di sotto della parte apicale del frontone, campeggia l'elegante

---

[78] «Circa quel tempo si perfettionò nella Città di Termini, la casa, ò (*sic*) palaggio del Magistrato» durante la reggenza dei giurati «Filippo La Casta, Gio[van]. Battista Sarzana, Gio[van]. Giacomo Satariano», cfr. V. SOLÌTO, *Termini Himerese città della Sicilia posta in teatro, cioè, l'historia della Splendidissima città di Termini Himerese nella Sicilia*, tomi 2 (II), Bisagni, Messina 1671, p. 129.

[79] Cfr. G. BELLAFIORE, *La civiltà artistica della Sicilia dalla preistoria ad oggi*, Le Monnier, Firenze 1963, p. 81.

[80] Cfr. G. A. RUSCONI, *Dell'architettura*, I Gioliti, *Venetia MDXC*, p. 3: «(le cariatidi) furono in vece di colonne collocate […] per eterno essempio (*sic*) di servitù, et di scorno […] et così (i greci) vollero che in un certo modo fosse il trionfo loro perpetuo, formandone così fatti simulacri; quasi serventi, & calcate dalle fabbriche loro». Per l'iconografia, cfr. frontespizio in S. SERLIO, *Quinto libro d'Architettura*, De Nicolini de Sabbio, *Venetia MDLI*; nonché J. VREEDMAN VRIESE, *Caryatidum (vulgus Termas vocat) sive Athlantidum multiformium ad quemlibet Architecture Ordinem ac commodatarum centuria prima in usum huius artis candidatorum artificiose excogitata*, *Antorfum*, 1581, 16 tavv.

[81] L'ordine ionico si confaceva «ad huomini litterati; & di vita quieta, no(n) robusti, né anco teneri», mentre quello corinzio «a persone di vita honesta & casta», cfr. S. SERLIO, *Tutte l'Opere...*cit., lib. IV, p. 158v e p. 169r, rispettivamente. Il Serlio precisa che «Et perche (*sic*) (…) la maniera Corinthia hebbe origine da una vergine Corinthia; ho voluto imitarla, ponendola per colonna» cfr. S. SERLIO, *Tutte l'Opere...*cit., lib. IV, p. 182r.

[82] Sulla rilevanza degli artisti nella riscoperta del carattere lapidario romano, cfr. M. MEISS, *Toward a more comprehensive Renaissance Palaeography*, «Art Bulletin», vol. 42, 1960, pp. 97-112.

[83] Cfr. S. SERLIO, *Alli Lettori*, in ID., *Libro estraordinario*, F. Franceschi, *Venetia MDLXXXIIII*: «Dico che conoscendo, che la maggior parte degli huomini appetiscono il più delle volte cose nuove, & massimamente che ve ne sono alcuni, che in ogni piccola operetta, che facciano fare, gli vorebbono (*sic*) luoghi assai per porvi lettere, armi, imprese, & cose simili: altre istoriette di mezo (*sic*) rilievo, ò (*sic*) di basso: alcuna fiata una testa antica, ò (*sic*) un ritratto moderno, & altre cose simili. Per tal cagione sono io trascorso in cotai licentie, rompendo spesse fiate uno Architrave, il Fregio, & ancora parte della Cornice: servendomi però dell'auttorità (*sic*) di alcune antichità Romane. Tal volta ho rotto un Frontispicio per collocarvi una riquadratura, ò una arme».

scultura che raffigura il lato concavo della valva superiore del *Pecten jacoboeus*[84], mollusco anequivalve dalle tipiche coste radiali. Infine, al di sopra del frontone, disposti simmetricamente ai lati, vi sono due sculture raffiguranti dei vasi fumanti[85].
Nel piano nobile, quattro ariosi finestroni dell'edificio seicentesco, si aprono nella facciata di piazza in «Pietra bianca di Termini». I finestroni seicenteschi sono anch'esse ornati da stipiti ed architrave modanati, che fanno *pendent* con il portale, sormontati dal fregio e dalla cornice.
Gli elementi litici di calcare bioclastico (Fig. 5), macroscopicamente mostrano piccole *druse* o vene di calcite spatica e, a luoghi, inglobano frammenti centimetrici di selci rosso-brunastre (come nel portale). Queste litologie vanno ascritte alla *facies a frammenti di Rudiste (RFC)*, caratterizzata da un deposito bioclastico a Rudiste, granulo-sostenuto, prodotto da flussi gravitativi[86]. La struttura del portale, in passato è stata interessata da un lieve quadro fessurativo con lesioni, talvolta associate a piccoli cedimenti e rotazioni. I punti di sconnessione, sia all'interno del materiale lapideo che nella giunzione con la muratura, furono ritoccate con una poco invasiva preparazione a stucco. Le riattivazioni, in tempi più recenti, con molta imperizia, sono state riempite adoperando addirittura un'insulsa malta cementizia grigia mista a sabbia.
Al di sopra del portale, campeggia centralmente la targa celebrativa datata 1642[87], *terminus ante quem* relativamente al completamento delle opere durante il regno di Filippo IV di Spagna e III di Sicilia, auspici il viceré, *Juan Alfonso Enriquez de Cabrera, Almirante de Castilla*[88] ed il

---

[84] Come emblema sacro si lega a S. Giacomo maggiore; in generale, la conchiglia esprime la fede pubblica, la concordia e l'unione, cfr. G. DI CROLLALANZA, *Enciclopedia araldico-cavalleresca: prontuario nobiliare*, Giornale Araldico, Pisa 1876-77, pp. 198-199.

[85] Sugli aspetti simbolici, cfr. G. CROLLALANZA, *Enciclopedia araldico-cavalleresca...cit.*, p. 601: «i vasi […] fumanti […] significano abitudine virtuosa e dignità conservata». Per l'uso nei portali, ad es. cfr. ad es., J. BAROZZI DA VIGNOLA, *Regla de las cinco ordenes de Architectura*, trad. P. Caxesi, Mancelli, Madrid 1593, tav. XXXVI (Roma, palazzo del cardinale Ranuccio Farnese).

[86] Cfr. R. CESTARI - D. SARTORIO, *Rudists and Facies of the Periadriatic Domain*. Volume speciale AGIP S.p.A., Arti grafiche Amilcare Pizzi S.p.A., Cinisello Balsamo (Milano) 1995, 207 pp.

[87] D(EO) ▼ O(PTIMO) ▼ M(AXIMO) / PHILIPPO. IV. SICILIÆ (sic), ET HISPAN(IARUM). AB REGE AVGVSTISSIMO, D. D. / IOANNE ALPHONSO ENRIQVEZ DE CABRERA ADMIRATV[M] / CASTELLÆ ET.C. HVIVS REGNI PROREGE DE OMNIV(M) HOMINVM / GENERE BENEMERENTISSIMO, HIMERENSIS CIVITAS CARTHAGINENSIVM / ODIO DIRVTA HOC IN LOCO FŒLICIVS RENOVATA SVB TANTOB (sic) PRINCIPVM / TVTELA, NVLLAS IAM TEMPORIS AVT INIMICORVM INIVRAS PERTIMESCENS/ PERPETVAM SIBI PROMITTENS FŒLICITATEM AQVILAM HANC PERPETVI/TATIS SYMBOLVM PONENDA(M) CVRAVIT: PATRIÆ VERE PATRIB⁹ (=PATRIBVS) PETRO VGO / IOANNE BAPTISTE SARZANA MODESTO CASCIO FRANC(ISC)O DE MARINO / SINDACO MICHAELE ANGELO DE MARINO. ANNO MDCXLII -.

[88] Il nuovo viceré, designato con dispaccio dato a Madrid il 23 dicembre 1640, si insediò ufficialmente a Palermo, domenica 16 giugno 1641 (cfr. G. CHACCON, *Mercurio panormeo...cit.*, p. 7 e segg.), rimanendo in carica sino all'aprile 1644 (cfr. G. E. DI BLASI, *Storia cronologica dei viceré luogotenenti e presidenti del regno di Sicilia seguita da un'Appendice sino al 1842*, a cura di P. Insenga, Oretea, Palermo 1842, p. 325r segg.). Sulla casata degli Enriquez e sull'ammiragliato di Castiglia, cfr. P. SALAZAR DE MENDOZA, *Origen de las dignidades seglares de Castilla*, Imprenta Real, [Toledo 1618] Madrid 1657, pp. 68-70; E. ORTEGA GATO, *Los Enríquez, Almirantes de Castilla*, «Publicaciones de la Institución Tello Téllez de Meneses», 70, 1999, pp. 23-65; J. SALAZAR Y ACHA, *Consideraciones sobre algunos aspectos genealógicos y*

civico magistrato. L'iscrizione, è racchiusa in un elegante cartiglio bislungo, dalle ampie volute, ornato ai lati da due profili femminili e, al centro del bordo inferiore, da una conchiglia.

Auspice il detto viceré, analogamente al palazzo civico di Termini Imerese, furono condotte, e completate nel 1643, le opere di ingrandimento e di abbellimento del prestigioso edificio senatoriale di Catania, anche qui successive ad una prima fase, ultimata nel 1622[89].

Al culmine del prospetto, si staglia l'aquila, con l'insegna sabauda sul ventre, che sostituì l'originale emblema regio seicentesco, costituendo un evidente e stridente anacronismo, per cui è del tutto fuorviante associarla all'opera monumentale[90]. L'originario apice della composizione architettonica, l'aquila regia[91], invece, si inseriva coerentemente nel contesto storico che vide le fasi conclusive dei lavori relativi all'edificio civico. La stessa precitata iscrizione celebrativa, con tono magniloquente allude all'aquila, emblema regale per eccellenza, che allegoricamente protegge la novella *Himera* dalla minaccia di pirati nord-africani, paragonati ai cartaginesi distruttori della colonia greca nel 409 a. C.

Simmetricamente disposti ai lati, campeggiano due stemmi a rilievo, adornati da un elegante cartiglio con volute, conchiglia e due figure femminili stilizzate ai lati.

L'emblema della città demaniale di Termini, posto sul canto destro (per chi guarda), mostra in primo piano, tre figure (se fossero stati presenti gli *smalti* sarebbero stati *d'oro* su campo *d'azzurro*): la ninfa Himera con la cornucopia, il poeta Tisia detto Stesicoro e la capretta[92], sovrastate dal monte Euraco, sulla cui vetta si staglia la figura ingigantita di S. Calogero eremita.

Nel canto sinistro (per chi guarda), invece, contrariamente a quanto scritto dal Romano, non è presente lo stemma della Sicilia, bensì il blasone (Fig. 6), ornato da cimiero e corona, con le insegne del viceré *Juan Alfonso Enríquez de Cabrera* e della viceregina *Luisa* o *Aloisia Sandovàl y Roxas*[93].

---

heráldicos del Almirantazgo de Castilla, «XXVII *Jornadas de Historia Marítima, La institución del Almirantazgo en España*», Instituto de Historia y Cultura naval, *Cuadernos Monograficos del Instituto de Historia Cultura Naval*, n. 42, *Lormo*, Madrid 2003, pp. 83-100.

[89] Cfr. G. B. DE GROSSIS, *Catanense decachordum, sive novissima sacrae Catan(ensis) ecclesiae notitia qua tum ecclesiasticae, tum secularis catanensis politiae Status universus, Scriptores calamis vel intactus, vel intectus, intentè signatur, intentiùs propugnatur*, voll. 2, Rossi, Catanae 1647, II, pp. 61-62.

[90] G. CORRIERI, *Il Piano del Duomo*...cit. (p. 10), sostiene erroneamente che «l'aquila imperiale (*sic*)» avrebbe «il corpo a stemma con le armi della città», omettendo invece l'altra insegna. In R. TEDESCO, *Da Stesicoro a Stenio*...cit., p. 11 (e figg. in alto ed in basso) non sono affatto citati né raffigurati i due stemmi laterali.

[91] Sulla complessa simbologia dell'aquila, cfr. F. BARONIO MANFREDI, *De Maiestate Panormitana, De Isola*, Panormi MDCXXX, voll. 4 (I), pp. 31-42 e pp. 78-79; J. M. AMATO, *De principe templo panormitano*, Aiccardo, Panormi MDCCXXVIII, pp. 59-60 e pp. 72-74; J. E. KORN, *Adler und Doppeladler. Ein zeichen im Wandel der Geschichte*, "Der Herold", 5-6,1965-68, Göttingen 1969 (estratto), VI+104 pp.

[92] Rammentano le tre statue bronzee trafugate dai cartaginesi dopo la distruzione di Himera e restituite ai termitani da Scipione l'Africano, cfr. M. T. CICERONE, *In Verrem*, II, 2, 86-87.

[93] La partizione destra (sinistra per chi guarda) dello scudo, *semitroncato partito, interzato cappato-alzato*, esibisce il blasone degli *Enriquez*, con i due *castelli* (con gli *smalti* sarebbero stati *d'oro* su campo *di rosso*), ed in punta il *leone* (*di rosso* su campo *d'argento*) alla bordura dell'*Almirante de Castilla* (*d'argento*) caricata di 8 *ancore* (*d'azzurro*); *partito*, con a destra l'arma parlante dei *Cabrera*, alla capra rampante (*di nero* su campo

Le ricerche d'archivio, nonostante le ulteriori frequenti lacune nella serie degli atti giuratori[94,] hanno evidenziato i complessi retroscena relativi alla scelta finale delle insegne da collocare sulla facciata di piazza dell'edificio. Negli atti dell'anno X^a indizione 1641-42, tra gli incarichi lasciati in sospeso dai giurati eletti nel 1640-41, infatti, si fa menzione di un mandato di pagamento di *onze* 2, relativo a lavori affidati allo scultore palermitano Francesco Scuto[95]. Nell'atto si legge che lo Scuto «fece la testa (*sic*) e l'armj della città», mentre la postilla a tergo specifica chiaramente che il lavoro era incompleto e che il lapicida doveva ancora riparare il capo della statua posta sul fonte di piazza, pena la perdita del compenso[96]. Erano già pronte, invece, le sculture dell'aquila reale e delle due insegne laterali, rispettivamente della cittadina imerese e di «Sua Eminenza», cioè monsignor Pietro Corsetto, vescovo di Cefalù, *governatore di Sicilia* su mandato del viceré *Francisco de Melo de Braganza*[97]. Le sculture, erano ancora da montare, unendo gli elementi con delle graffe bronzee (custodite dal lapicida termitano *mastro* Nunzio Ardizzone), e collocare sulla facciata di piazza, usando dei sostegni di ferro[98.] In realtà, il blasone del Corsetto, pur essendo già pronto, non fu più installato. Nel mentre, infatti, il vescovo, avendo terminato il suo mandato, se ne era tornato nella sua diocesi e al *de Melo*, inviato a governare i Paesi Bassi, era subentrato il nuovo viceré *Enríquez de Cabrera*[99.] Durante il governo di quest'ultimo, dunque, furono scolpiti (probabilmente dallo stesso Scuto) e collocati, oltre alla targa celebrativa (1642), anche le armi gentilizie vicereali.

Concludiamo, tratteggiando qui di seguito, per ogni secolo, le principali tappe successive al compimento dell'edificio civico.

Nel 1713, verso la fine di novembre, nei tre giorni festivi in onore del novello re di Sicilia, Vittorio Amedeo di Savoia, del palazzo civico furono addobbate la facciata di piazza, la grande sala e la balconata (prospettante sulla chiesa madre), dalla quale si affacciarono le

---

d'oro), *alla bordura* (*di nero*); a sinistra, stemma del regno di Sicilia: *inquartato in decusse nel 1° e 4°*, le insegne d'Aragona: *a 4 pali* (*d'oro* su campo *di rosso*), *nel 2° e 3°*, quelle di Svevia: *all'aquila spiegata* (*di nero* su campo *d'argento*); *partito*, a destra l'arma dei *Sandovàl*, *alla sbarra* (probabile variante della consueta *banda, di nero attraversante* su campo *d'oro*), a sinistra, lo stemma dei *Roxas* (o *Rojas*), con cinque stelle (*d'azzurro*) di otto raggi poste in croce di S. Andrea (su campo *d'oro*).

[94] I registri superstiti (1637-38, 1638-39, 1639-40, 1641-42; 1645-46) o mutili (1640-41, 1642-43; 1643-44) sono in gran parte rovinati dall'umidità. Preziose informazioni emergono da: AMG, 1638-39, ms. BLT ai segni *III 10 b 12*; AMG, 1639-40 ms. BLT ai segni *III 10 b 13*; AMG, 1640-41 e AMG, 1642-43 in AMG *frammenti 3*, misc. mss. cit., s. n. p.

[95] Sulla produzione della bottega palermitana degli Scuto, cfr. S. PIAZZA, *I colori del Barocco: architettura e decorazione in marmi policromi nella Sicilia del Seicento*, Flaccovio, Palermo 2007 (*cum bibl.*), pp. 52-62.

[96] Cfr. AMG, 1641-42, ms. BLT ai segni *III 10 b 14*: «p(er) accomodare la testa della statua (della fontana) del Piano della Città seli (*sic*) notifica lo vogliano mandare a chiamare altrim(ent)e (*sic*) lo potrano (*sic*) fare finire di (*sic*) altro m(ast)ro co(n) pagarli li (*sic*) sud(de)tti onze due». Ingiunzione ancora disattesa, il 17 ottobre X^a indizione 1643, essendo inserita tra gli incarichi in sospeso del precedente anno indizionale, cfr. AMGe, 1643-44, in AMG, *frammenti 3*, misc. ms. cit., nn. 36-37.

[97] Cfr. G. E. DI BLASI, *Storia cronologica...*cit., pp. 323-324.

[98] Cfr. AMG, 1641-42, ms. cit.: «vi sono tri ferri che hanno di sustentare laquala (*sic*, l'aquila) e l'armi di S(ua) Em(inenz)a e della Città q(ua)ndo sarra (*sic*) il tempo et anco vi sono li bru(n)czi in potere di m(ast)ro nuntio ard(ic)zuni p(er) mantenere le sud(dett)i aquali (*sic*, aquile) et armi». Sugli Ardizzone, cfr. A. CONTINO, S. MANTIA, *Note dei curatori* in B. ROMANO, *Notizie storiche...*cit., p. 92, nota n. 125.

[99] Cfr. G. E. DI BLASI, *Storia cronologica...*cit., p. 325.

massime autorità[100]. Nel luglio 1778, il viaggiatore francese Dominique Vivant Denon (Givry, 4 gennaio 1747 – Paris, 27 aprile 1825), nella sua vivace descrizione della cittadina, accenna appena al portale del palazzo municipale[101].

Il 3 febbraio 1832, i *decurioni* (amministratori civici), deliberarono le «riforme della Casa Comunale e del Teatro», su progetto del capomastro Gabriele Castiglia, appaltate all'impresa di Vincenzo Balsamo[102]. Oltre agli scempi già accennati, un altro corpo di fabbrica, addossato alle strutture seicentesche, fu edificato sul lato opposto alla facciata di piazza[103]. Un decennio dopo, il 2 febbraio 1842, a seguito delle copiose piogge invernali, fu disposta la spesa di ducati 19,80 per acconci da eseguirsi in economia nella «soffitta del Comune», ritenuta «pericolante» mentre l'uragano del successivo 27 maggio provocò altri guasti ai tetti[104]. Il 2 marzo 1883, fu sancita la «riparazione al tappeto della scena del teatro e per impiantare e indi rimuovere la scala di legno, che si collocava all'interno del detto teatro in occasione del veglione del passato carnevale»[105], mentre il 1° giugno furono sancite le «Condizioni di contratto per l'appalto di lavori di ammattonato in marmo nella sala del Consiglio»[106].

Nel 1909, furono collocate le vetrate per riparare dagli agenti meteorici la loggetta interna[107]. Negli anni 1910-12, furono eseguiti i «lavori di rifacimento e trasformazione» del prospetto principale e di quelli laterali, nonché per elevare il «piano attico» sormontato dal nuovo tetto con «embriciato» per raccogliere le acque piovane, appaltati alla ditta Antonino Lodato di Innocenzo[108]. Queste opere falsarono ulteriormente la configurazione interna ed esterna

---

[100] Cfr. B. ROMANO, *Notizie storiche...*cit., pp. 71-73.

[101] Cfr. D. V. DENON, *Voyage en Sicile*, Didot l'Aîné, Paris MDCCLXXXVIII, p. 62.

[102] Cfr. *Atti del Decurionato di Termini* (d'ora in poi ADT), 1829-34 ms. BLT ai segni *III 10 i 8*, art. 3 f. 460; ADT, 1839-40, ms. BLT ai segni *III 10 i 10*, art. 11 f. 106, 10 ottobre 1840: il *Real Teatro S. Francesco* (o *Stesicoro*), già compiuto, era privo di *decorazioni* e *lumi* (costo preventivato di ducati 300, avendone già speso 1000 c.). Ferdinando III di Sicilia, con R. D. del 13 novembre 1810, aveva concesso la restaurazione del teatro, già detto di S. Basilio, cfr. A. INGUAGGIATO, *Considerazioni filosofiche, e politiche sullo stato civile cavate principalmente dall'istoria dell'antica, e nuova Imera*, Barravecchia, Palermo 1814, p. 124.

[103] In corso d'opera, rispetto a quanto preventivato in progetto, a causa delle pessime capacità portanti dei terreni attraversati, si approfondì lo scavo *per la fabrica del pedamento* e l'impresario pretese un aumento sul compenso stabilito, cfr. ADT, 1841-42, ms. BLT ai segni *III 10 i 11*, art. 1 f. 157: 26 giugno 1842.

[104] Cfr. ADT, 1841-42, ms. cit., art. 4 f. 119, febbraio 1842, e art. 1 f. 157, 26 giugno 1842.

[105] Cfr. *Deliberazioni della giunta municipale di Termini Imerese* (d'ora in poi DGM), 1882-86, ms. BLT ai segni *DGM 7* n. 20: «Approvazione di spesa sopra vari articoli del bilancio 1883», n. 35, 1.8.130/1, «manutenzione del Teatro».

[106] Cfr. Idem, n. 49, pp. 198-201.

[107] Cfr. DGM, 1908-9, ms. BLT ai segni *DGM 21*: 31 luglio 1909 n. 381, p. 324; 17 agosto 1909 n. 396, p. 330; 23 ottobre 1909 n. 564, pp. 390-391.

[108] Cfr. DGM, 1905-10, supplemento, 4 gennaio 1910, nn. 10 e 17, pp. 284-287, 25 gennaio, n. 33, pp. 289-90, ms. BLT ai segni *DGM 16*; DGM, 1909-10, 16 agosto 1910 n. 434 pp. 132-134, ms. BLT ai segni *DGM 22*, «liquidazione delle opere per il prospetto del Palazzo Municipale e maggiore spesa relativa»; DGM, 1911-12, 2 gennaio 1912 n. 24 p. 71, ms. BLT ai segni *DGM 24*, inerente lo «svincolo» della cauzione versata dal Lodato, dove si fa riferimento al «verbale del 5 dicembre 1910, vistato il 4 gennaio 1911 al n. 6954 e registrato il giorno 17 detto al n. 837», relativo all'appalto dei prospetti laterali, «per £ 2750,54 oltre £ 164,09 per spese impreviste».

dell'edificio[109], provocando anche la scomparsa dell'elegante abbaino che si elevava a filo della facciata di piazza[110], alla base della falda del tetto.
Il 21 agosto 1920, infine, durante la reggenza del commissario prefettizio dottor Gaspare Viola, fu approvato il «Progetto per riformare a sala del Consiglio e ad uffici l'ala destra del Palazzo municipale, già Teatro Comunale e capitolato di appalti relativo»[111], che sconvolse irrimediabilmente la fisionomia interna del settore SO dell'immobile.

5. Conclusioni

Lo studio sull'estrazione e l'uso delle «brecce calcaree a rudiste» del Cretaceo sommitale delle cave di Termini Imerese, ha permesso di inquadrare geneticamente tali rocce nel contesto geologico regionale e locale. Nel contempo, le tecniche di analisi stilistica, proprie dalla storia dell'arte, unite ad una capillare ricerca d'archivio, hanno consentito un inquadramento cronologico dei manufatti lapidei ed hanno permesso di inserire le opere nel loro contesto storico e nell'ambiente socio-economico del tempo. Alcune discipline ausiliarie della storia, come l'araldica e la relativa trattatistica[112], costituiscono un insostituibile sussidio alla ricerca. Nell'indagine attuata, i dati provenienti da più fonti sono stati studiati applicando diversi metodi d'analisi, sinergicamente interagenti. Si tratta, quindi, di una ricerca interdisciplinare e multidisciplinare, in chiave di geologia applicata alle scienze storiche, ossia, come adeguatamente proposto di recente, delle "geoscienze storiche", vero e proprio *trait d'union* tra le scienze della Terra e quelle storiche[113].

6. Ringraziamenti

Siamo molto grati agli organizzatori della manifestazione in ricordo del compianto amico Nico Marino per aver voluto, con cortese disponibilità, editare i risultati dei nostri studi. Altresì ringraziamo cordialmente: don Antonio Todaro nonché il personale ed rispettivi

---

[109] Nel 1912, i parapetti in ferro delle finestre del piano superiore furono sostituiti da altrettanti in cemento a balaustrata, analoghi a quelli del piano nobile, prodotti dalla ditta «Ing. S. Ghilardi e C. di Palermo» (filiazione dell'omonima impresa milanese), cfr. DGM, 1911-12, cit., 2 luglio 1912 n. 353, pp. 185-186.
[110] Per l'ubicazione degli edifici e delle piazze di Termini Imerese, citate in questo studio, si veda la Fig. 7.
[111] Cfr. *Deliberazioni del consiglio comunale di Termini Imerese*, d'ora poi DCC, vol. 25, 1918-21, ms. BLT ai segni *DCC 25*, n. 84, pp. 253-263. Il 26 ottobre 1916, il consiglio aveva deliberato la demolizione del teatro, già degradato (cfr. DCC, vol. 24, 1915-18, ms. BLT ai segni *DCC 24*: n. 85 p. 86), ma si era proceduto soltanto in un progressivo sgombero con lo smantellamento delle strutture lignee.
[112] Cfr. J. F. F. RIVAROLA Y PINEDA, *Monarquia Española Blason de su Nobleza, Primera Parte*, Madrid 1736, pp. 40-44 (Enriquez), p. 163 (Sandovàl y Roxas); P. ADAM-EVEN, *Les diverses armoiries des royaumes de Sicile*, in "Revue française d'héraldique et de sigillographie", vol. 24, 1957, pp. 13-14; G. FATÁS CABEZA, G. REDONDO VEINTEMILLAS, *Blasón de Aragón: el escudo y la bandera*, Diputación General de Aragón, Gobierno de Aragon, Saragoza 1995, 205 pp.
[113] Cfr. P. BOVA, A. CONTINO, *L'importazione e l'uso del Nero e giallo di Portovenere o Portoro a Termini Imerese (Palermo) nel XVII sec.* In: *Arte e Storia delle Madonie Studi per Nico Marino*, Atti della 4ª e 5ª ed., Cefalù (Palermo) e Castelbuono (Palermo), 18-19 ottobre 2014; Gibilmanna (Cefalù), 17 ottobre 2015, a cura di G. MARINO, R. TERMOTTO, associazione culturale "Nico Marino", Cefalù ottobre 2016, p. 410.

direttori dell'Archivio di Stato di Palermo sezione di Termini Imerese e della Biblioteca comunale Liciniana di Termini Imerese, per la cortese disponibilità nelle ricerche d'archivio; Rita Esposito, per il valido supporto tecnico. La nostra riconoscenza particolare va all'amico Ignazio Marrix per aver acconsentito, con squisita gentilezza, alla pubblicazione della sua spettacolare foto aerea della *Rocca del Castello*. Dedichiamo questo studio alla memoria di Rosa Maria Dentici Buccellato, indimenticabile amica e profonda studiosa di storia medievale.

Le figure

Fig. 1. Approdo marittimo di Termini Imerese e vie di penetrazione nell'entroterra della Sicilia centro-settentrionale (disegno di A. Contino).

Fig. 2. Veduta aerea non zenitale della Rocca del Castello di Termini Imerese con in primo piano l'area delle ex cave (per gentile concessione dello studio fotografico I. Marrix di Termini Imerese). 1. Radiolariti ed argilliti silicee (fm. Crisanti, membro delle radiolariti, Lias superiore-Titonico?); 2. Conglomerati, brecce calcaree e calcari bioclastici ad elementi di calcari di piattaforma (fm. Crisanti, membro delle Brecce ad Ellipsactinia, Titonico); 3. Calcari bioclastici gradati e brecce calcaree con alternanze di marne verdastre più frequenti alla sommità (fm. Crisanti, equivalente temporale del membro marnoso-spongolitico, Cretaceo inferiore p.p.) e calcari bioclastici e brecce a rudiste ed orbitolinidi (fm. Crisanti, orizzonte inferiore del membro a Rudiste, Albiano-Cenomaniano); 4. Calcari bioclastici ed alla sommità calcari marnosi biancastri, con rudiste Radiolitidi ed orbitoididi (fm. Crisanti, orizzonte superiore del membro a Rudiste, Campaniano superiore-Maastrictiano). Le linee rosse indicano le faglie a componente principale distensiva (i dentini indicano il lato ribassato).

Fig. 3. Cartiglio con la firma e la data di completamento degli affreschi ad opera di Vincenzo La Barbera. Sala "La Barbera" del palazzo civico di Termini Imerese. Foto: A. Contino.

Fig. 4. Vincenzo La Barbera (?) ed ignote maestranze di lapicidi siciliani, Portale in "Pietra bianca di Termini", Prima metà del sec. XVII. Facciata di piazza del palazzo civico di Termini Imerese. Foto: G. Esposito.

Fig. 5. Particolare del materiale lapideo delle cariatidi che adornano il portale in "Pietra bianca di Termini", sec. XVII. Facciata di piazza del palazzo civico di Termini Imerese. Foto: P. Bova.

Fig. 6. Francesco Scuto (qui attr.), Insegne gentilizie del viceré Juan Alfonso Enriquez de Cabrera e della viceregina Luisa Saldovàl y Roxas. Marmo saccaroide (?), inizi del quarto decennio del sec. XVII. Facciata di piazza del palazzo civico, Termini Imerese (Palermo). Foto: G. Esposito.

Fig. 7. Pianta schematica del centro storico di Termini Imerese (disegno di A. Contino). 1. Area delle cave del castello; 2. Palazzo civico; 3. Museo civico "Baldassarre Romano"; 4. Ex chiesa di S. Francesco d'Assisi; 5. Chiesa Madre; 6. Chiesa di Maria SS. della Consolazione; 7. Piazza Francesco Crispi (già "piano del caricatore").

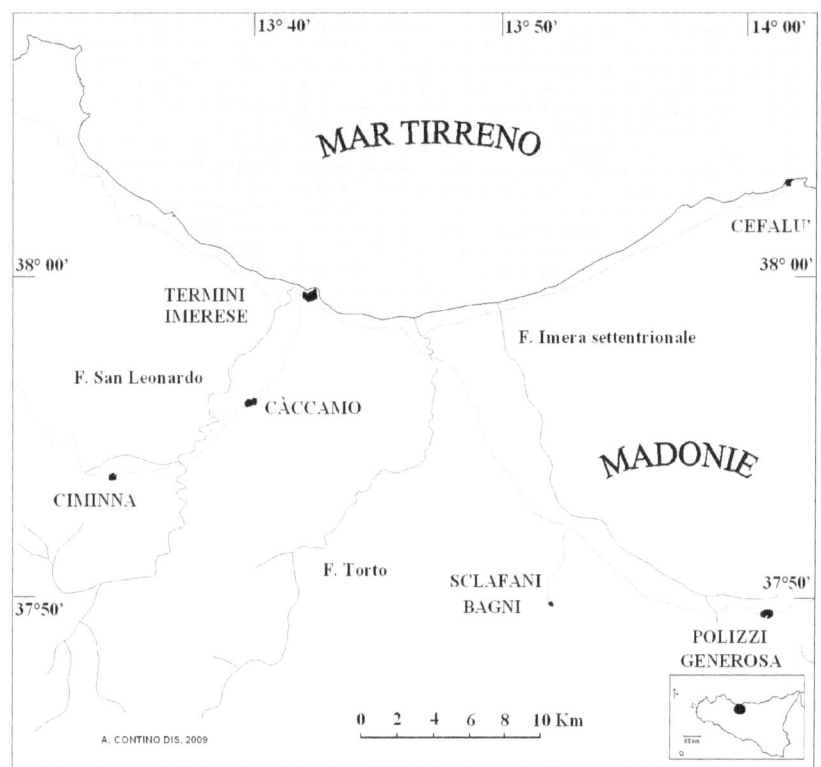

Fig. 1

Fig. 2

Fig. 3

Fig. 4

Fig. 5

Fig. 6

Fig. 7

La ricostruzione della vicenda pittorica degli Spatafora nei rapporti culturali tra città e provincia*

ANTONIO CUCCIA

Nel 1572 muore a Palermo Giuseppe Spatafora: "14 settembre: [Giuseppe Alvino detto il Sozzo] è fra i testimoni al testamento del pittore ed architetto Giuseppe Spatafora, indicato dal Baronio quale suo maestro, nel quale il testatore dichiara fra l'altro che il pittore Spatafora è suo figlio. [...] 6 ottobre: [l'Alvino] è testimone ad un atto enfiteutico stipulato da Bettuccia, vedova di Giuseppe Spatafora, e dal figlio Antonino, comprendente una dichiarazione circa i beni immobili da loro posseduti nel quartiere dell'Albergaria"[1].
Claudia Guastella, che documenta quanto sopra nel ricchissimo saggio sul pittore palermitano, rileva come la frequentazione abituale dell'Alvino di casa Spatafora, testimoniata dalla sua presenza alla morte di Giuseppe e dalla solida amicizia col figlio Antonino che lo affiancherà in diversi lavori pubblici, costituiscono elementi probatori dell'alunnato pittorico del Sozzo presso Giuseppe Spatafora, come testimoniato dal Baronio[2]. Da tutte queste considerazioni, a prescindere dalla veridicità dell'alunnato, il dato saliente è che Giuseppe Spatafora fosse anche pittore, nonostante che nessun documento finora reperito ne attesti l'attività in tal senso. Alla ricerca di un dipinto adeguato alla fama di Giuseppe, che sappiamo scultore e stimato architetto del Senato palermitano, Teresa Pugliatti[3] enuclea tra i dipinti, che il De Michele[4] attribuisce invariabilmente a Giuseppe e ad Antonino, quello che raffigura la *Madonna tra i santi Michele e Biagio* (Fig. 1), nella chiesa di san Michele a Caccamo, un tempo pare firmato col solo cognome e sicuramente senza data. La studiosa individua correttamente nell'opera una maggiore qualità rispetto alle altre, data da una "particolare eleganza tipica del primo manierismo" di una fase precedente. Poi per una pregiudiziale nei confronti di Antonino, la Pugliatti matura la convinzione, seppure con un punto interrogativo, che possa trattarsi di un'opera di Giuseppe. E infatti gli interrogativi sono tanti ma una cosa è certa: il dipinto non può datarsi entro il 1572, l'anno della morte di Giuseppe e quindi non ascrivibile ad esso, quanto piuttosto proprio ad Antonino come dimostrerebbe l'accostamento tra le due figure della Vergine nel dipinto del *Matrimonio di santa Caterina* (Fig. 2), del Museo Alessi di Enna, anch'esso caratterizzato da "un tratto mosso e leggero", all'elegante posa della figura impreziosita dall'effetto serico nelle studiate pieghe del panneggio. La datazione al 1585 del quadro di Enna espressa assieme alla figura per intero, spiega altresì la particolare pregnanza notata dalla Pugliatti nel primo quadro che automaticamente verrebbe ad assimilarsi a questo cronologicamente. Il fenomeno si spiega

---

* L'autore ringrazia coloro che gli hanno fornito generosamente le foto.
[1] C. GUASTELLA, *Ricerche su Giuseppe Alvino detto il Sozzo e la Pittura a Palermo alla fine del Cinquecento* in AA.VV. "Contributi alla storia della cultura figurativa nella Sicilia occidentale tra la fine del XVI e gli inizi del XVII secolo", Palermo, 1985, p. 117.
[2] C. GUASTELLA, *Ricerche su Giuseppe Alvino*, cit. 1985, pp. 47-48.
[3] T. PUGLIATTI, *Pittura della tarda Maniera nella Sicilia occidentale (1557-1647)*, Palermo, 2011, pp. 167-188.
[4] I. DE MICHELE, *Cenni sopra un affresco attribuito a Giuseppe Spatafora e sopra alcune opere di Vincenzo La Barbera*, Termini Imerese, 1877.

tenendo conto dello stretto contatto lavorativo dal 1585 al 1588 tra Giuseppe Alvino e Antonino Spatafora. Sono peculiarità del Sozzo quel paesaggio aspro, la sciolta movenza ritmica delle figure e l'armoniosità cromatica, visibile nel quadro di Enna, che un restauro evidenzierebbe anche in quello di Caccamo. Va detto ancora che la fitta schiera di angeli che, come notato dalla Schirò[5], connota il dipinto come "Madonna degli Angeli" secondo un tema introdotto in Sicilia da Scipione Pulzone con le pale di Milazzo e di Mistretta, rispettivamente del 1584 e del 1588, presenta caratteri estranei allo stile dello Spatafora, già nella tipologia facciale e nell'assembramento scomposto ed affollato. L'episodio porta a considerare che il motivo degli angeli musici possa essere dettato dall'affidamento della chiesa confraternale ai PP. Cappuccini nel 1585 e che il brano degli angeli, sicuramente di altra mano, possa essere stato aggiunto dopo al quadro già finito come io ritengo, considerando la consuetudine di Antonino di lasciare molto spazio alle figure inserite nel paesaggio. Se ci fossero ancora dubbi sull'autografia qui proposta, il ricorso ai riscontri morelliani tra il dipinto di Enna e quello di Caccamo si annuncia risolutivo osservando le lunghe mani dalle dita rigide di entrambi le Vergini, nella soluzione dei lembi della veste assemblati in entrambe le Madonne e nel camice di San Biagio, per non parlare del broccato del piviale di San Biagio da avvicinare alla coltre della *Dormitio* di Partinico. Quest'opera firmata e datata ANTONINUS SPATAFORA PANORMITANUS PITTOR / DIE XX FEBBRUARII MDLXXIX (Fig. 3), che è la prima del suo *excursus*, presenta sostanziali differenze stilistiche rispetto alla produzione successiva che si dipana dagli anni Ottanta a seguire. Nel secolo successivo un documento, reperito da Giovanni Mendola, riporta:"In data 24 ottobre 1591 Antonino Spatafora si impegna insieme con il giovane Gaspare Bazzano, nei confronti di padre Giovanni Antonio de Gerardi, beneficiale della chiesa parrocchiale di San Nicolò alla Kalsa, a dipingere un San Nicola ad olio su tela, con i miracoli e storie del santo (sei per lato e tre in basso) e, sopra Dio Padre, per un compenso di 15 onze"[6]. L'opera, ritenuta dispersa dallo studioso e dalla stessa Pugliatti, esiste ancora, sebbene decurtata delle storie e della figura dell'Eterno. Chi scrive l'ha rintracciata nella sagrestia della chiesa della Pietà, su una parete dove, ad occhio e croce, suggerisce le misure in cm.240x150 (Fig. 4). La tela ha seguito, dopo la distruzione della chiesa, gli spostamenti della titolarità della parrocchia di San Nicolò alla Kalsa, prima in Santa Maria della Catena e poi nella sede attuale. Il santo in abiti vescovili è raffigurato in trono in atto benedicente, mentre riceve la mitria da angioletti in volo; alla sua sinistra, inginocchiato, è il committente Padre De Gerardi. L'intonazione retorica della composizione e certo realismo che improntano l'espressione del santo e del donatore suscitano una leggera perplessità sull'autografia antoniniana, facilmente superabile tenendo in considerazione la maturazione dei mezzi espressivi del pittore in chiave controriformata orientata verso la verosimiglianza che sposa il dato realistico all'idealizzazione esemplare; di contro rimandano ad Antonino quei dettagli a lui peculiari: il taglio a scalare della pavimentazione, il decoro minuzioso del piviale, una certa schematicità d'impostazione e quel paesaggio sempre più naturalistico della costa termitana che tanto sarà replicato dal genero Vincenzo La Barbera. Un dato innovativo, che differenzia le composizioni bilanciate dei quadri di Caccamo, sta qui nella figura del santo

---

[5] Cfr. T. PUGLIATTI, *Pittura della tarda Maniera*, cit. 2011, p.170.
[6] G. MENDOLA, *Aggiunte allo Zoppo di Gangi* in *Manierismo siciliano: Antonino Ferraro da Giuliana e l'età di Filippo II di Spagna*, a cura di A. G. Marchese, Palermo, 2010, p.291.

che risponde al taglio verticale del quadro e, debordando oltre il gradino prospettico, genera un'irreale conformazione a punta lungo la nervatura del pastorale. Tutto lascia pensare che il dipinto tramandatoci possa essere di mano dello Spatafora e che l'intervento di Gaspare Bazano, di cui parla il documento, avrebbe riguardato la cornice di contorno con le storie e l'Eterno Padre che suppongo siano state asportate, come denoterebbero i tagli evidenti anche sul lato destro, in basso ed in alto, per rendere più gestibile la primitiva e vasta superficie del dipinto nella nuova destinazione. La testimonianza del De Michele[7] riporta la data 1594 per il dipinto che raffigura la *Vergine in gloria tra i Santi Antonio abate e Stefano* (Fig. 5), della chiesa di Caccamo dedicata a Sant'Antonio abate, che conserva l'iscrizione originale SPATAFORA FACIEBAT DECIMO QUARTO DIE CALENDAS JANUARIAS A CRISTO. Al centro si legge ancora DOMINUS BARTOLOMEUS DE AMICO, il nome del committente sufficiente a spiegare l'intonazione del quadro che risulta statico e programmatico ma di efficace messaggio didascalico. Teresa Pugliatti[8] con estrema sensibilità avverte la rigidezza della composizione che risulta convenzionale alle pale d'altare ligie ai dettami della Controriforma, dai quali si sottrae "appropriandosi di uno spazio aperto", con riferimento all'arioso paesaggio che amalgama la composizione, modulando declivi ameni popolati di presenze umane che recitano le storie dei due santi. Va detto che il pesante grado di ossidazione delle vernici e vari ritocchi oggi alterano l'umore atmosferico nel rapporto delle figure col paesaggio annullando anche il vibrante trapasso cromatico. Nel dipinto, già parecchi anni fa[9], avvertivo un coinvolgente carattere autobiografico nel committente, il sacerdote Bartolomeo De Amico (1562-1644). Una vita esemplare venne definita la sua dall'Inveges:"natalibus clarus" compie a Palermo come chierico i primi studi di filosofia, continua a Roma quelli di teologia presso il Collegio Romano, dove ha per compagno San Luigi Gonzaga. Vive dunque a Roma la sua formazione in un clima di acceso zelo controriformato, ma frequentando San Filippo Neri, che rasserena il suo animo tormentato da scrupoli. Il rapporto tra il percorso formativo del sacerdote e l'iconografia del quadro può essere letto interpretando, nella figura di Sant'Antonio, l'asceta dalla vita contemplativa sempre vigile alle tentazioni, come indica la campanella fissata al suo bastone, mentre nella figura di Santo Stefano va posta la generosità giovanile di offrirsi financo al martirio, con la determinazione inculcata dall'educazione gesuitica. Mentre l'immagine della "Salus Populi Romani", posta nel registro superiore, verrebbe a sancire, nella sua stucchevole riproposizione, l'autorevolezza espressa dai principi ai quali si era ispirata la vita dei santi. Un altro dipinto a Caccamo da me assegnato ad Antonino è quello della chiesa domenicana di Santa Maria degli Angeli raffigurante la *Madonna col Bambino tra i Santi Pietro Martire ed Antonio da Padova* (Fig. 6)[10]. Anche qui l'esemplarità dei due santi predicatori la cui vocazione, suggellata dal martirio in uno e dalla castità nell'altro, viene sottoposta all'*imprimatur* della Madonna "Salus Populi Romani"; il tutto in una perfetta osmosi tra figure e paesaggio. Diversamente dal quadro compagno, qui il recente restauro rende giustizia della raffinata tecnica di Antonino, riconosciuta dalla stessa Pugliatti[11] "nella qualità cromatica,

---

[7] I. DE MICHELE, cit., 1877.
[8] T. PUGLIATTI, *Pittura della tarda Maniera*, cit. 2011, p, 176.
[9] A. CUCCIA, *Caccamo. I segni artistici.*, Palermo 1988, pp. 58-59.
[10] A. CUCCIA, *Caccamo. I segni*, cit. 1988, p.61.
[11] T. PUGLIATTI, *Pittura della tarda Maniera*, cit. 2011, p. 182.

condotta su dominanti verde-grigio-azzurro" e nella maggiore morbidezza del paesaggio. Una certa idealizzazione stempera il naturalismo delle figure (la stessa Vergine si rigenera rispetto al modello stereotipo) e si riflette nel paesaggio che, a sua volta, interpreta il temperamento morale dei protagonisti tendente ad una dolcezza melanconica più suadente di un imposto dottrinario. Tale dipinto, nella puntuale ricostruzione che dell'artista dà la Pugliatti, viene a scontrarsi con quello, veramente brutto, che gli viene attribuito, nella medesima chiesa. Raffigura la *Trinità con i Santi Michele, Francesco, Domenico e Andrea* (Fig. 7). Come non pensare ad altra mano, che pur insiste nel microcosmo degli Spatafora ma lontano dalla poetica di Antonino? Di esso tratterò appresso, riannodando il filo di una trattazione che mi sembra scivoli bene. Non così per Teresa Pugliatti che, ritenendolo di Antonino, frastornata, stenta anzi si rifiuta di riconoscere un altro dipinto raffigurante l'*Annunciazione* (Fig. 8) nella Madre Chiesa di Termini Imerese, ma indicato da Contino e Mantia[12] come quello proveniente dalla chiesa domenicana e vista dal Gallo segnata dalla firma ANTONINUS SPATAFORA ME PINS con la data MD… leggibile solo per metà. Gli studiosi citati datano l'opera in un lasso di tempo che va dal 1595 al 1605, una collocazione che ben si allinea con la maturità dell'artista. Si tratta senz'altro di un'opera adeguata all'equilibrio acquisito e si rivela quale prodotto di Antonino nella resa fisiognomica caratterizzata anche dall'impostazione dei volti a tre quarti come si riscontra nel *Matrimonio mistico* di Enna. La composizione si avvale di esempi incisori interpretati autonomamente, aggiornati secondo effetti luministici che esaltano le figure riscattandole dall'ambiente scuro, secondo una pratica in uso presso i pittori romanisti del Nord Europa. Di grande efficacia, in effetti, risulta il chiuso ambiente in ombra appena rischiarato dal barlume che traspare dalle sbarre della finestra contro l'irrompere della luminosità della gloria angelica con l'Eterno. Ed ancora va notato come all'intonazione poetica si associ l'elegante definizione formale che già si manifestava nel dipinto ennese, ma anche negli altri autografi, dove si riscontra la particolare cura riservata al panneggio, nei risvolti e nelle pieghe, che assieme al disegno sciolto delle figure conferisce alla composizione quel tocco peculiare di preziosità che rende più accattivante il tema religioso. In quest'ottica s'inquadra l'attribuzione del dipinto raffigurante la *Madonna dell'Itria* (Fig. 9) avanzata da Contino e Mantia[13], che citano un atto del 10 dicembre 1596 dove si parla di "nova ecclesia Sancte Marie Idrie" e della solennità da celebrare in onore della Vergine. Pertanto gli stessi fanno cadere l'esecuzione del quadro in un momento anteriore a questa data, accostandolo a certe cifre stilistiche riscontrabili nella tela di Caccamo del 1594 raffigurante la *Madonna tra i santi Antonio abate e Stefano*. L'opera particolarmente festosa nel ricco apparato di elementi decorativi, costituirebbe una delle ultime opere pittoriche di Antonino, da considerare quale modello di quelle composizioni affollate della bottega o della scuola termitana che caratterizzeranno questa produzione legata alla controriforma nel territorio imerese.

L'ultimo rampollo è Giuseppe Spatafora jr., figlio di Antonino Spatafora, nasce a Termini Imerese il 26 aprile 1603. Eredita il nome dal nonno paterno e l'arte del padre, che muore nel 1613, di cui sfrutterà più avanti la posizione di rilievo raggiunta dal genitore, sia a Termini che a Palermo. Quivi è documentato già nel 1623 come testimone di un atto

---

[12] A. CONTINO - S. MANTIA, *Architetti e Pittori a Termini Imerese tra il XVI ed il XVII secolo*, Bagheria 2001, pp. 22-24.
[13] A. CONTINO - S. MANTIA, *Architetti e Pittori*, .cit. 2001, p. 25.

notarile da Contino e Mantia[14], le cui ricerche illuminano il contesto familiare del Nostro. Sull'attività lavorativa del giovane la prima notizia è fornita da Giuseppe Meli, che documenta i lavori nel Palazzo reale di Palermo, negli anni tra il 1624 ed il 1638[15], dove egli, assieme ad un'équipe di frescanti, si presta ad eseguire opere a carattere decorativo o di restauro, come il suo intervento di ripristino, nel 1638, dell'immagine della *Madonna del Rosario* sopra la porta del corpo di guardia, di chiara matrice alviniana. Segue un grande vuoto nella documentazione sull'artista sino al 1655, quando dipinge due tele dal taglio a maddalena per una cappella della chiesa palermitana di casa professa: uno raffigura la *Strage degli innocenti* (Fig. 10) e l'altro il *Martirio dei Gesuiti del Giappone* (Fig. 11). Documentati da padre Salvo, sono stati oggetto di un'ampia trattazione da parte di chi scrive[16] nel riscontrarvi «un partito concettuale "moderno" che nell'angosciosa interpretazione "muta" dei paesaggi urbani e naturalistici trova un parallelo, seppur con diversa valenza [...] nella problematica contemporanea di un De Chirico o di un Sironi», Il pittore, dietro precise indicazioni dei Padri della Compagnia di Gesù e complici le ideazioni scenografiche dell'architetto termitano Mariano Quaranta, divide la scena in due quadri: una dinamica che registra l'episodio di violenza, l'altra statica e vuota. Un procedere sottolineato dalla Pugliatti: «Appunto, nelle parti silenti: ma qui ciò che inquieta è il loro rapporto con la adiacente violenza»[17]. L'intento morale-didascalico perfettamente reso dal pittore sottolinea il vuoto che l'atto di violenza lascia nella quinta urbana deserta e nelle macerie della chiesa distrutta. Il linguaggio del giovane Spatafora espresso dai due dipinti, seppur legato ancora al retaggio manierista, si aggiorna ai parametri seicenteschi nel rendere la scena reale attraverso una sapiente orchestrazione luministica che varia l'intensità delle note cromatiche nella resa sintetica delle figure. La peculiarità dei due quadri documentati, riscontrabile in una marcata espressività, funzionale ad un linguaggio diretto, permettono di attribuire al Nostro due dipinti già riferiti al padre Antonino, che comprensibilmente disorientavano la Pugliatti. Il primo, che raffigura la *Madonna in gloria tra i Santi Stefano e Lorenzo* (Fig. 12) nella chiesa della Badia di Caccamo, è stato rapportato al dipinto della chiesa di Sant'Antonio abate per l'equivalente schema strutturale delle due figure in primo piano e della Vergine in alto, più lo sfondo paesistico. Così la De Castro[18], che vi riscontra un' identità nel *ductus* pittorico oltre a soluzioni cromatiche, tali da farne sostenere la stessa autografia con una datazione prossima al 1594, che l'avvicinava al quadro "gemello" della chiesa di Sant'Antonio abate. Eppure mettendo a confronto le due pale di Caccamo ci si accorge della differenza sostanziale che separa nettamente i due manufatti il cui legame si riduce ad una mera parentela. Il quadro documentato di Antonino evidenzia un carattere contemplativo; la stessa intonazione è idilliaca, come si legge nel volto dei santi e come suggeriscono lo stesso paesaggio e la generale limpidezza cromatica. Al contrario, il quadro della Badia è caratterizzato da un'espressività marcata e ostentata che tradisce il tono propagandistico proprio in direzione

---

[14] A. CONTINO - S. MANTIA, *Architetti e Pittori*, cit.2001, pp.53-54.
[15] G. MELI, *Documenti intorno a Giuseppe Spatafora pittore siciliano (1624-1638)* in "Archivio Storico Siciliano", N.S. II, 1877, pp. 87-89.
[16] A. CUCCIA, *La pittura del Seicento a Termini Imerese e nel suo territorio* in "Bollettino d'Arte", n.143, gennaio-marzo 2008, pp. 49-92.
[17] T. PUGLIATTI, *Pittura della tarda Maniera*, .cit. 2011, pp. 185-188.
[18] E. DE CASTRO, Scheda n.9, in XVI Catalogo di Opere d'Arte Restaurate, Palermo, 2003.

della cultura figurativa gesuitica in auge a Palermo già negli anni Ottanta, come nota la stessa De Castro, che rileva nel quadro un preciso riferimento al Wobreck da riferirsi, io credo, alla marcata espressività, che il recente restauro ha messo in evidenza e che ricalca le nuvole, le pieghe dei panneggi, gli stessi tratti somatici. L'intento del pittore è quello di sottolineare l'immediatezza del messaggio col dare incisività ai personaggi, non più sognanti ma presenti e diretti. Ecco perché appare più convincente riferire l'opera al figlio Giuseppe, spostandone la datazione al primo quarto del secolo XVII, proprio per l'adesione alla politica culturale di Casa Professa, dei cui agganci ho sopra parlato. Del resto la corposità data alle ombre nel quadro della Badia, esaltando il partito luministico prelude al più marcato contrasto dei tardi dipinti palermitani ed anticipa quelle rovine di colonne presenti nella *Strage*. Tale modalità di operare da parte di Giuseppe jr risponde alla domanda propagandistica che richiedeva immagini da parata per gli addobbi delle chiese o per gli archi monumentali posticci che proponevano una visione diretta. In quest'ottica lo stesso paesaggio è convenzionale, qui ripreso da un'incisione nordica come mostra la tipologia del plesso rustico riportato. In questi termini va visto il dipinto della *Trinità e Santi* della chiesa di Santa Maria degli Angeli, sempre a Caccamo, che più che "brutto" è sommario ma incisivo non solo per i caratteri marcati ma per la complessità del messaggio sacrale rappresentato, in forma riassunta e semplificata. Proprio questa condizione di quadro da apparato suggerisce una più appropriata attribuzione a Giuseppe Spatafora jr.

Ma voglio ritornare sul capostipite Giuseppe senior, ben documentato come architetto e come scultore e come tale tenuto in grande considerazione[19]. Lo stesso dicasi per la sua attività di pittore, definito in questo campo "eccellentissimo" dal Baronio e da Giuseppe Meli "pittore e architetto maestro di Giuseppe Albina". Mi sono chiesto come recuperare questo aspetto dell'attività dello Spatafora, decidendo di tirare in campo un dipinto, considerato dubbiosamente dalla Pugliatti, distratta dall'altro della chiesa dei SS. Michele e Biagio a Caccamo, che il De Michele riferiva al vecchio Giuseppe Spatafora. Si tratta dell'affresco centinato raffigurante *S. Caterina da Siena tra S. Maria Maddalena e S. Margherita* (Fig. 13), staccato dalla chiesa dell'ex convento dei Domenicani ed ora al Museo Civico di Termini Imerese. L'opera che reca la data del 1543 venne presa in considerazione dal Di Marzo[20] assieme ad altre due: una *Madonna della Misericordia che accoglie sotto il manto la "famiglia" domenicana* (Fig. 14) e *l'Abbraccio tra San Domenico e San Francesco d'Assisi*, che la comune provenienza dal convento domenicano di Termini ha autorizzato a ritenerli della stessa mano del primo e quindi accomunati dallo studioso ottocentesco agli affreschi del secondo intervento nella chiesa imerese di Santa Caterina (quelli non riferiti ai fratelli Graffeo) (Fig. 15) al frate domenicano Nicolò Spalletta da Caccamo, ipotizzandone un soggiorno ivi dal 1543 al 1546, deducendolo dalle date nei rispettivi affreschi. Eppure a smentire l'accorpamento dei tre affreschi basta un semplice accostamento: in quello delle tre sante, un disegno asciutto che definisce le fisionomie, severe ed intente, delle figure dentro un modulo bloccato di monumentale geometria. Nella *Madonna della Misericordia* il disegno fluido scioglie in naturalezza l'atteggiarsi e della Vergine e dei domenicani e degli stessi angeli volteggianti, dove diverso è l'atteggiamento compunto e devoto, tributario dei parametri controriformati.

---

[19] T. PUGLIATTI, *Pittura della tarda Maniera*, cit. 2011, pp. 167-168. Bibliografia ivi.
[20] G. DI MARZO, *La pittura in Palermo nel Rinascimento*, Palermo, 1899, p. 293.

Un linguaggio, quello di questi ultimi affreschi, più consono al pennello del frate pittore Nicolò Spalletta originario di Caccamo, di cui rimangono alcuni frammenti, recentemente messi alla luce della decorazione pittorica dell'intero chiostro del convento palermitano di san Domenico, eseguiti il 16 marzo 1526, secondo la testimonianza del Mongitore, che ne lesse la firma e la data. Si tratta di due lunette che raffigurano rispettivamente la prima "una coppia di frati nell'abito dell'Ordine" (Fig. 16) e la seonda "un vescovo con saio e mitria e pastorale (Fig. 17). Dalle figure di queste due lunette, sebbene picchettate, si evince dal libero atteggiarsi e dal palese intento didascalico, una profonda consonanza con lo stile dei due affreschi termitani, tanto da lasciare ipotizzare la comune paternità dello Spalletta. La proposta che qui avanzo , sebbene suscettibile di ulteriori verifiche per l'esiguità delle prove, si rivela comunque probante nella distinzione di due mani per i tre affreschi del Museo di Termini Imerese. A questo punto rilancio l'ipotesi che l'altro pittore distinto dal frate domenicano possa essere Giuseppe Spatafora il vecchio, documentato dal 1536 al 1572, anno della sua morte. Trasferendo a questi l'impianto che riferiva allo Spalletta l'affresco delle *Tre Sante* (soltanto) con quelli della *Crocefissione* della chiesa di Santa Caterina, datati 1546,come ipotizzato dal Di Marzo, cui io stesso avevo dato credito e la stessa Pugliatti, che però dubitava della paternità del frate-pittore. La stessa studiosa poi, trattando il ciclo di affreschi nella cripta della matrice vecchia di Castelbuono, esprimeva un giudizio alquanto riduttivo motivato dal "tratto duro ma energico ed efficace; giudizio che la stessa riscatta trattando delle *quattro portelle d'organo* della chiesa castelbuonese di S. Francesco, che, a suo dire, mostrano strutture compositive più avanzate ed una "certa ampiezza scenica" ma che si possono riferire benissimo allo stesso autore degli affreschi menzionati. Va detto subito che la contraddizione espressa dalla studiosa è solo apparente; basta tenere conto della vastità della superficie affrescata della cripta per immaginare la scontata collaborazione di un aiuto. Ed infatti, per brevità a mo' di esempio, faccio notare la discrepanza tra la *Deposizione* (Fig. 18) e l'*Ultima Cena* (Fig. 19). Nel primo riquadro il tratto disegnativo restituisce la compattezza dei volumi dentro una stringata orchestrazione, mentre nel secondo quadro si allenta la tensione della scena e la stesura delle figure si rivela incerta; risulta evidente come l'idea del maestro ideatore venga tradotta da un aiutante che si adegua a suo modo alle direttive di un maestro.

A questo punto, prima di procedere, va citato il determinante contributo di Vincenzo Abbate del 1999[21], che correttamente riconosce la continuità di un percorso ad opera di uno stesso pittore negli affreschi della cripta della matrice vecchia di Castelbuono nei dipinti delle portelle d'organo della chiesa di san Francesco del medesimo comune e negli affreschi con la Crocefissione e parte delle storie della Santa nella chiesa di santa Caterina d'Alessandria a Termini Imerese. Assodato un comune autore per le opere menzionate, si propone qui di identificarlo in Giuseppe Spatafora il vecchio non tanto per il riferimento, sia pur labile, del De Michele dell'affresco delle *Tre Sante* (Fig. 20), nel Museo Civico di Termini, quanto dalle probanti osservazioni stilistiche e compositive peculiari alla sensibilità di un architetto che tutti questi affreschi evidenziano. Punto di forza di questa mia tesi è il ciclo di affreschi che decorano la cripta della matrice vecchia castelbuonese, da datare agli inizi degli

---

[21] V. ABBATE, *Matta me pinxit: la congiuntura flandro-iberica e la cultura figurativa nell'entroterra madonita*, in "Vincenzo da pavia e la cultura pittorica in Sicilia nell'età di Carlo V", Catalogo della mostra a cura di T. Viscuso, Palermo 1999, pp. 191-207.

anni Quaranta del Cinquecento. L'organizzazione scenica delle *Storie della Passione di Cristo* (Fig. 21) evidenzia una tendenza riduttiva dello spazio a definite scatole prospettiche dalle dimensioni cubiche, che accentuano anch'esse il taglio anch'esso cubizzante delle figure impostate ad una severa visione contemplativa e tragica. Il carattere statuario dei personaggi che qui imputiamo allo Spatafora in virtù dell'apprendistato di scultore presso la bottega di Giacomo Gagini dal 1536 al '38[22], è già evidente nel dipinto delle *Tre Sante* datate 1543, ritmicamente scansionate ed immerse in un arioso paesaggio. Veri bassorilievi si configurano gruppi serrati di figure come nella *Deposizione* (Fig. 18) della cripta dove le figure così impostate sono perfettamente cubizzanti fin nei minimi particolari fisionomici, dove alcuni volti sono improntati al senso del grottesco, tali da richiamare le caricature leonardesche. La tavolozza cromatica, tenuta sempre su toni accesi, si amalgama con la contraddittoria mescolanza di formalismi geometrici e frammenti del vero, secondo una tradizione ispano-fiamminga, come si può osservare nella resa puntualissima delle armature dei soldati, nel nitore dei teschi esibiti. Dalle aperture al paesaggio naturalista e simbolico, nel quale si proiettano gli episodi narrati nei riquadri della cripta, con una visione pronunciata dal basso, si passa agli *affreschi* della chiesa termitana di Santa Caterina datati 1546 (Fig. 22), che, assieme ai dipinti delle *portelle d'organo* datati 1547 (Fig. 23) della chiesa di San Francesco a Castelbuono, sono caratterizzati dallo stretto rapporto architettura-figura. Proprio i dipinti dell'organo a San Francesco si rivelano quali testi impegnativi di cultura prospettica che non precludono al nostro artista la conoscenza di esempi lombardi, anzi comprovano l'esistenza di un nesso per i fatti latamente lombardi, già rintracciati da chi scrive nel coro ligneo della chiesa palermitana di san Francesco d'Assisi[23] e poi qui più palesemente rivelatesi bramanteschi e pseudotali, da riferirsi ad episodi del primo trentennio del secolo XVI ad opera del Suardi e di Pedro Fernandez[24]. Un filone tra Lombardia e Meridione che il nostro autore recupera a distanza di un decennio baipassando da esperienze umbro-peruginesche, laziali antoniazzesche e rivisitazioni iberico-partenopee presenti in Sicilia[25].

A chiusura e per dirimere ogni dubbio sulla prospettata autografia a favore di Giuseppe Spatafora il vecchio, propongo un confronto ravvicinato tra l'*Ultima Cena* (Fig. 19), affresco della cripta, e la *Dormitio Virginis* (Fig. 3), dipinto firmato e datato 1579 da Antonino Spatafora, figlio di Giuseppe nella matrice di Partinico. Premetto che quest'opera è la prima finora conosciuta del pittore, caratterizzata da uno stile molto difforme dalle opere successive, una prima maniera insomma. Con marcato taglio sottinsu ed uso di un colore smagliante. Nell'*Ultima Cena* sembra di ravvisare la stessa mano, anche se più incerta, più

---

[22] G. DI MARZO, *I Gagini e la scultura in Sicilia nei secoli XV e XVI*, Palermo,1880-83, Vol I pp.499, 528-536, 724.

[23] A. CUCCIA, Scheda n.4 in XV Catalogo di Opere d'Arte Restaurate (1986-1990), Palermo 1994, pp.46-51; tavv. XXII, XXIII, XXIV, XXV, XXVI.

[24] M. TANZI, *Pedro Fernandez da Murcia lo Pseudo Bramantino*, Milano 1997.

[25] V. ABBATE, *Matta me pinxit*, cit. 1999, pp.191-207 ; A. CUCCIA, *La porta lignea di Calatamauro, 1535. Ipotesi del viaggio in Italia di Juan de Juni*, in "L'Abbazia di Santa Maria del Bosco di Calatamauro", a cura di A. G. Marchese, Palermo 2006, pp.253-277; IDEM, *La "Madonna Greca" di Alcamo. Un dipinto per Jacopo Siculo*, in TECLA, numero 12-30 dicembre 2015; IDEM, *Scultura in legno nella Sicilia Occidentale tra Cinque e Seicento* in "Manufacere et Scolpire in lignamine", a cura di Pugliatti, Rizzo, Russo, Catania 2012, pp.80-86.

modesta sotto il profilo della qualità: lo stesso taglio impennato, gli stessi volti delle figure ben caratterizzate con una predilezione per i profili, il marcato grafismo dei panneggi e l'accesa gamma cromatica, identico persino il vaso dei profumi ai piedi della Maddalena, che diventa brucia incenso nella *Dormitio*. Viene da pensare che in questa *Cena* Giuseppe Spatafora si sia avvalso dell'aiuto del figlio ancora apprendista, al quale potrebbero essere imputate le scene più modeste del ciclo. Antonino infatti, di cui s'ignora l'anno di nascita ma che appare documentato nel 1549, avrebbe potuto così mettere in atto l'apprendistato presso il padre proprio negli affreschi della cripta di Castelbuono. Sicuramente, senza auspicabili avalli documentari, questo saggio rimane una mia ipotesi di lavoro. Tuttavia sta di fatto che risulterebbe inspiegabile la prima maniera di Antonino (quella della *Dormitio*), se non collegata al ciclo castelbuonese, cioè alla presunta attività di Giuseppe Spatafora e non è considerazione da poco per chi voglia pervenire al bandolo della matassa.

Le figure

Fig. 1. Antonino Spatafora (attr.), *Madonna tra i Santi Michele e Biagio*, Caccamo, chiesa di San Michele (Foto Enzo Brai).

Fig. 2. Ambito Spatafora, *Matrimonio mistico di Santa Caterina*, 1585, Enna, Museo Alessi. (Foto tratta da: Teresa Pugliatti, Pittura della tarda Maniera nella Sicilia Occidentale (1557-1647), Palermo 2011).

Fig. 3. Ambito Spatafora, *Dormitio Virginis*, 1579, Partinico, chiesa Madre (Foto Gaetano Alagna).

Fig. 4. Antonino Spatafora, *San Nicola in trono*, 1591, Palermo, chiesa della Pietà (sacrestia) (Foto Rosario Daidone).

Fig. 5. Ambito Spatafora, *Madonna tra i santi Antonio abate e Stefano*, 1594, Caccamo, chiesa di Sant'Antonio abate (Foto Enzo Brai).

Fig. 6. Ambito Spatafora (attr.), *Madonna tra i santi Pietro martire e Antonio da Padova*, Caccamo, chiesa di Santa Maria degli Angeli (Foto Enzo Brai).

Fig. 7. Giuseppe Spatafora jr. (qui attr.), *Trinità e santi*, Caccamo, chiesa di Santa Maria degli Angeli (Foto Enzo Brai).

Fig. 8. Ambito Spatafora (attr.), *Annunciazione*, Termini Imerese, chiesa Madre (Foto Arianna Serio).

Fig. 9. Ambito Spatafora (attr.), *Madonna dell' Itria*, Termini Imerese, chiesa eponima (Foto Arianna Serio).

Fig. 10. Giuseppe Spatafora jr., *Strage degli Innocenti*, 1655, Palermo, chiesa del Gesù a Casa Professa (Foto Enzo Brai).

Fig. 11. Giuseppe Spatafora jr., *Martirio dei gesuiti in Giappone*, 1655, Palermo, chiesa del Gesù a Casa Professa (Foto Enzo Brai).

Fig. 12. Giuseppe Spatafora jr. (qui attr.), *Madonna tra i santi Stefano e Lorenzo*, Caccamo, chiesa della Badia (Foto Enzo Brai).

Fig. 13. Giuseppe Spatafora senior (attr.), *Santa Caterina tra le Sante Maria Maddalena e Margherita*, 1543, Termini Imerese, Museo Civico (Foto Antonio Cuccia).

Fig. 14. Fra' Nicolò Spalletta (qui attr.), *Madonna della misericordia e Santi domenicani*, Termini Imerese, Museo Civico (Foto Antonio Cuccia).

Fig. 15. Antonino Spatafora (attr.), *Madonna tra i santi Michele e Biagio*, (part.), Caccamo, chiesa di San Michele.

Fig. 16. Fra' Nicolò Spalletta, *Coppia di frati domenicani*, 1526, Palermo, chiesa di San Domenico (chiostro) (Foto Antonio Cuccia).

Fig. 17. Fra' Nicolò Spalletta, *Vescovo con saio, mitria e pastorale*, 1526, Palermo, chiesa di San Domenico (chiostro) (Foto Antonio Cuccia).

Fig. 18. Giuseppe Spatafora senior (qui attr.), *Deposizione di Cristo*, Castelbuono, Matrice vecchia (cripta) (Foto Robert Goodman).

Fig. 19. Antonino Spatafora (qui attr.), *Ultima cena*, Castelbuono, Matrice vecchia (cripta) (Foto Robert Goodman).

Fig. 20. Giuseppe Spatafora senior (attr.), *Santa Caterina tra le Sante Maria Maddalena e Margherita* (part.), 1543, Termini Imerese, Museo Civico.

Fig. 21. Giuseppe Spatafora senior (qui attr.), *Storie della passione di Cristo*, Castelbuono, Matrice vecchia (cripta) (Foto Robert Goodman).

Fig. 22. Giuseppe Spatafora senior (qui attr.), *Crocifissione*, 1546, Termini Imerese, chiesa di Santa Caterina (Foto Antonio Cuccia).

Fig. 23. Giuseppe Spatafora senior (qui attr.), *Portelle d'organo*, Castelbuono, chiesa di San Francesco (Foto Robert Goodman).

Fig. 1

Fig. 3

Fig. 2

Fig. 4

Fig. 5

Fig. 6

Fig. 7

Fig. 8

Fig. 9

Fig. 12

Fig. 10

Fig. 13

Fig. 11

Fig. 14

Fig. 15

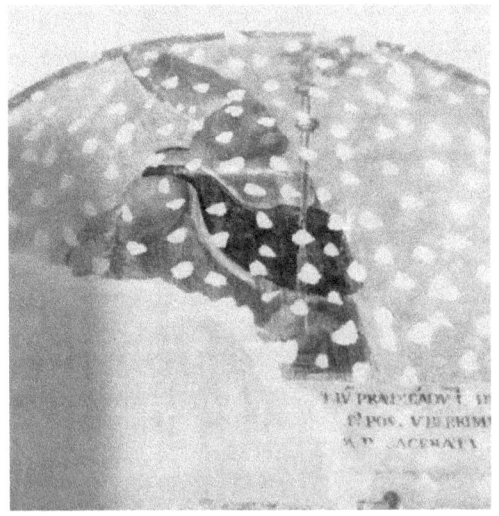

Fig. 16

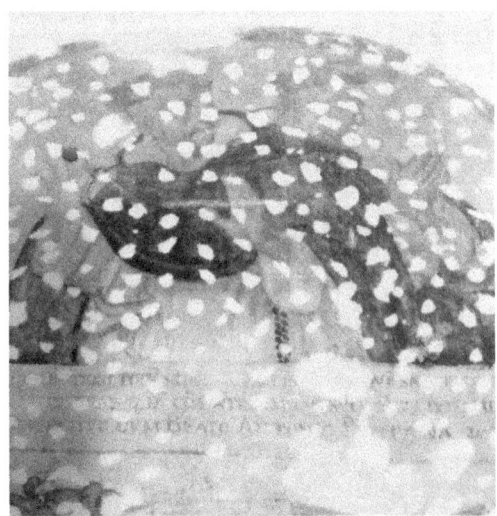

Fig. 17

Fig. 18

Fig. 20

Fig. 19

Fig. 21

Fig. 22

Fig. 23

Le vie del freddo in Sicilia: dalla neviera alla sorbettiera

Luigi Romana

La comprensione della vita umana, in ogni sua dimensione, è un aspetto della cultura e un bisogno strettamente connesso alla vita stessa. Le neviere documentano l'avventura umana nel dominio del freddo.

Se il governo del fuoco è stato conseguito dagli uomini migliaia di anni fa, l'uso del freddo è un avvenimento piuttosto recente. La prima tappa è rappresentata dall'osservazione attenta della natura, notando che, in montagna, nel corso della primavera, la neve ghiacciata si conserva meglio nei versanti montani esposti a Nord rispetto a quelle esposte a Sud, come pure nelle zone sottovento rispetto alle perturbazioni nevose, dove si sono accumulati i più alti strati di neve. La montagna quindi ha insegnato all'uomo dove e come conservare la neve. Le neviere più semplici sono appunto delle conche profonde diversi metri, dove l'ombra degli alberi circostanti o un'apposita copertura riparava la neve dai raggi del sole. Su molte montagne si conservano ancora le tracce di questo passato, quando i nevaioli contribuivano all'approvvigionamento di neve ghiacciata per affrontare il caldo estivo. La seconda tappa si configura nella scoperta del "potenziamento del freddo" del ghiaccio naturale grazie alla sua miscelazione con il sale. Su questa scoperta si innesta la più alta creazione del genio umano in campo alimentare: il germoglio dei primi sorbetti e gelati. Quando il ghiaccio lascia la neviera per raggiungere il pozzetto della sorbettiera, mescolandosi con il sale, avviene la nascita di sorbetti e carapegne, gelati e granite: le deliziose meraviglie estive che dalla Sicilia si diffonderanno in ogni angolo del mondo. La terza tappa è costituita dall'invenzione di macchine in grado di produrre ghiaccio e aria fredda.

Fino a quando non furono inventati i frigoriferi, l'unico modo per rinfrescare una bevanda nel corso della canicola era l'uso del ghiaccio conservato in inverno. Questa prassi, diffusa già presso gli antichi greci e latini[1], si conservò in Oriente, ma si ridusse notevolmente in Occidente, in epoca medievale, essendo il ghiaccio richiesto esclusivamente dal settore sanitario. Le teorie mediche legate ai grandi maestri della medicina antica, Ippocrate e Galeno, sconsigliavano ai sani l'uso delle bevande fredde, mentre soltanto Galeno era dell'opinione che una bevanda fredda potesse risultare efficace a chi era affetto dalla febbre. Nel corso del XVI secolo si diffuse in Italia la moda di rinfrescare il vino mediante il ghiaccio. Questa novità provocò una spaccatura nella classe dei medici: i progressisti, rinnovatori rispetto alla secolare tradizione, erano favorevoli al bere freddo, giudicato innocuo alla salute; i tradizionalisti, contrari alle bevande fredde, erano convinti che nuocessero gravemente alla salute. Uno scontro durato più di un secolo, testimoniato da parecchie pubblicazioni che documentano diversi aspetti della medicina nel momento in cui essa abbondonava la sua angusta "culla" filosofica e muoveva i primi passi nel "giardino" della sperimentazione.

---

[1] G. Falco, *La neve nel tempo*, in AA.VV., *I percorsi della neve. Raccolta commercio consumo*, Regione Siciliana, Assessorato dei beni culturali e dell'identità siciliana. Dipartimento dei beni culturali e dell'identità siciliana, Palermo 2015.

1. Raccolta della neve e commercio del ghiaccio

Sulle conserve di neve, prima del 1500, si hanno pochissime testimonianze, probabilmente perchè si trattava di un'attività molto esile, essendo il ghiaccio utilizzato, secondo i testi di medicina allora in uso, in caso di febbri alte, pestilenze e avvelenamenti. Rarissimi sono i documenti emersi dalle ricerche d'archivio sul tema del ghiaccio. Una vasta e impegnativa ricerca, appena ultimata da Luigi Lombardo, assegna ad una nobile famiglia madonita, i Ventimiglia di Geraci, il possesso di rinfrescatoi già nella seconda metà del 1400![2]

Nei documenti di una visita regia del 1580, tra le rendite antiche dell'arcivescovado di Monreale sono incluse quelle derivanti dalla gabella delle neviere nel bosco della Ficuzza[3]. L'arcivescovado di Palermo, all'inizio del XVII secolo, in un accordo con il Senato cittadino, rinunziava ad un suo antico privilegio di poter vendere la neve dentro il cortile dell'arcivescovado[4]. Situazione simile, ma al contrario, si riscontrava a Catania, dove il vescovado, proprietario di buona parte dei territori etnei, si impegnava a fornire alla città il ghiaccio necessario in cambio del monopolio commerciale[5]. Regime durato fino agli inizi del XX secolo!

Sui monti della Sicilia, superata la quota dei 700 m di altitudine, si possono rinvenire neviere ubicate su quasi tutti i versanti montani, in quanto nelle zone sottovento la neve si accumulava abbondantemente, facilitando le operazioni di riempimento delle neviere. Utilizzate per diversi secoli, attestano l'importanza del commercio del ghiaccio e il suo ruolo nella cultura alimentare della Sicilia.

Esistono diversi tipi di neviere in grado assicurare le scorte di ghiaccio sufficienti per un intero anno. La neviera a conca é costituita da una fossa in genere circolare, chiamata in dialetto "fossa" o "nivera", qualche volta "zubbio", scavata nel suolo. Essa poteva avere i bordi interni ed esterni rinforzati da un muro a secco per contenere eventuali movimenti franosi, e una rudimentale scala di accesso. Famosa sulle Madonie è la fossa di Piano Principessa in grado di conservare la neve, attualmente come nevaio, sino al mese di agosto. Le neviere a grotta rapresentano la più efficiente struttura offerta dalla natura per la conservazione della neve. Molto frequenti sull'Etna, generate dallo scorrimento lavico nel corso delle eruzioni, o su antichi territori vulcanici, quali i rilievi Iblei. La più nota é la Grotta del Gelo dell'Etna, con le spattacolari stalattiti e stalagmiti di ghiaccio che si formano nel periodo estivo. Le neviera a edificio quasi interrato costituisce un perfetto deposito di ghiaccio. Quelle degli Iblei sono dei capolavori architettonici degni di ammirazione[6] e di conservazione. La neviera godeva di una specifica denominazione, utile sia per quanto

---

[2] L. Lombardo, *L'impresa della neve in Sicilia, tra lusso e consumo di massa*, Le Fate Editore, Ragusa 2018. Nota 389 di pag 235. Inventario del conte di Geraci don Antonio Ventimiglia, 13 dicembre 1480.

[3] L. Romana, *Neviere e nevaioli. La conserva e il commercio della neve nella Sicilia centro-occidentale (1500-1900)*, Petralia Sottana, Ente Parco delle Madonie, 2007.

[4] Ibidem.

[5] A. Patanè, *I Viaggi della neve. Raccolta, commercio e consumo della neve dell'Etna nei secoli XVII-XX*, (Studi e ricerche – Mediterranea. Ricerche storiche), Associazione Mediterranea, Palermo 2014.

[6] G. Cultrera, *L'industria della neve, Neviere degli Iblei*, Utopia Edizioni, Chiaramonte Gulfi 2000.
L. Lombardo, *Neve e neviere dell'altopiano ibleo*, in *La neve degli Iblei, piacere della mensa e rimedio dei malanni*, Italia Nostra, Siracusa 2001; L. Lombardo, *L'impresa della neve in Sicilia*, cit.

riguarda la comunicazione tra i lavoratori impegnati in quel settore sia per gli impegni legali che si contraevano sul ghiaccio ivi presente.

Preparata la fossa e caduta la neve, si procedeva alla fase di raccolta. Centinaia di uomini, durante le operazioni di raccolta, aiutandosi con delle pale, riempivano le ceste di neve e le andavano a svuotare nella neviera, dove altri operai la pressavano. Altro modo di raccolta della neve, quando la neviera si trovava alla base di un pendio, avveniva formando una grossa palla che si faceva rotolare dentro la neviera; mentre, se si raccoglieva la neve su un pianoro, il nevaiolo doveva trasportare sulle proprie spalle la grossa palla di neve fino alla neviera. La neve veniva compattata in vari modi: pestandola con i piedi ("abballari supra a nivi"), utilizzando mazzeranghe di legno ("mataffi" \ "ammataffari") oppure facendo girare sopra la neve due o più muli, secondo la tecnica della trebbiatura dei cereali. Oltre ai nevaioli veri e propri, altro personale si occupava di varie mansioni: gestire gli arnesi e badare al magazzino della paglia, curarsi del vitto e della contabilità, tagliare la neve al momento della vendita, ecc.

Terminata la raccolta, se la neviera non aveva una copertura stabile, bisognava approntare un riparo utilizzando fascine di frasche (""ncapizzari a frasca") di ampelodesmo, basilisco o ramaglia ("arramari") sistemate stabilmente a gronda.

Su Monte Rose, la fossa della neve veniva chiusa da un ammasso di neve esterno a forma di calotta, ricoperta con paglia e fascine di legna.

Le neviere ricadevano quasi sempre su terreni appartenenti o a feudatari o a enti ecclesiastici. In molte città, divenuto stabile il consumo del ghiaccio, nel corso del XVI secolo, gli amministratori ritennero opportuno assicurarsi l'approvvigionamento del ghiaccio attraverso due strumenti giuridici: l'affitto temporaneo o perpetuo (tramite enfiteusi) delle neviere; la gestione della conserva della neve e la vendita del ghiaccio in regime di monopolio. Il gabelloto doveva garantire l'efficienza delle botteghe della neve tutto l'anno, tenendole aperte, durante il periodo estivo, giorno e notte. Le gabelle venivano affidate, mediante un'asta pubblica, al miglior offerente, in seguito a bandi pubblici che stabilivano nel dettaglio i termini del servizio. La durata della gabella di solito era pluriennale e rinnovabile: tre, cinque e perfino dieci anni. Le amministrazioni cittadine oltre a regolare il servizio di fornitura, ben presto imposero una tassa sul consumo di questo prodotto tanto ricercato. Imprevisti di varia natura, inadempienze e disservizi, furberie e sgarbi si verificavano spesso, sicché erano inevitabili i contenziosi che finivano nelle aule giudiziarie.

Gli operai addetti alla conservazione della neve, come tutti gli operai generici, percepivano salari molto bassi. Ricevevano un compenso giornaliero o una retribuzione a cottimo, in base alle palle di neve consegnate alla neviera. Lavorare per assicurarsi il "pane quotidiano" era l'aspirazione di tanti braccianti, i quali spesso si consolavano citando il motto: "Tira un Carlino e tiralu continuo": «Accetta una paga bassa, purché sia costante»[7].

I mulattieri ("gurdunara", "urdunara" o "vetturali") curavano il trasporto del ghiaccio dalle montagne alla città. Potevano effettuare completamente il servizio di consegna, soprattutto per i paesi dell'interno della Sicilia, ma per i centri urbani costieri, i mulattieri trasportavano la neve fino al porto più vicino alle montagne, poi l'affidavano ai marinai affinché la

---

[7] Il carlino era la monetina di 10 grani, sufficiente per pagare il vitto quotidiano minimo di una persona.

consegna avvenisse nel minor tempo possibile. Il ricordo dell'industria della neve oggi sopravvive nella toponomastica: *pizzo neviera, via della neve, via neviera, cortile della neve*. La protezione termica della neve, durante il trasporto, era garantita da una spessa impagliatura. Il peso del blocco di ghiaccio, appena tagliato ed estratto dalla neviera, aveva una misura quasi standard, un cantaro (circa 79 Kg). Un *carico di neve* consisteva in due blocchi di ghiaccio di circa 150 kg, ma una scarsa impagliatura, lo scirocco e le lunghe distanze ne diminuivano di molto il peso. Il bando per il trasporto della neve dalla Madonie al porto di Termini Imerese o di Roccella, per conto della città di Palermo, nel 1855, prevedeva per gli appaltatori l'impegno di "mantenere numero 140 mule"[8]. Le navi che trasportavano giornalmente la neve siciliana fino all'isola di Malta era qualcosa che impressionava i visitatori stranieri[9].

2. Il consumo di neve in Sicilia

Baldassare Pisanelli nel suo *Trattato*, pubblicato nel 1586, descrive così il consumo della neve a Messina: «Nell'Isola di Sicilia, ove i caldi sono eccessivi, e l'Acque poco fredde, avanti che si introducesse l'uso della neve, ogn'anno ne' tempi dell'estate moriva gran quantità di persone, di febri pestilentiali, causati da oppilationi fatte nelle prime vene, per la mala digestione causata dal ber caldo, e poi che la neve cominciò adoprarsi, che sono ora circa 25 anni; sono cessate le febri pestifere, e particolarmente nella città di Messina si è osservato, ch'ogni anno adesso ci muoiono mille persone meno di quello che faceva prima dell'uso della Neve, et hora ogni povero artigiano vuole Pane, Vino, e Neve... »[10]. Quasi tutti i trattati dedicati al tema del bere freddo riporteranno il caso di Messina o a sostegno della propria posizione o per confutarlo.

Per la città di Palermo, dai documenti d'archivio che si riferiscono alla prima metà dell'Ottocento si desume che la città, in quel periodo, aveva un fabbisogno di ghiaccio annuale di circa 9.000-10.000 carichi. Nel bando del 1825 si stabiliva che l'appaltatore della neve si impegnasse a mantenere nel deposito dello Spasimo "continuamente l'infrascritta neve cioè. Nelli quattro mesi di Està da Giugno e Settembre inclusivamente quintali centoventi al giorno; quintali sessanta per giorno nei quattro mesi di primavera, e soli quaranta quintali per ogni giorno nelli quattro mesi d'Inverno"[11].

L'istituzione della gabella della neve a Palermo risale al 1597[12]. Allora il Consiglio civico impose la tassa di un grano, da destinare ad attività assistenziali, sopra ogni rotolo di neve venduta. Nei decenni successivi l'imposizione raddoppiò. Nell'arco di tre secoli i punti vendita della neve aumentarono con la crescita della popolazione urbana: i sette negozi, presenti alla fine 1500, diventaronono 21 nel 1800. Stesso ritmo di crescita seguì il valore

---

[8] L. Romana, *Neviere e nevaioli*, cit.

[9] L. Lombardo, *L'impresa della neve in Sicilia*, cit.

[10] B. Pisanelli, *Trattato della natura de' cibi, et del bere, del signor Baldassare Pisanelli. ... Con l'auttorità, e dottrina de' più celebrati medici, & filosofi; & le historie naturali*, In Venetia : per Michiel Miloco, 1666, pag 149.
Un autore critico verso il famoso caso di Messina è Bartolomeo Paschetti, nella sua opera del 1602, egli si chiede se il calo di mortalità messinese sia da attribuire al bere freddo oppure ad altri fattori.

[11] L. Romana, *Neviere e nevaioli*. cit.

[12] *Ibidem*.

della gabella della neve, dalle 3.000 onze della terza decade del XVII sec. si arriva alle 10.000 onze di inizio del XIX secolo.

Il Comune di Palermo affittava le neviere presenti sulle Madonie e pagava agli eredi del conte di Collesano, Casa Ferrandina, un affitto annuale di onze 200 per i "locali degli ex feudi Nipitalva, Castellara, Fanusi, e Scannali onde la Comune per mezzo dei suoi impiegati potervi fare tutte quelle conserve di neve, che crederà nel suo interesse"[13]. Altre neviere impegnate per il fabbisogno di neve di Palermo erano quelle presenti sulla Pizzuta e nel bosco di Ficuzza. Queste neviere, ricadenti nei feudi della Mensa Arcivescovile di Monreale, il Senato le ebbe in concessione enfiteutica da mons. Francesco Testa, arcivescovo di Monreale, nel 1765, per 1200 onze annuali e rotoli 12 (9,60 Kg) di neve al giorno, a titolo di "carnaggio"[14]. Impiantate le industrie del ghiaccio a Palermo, questo contratto, dopo una lunga contesa giudiziaria, si concluse nel 1938 con una transazione che impegnava il Comune di Palermo al pagamento di 130.000 lire.

A Trapani il commercio della neve venne gestito esclusivamente dai Gesuiti in quanto possessori del feudo di Monte Inici dove esistevano delle neviere. Le carte contabili dei Gesuiti di Trapani, già nel 1636, attestano la gestione diretta delle neviere e del commercio del ghiaccio, diversamente dalla prassi della gabella ovunque presente in Sicilia. In caso di penuria di neve si garantiva la fornitura di ghiaccio facendolo arrivare dai monti Sicani o dalle Madonie.

Le abbondanti nevi dell'Etna erano disponibili sia per la città di Catania che per altre città del sud-est della Sicilia fino all'isola di Malta. Il vescovo di Catania, in quanto signore di buona parte dell'Etna, nel 1638 concluse un accordo con il Senato della Città, accettando l'impegno di non far mancare la neve ai catanesi in cambio della vendita in regime di monopolio. Tale accordo fu valido fino al 1912[15].

L'industria della neve degli Iblei oltre a fornire di ghiaccio le città di quel circondario, in certi periodi ha agito in modo concorrenziale rispetto al commercio della neve etnea. Per la città di Siracusa, il primo contratto di fornitura di neve risale al 1587, e i nevaioli di Pedara si impegnavano a non far mancare i carichi di neve sufficienti a rinfrescare le ricche mense della nobiltà, gli assetati marinai e l'arsura di soldati e artigiani. Come in altre città della Sicilia, il consumo di ghiaccio a partire dalla fine del XVI secolo era in continua crescita. Se a fine '500 i nevaioli si impegnavano a garantire ai siracusani 4 carichi di neve a settimana, nel 1608 erano necessari 4 carichi al giorno! Nel 1743, nel corso di un intero anno erano state spedite a Siracusa 2.200 "cantara" di ghiaccio. All'incremento del consumo di ghiaccio certamente contribuì anche la nascita delle prime sorbetterie in grado di preparare gelati e granite[16].

Le numerose neviere di Monte Cammarata, attive anch'esse nel corso del XVII secolo (attualmente in fase di studio e rilevamento) garantivano la fornitura di ghiaccio per Agrigento e le città della costa sud-occidentale della Sicilia[17].

---

[13] *Ibidem.*

[14] Con atto di enfiteusi stipulato il 5 settembre del 1765 presso il not. Sergio D'Alberto.

[15] A. Patanè, *I Viaggi della neve*, cit.; e Lombardo, *L'impresa della neve in Sicilia,* cit.

[16] L. Lombardo, *L'impresa della neve in Sicilia,* cit.

[17] Non si riportano in questo contributo dati e indicazioni di singole neviere, in quanto è in allestimento un sito web dedicato esclusivamente alle neviere della Sicilia.

3. La moda italiana delle bevande fredde

Nel 1538, Paolo III organizzò un convegno a Nizza tra Francesco I e Carlo V per tentare di consolidare la pace tra i due regnanti. In quell'occasione, durante i banchetti, francesi e spagnoli restarono sorpresi dalla novità del costume italiano di rinfrescare le coppe di vino mediante il ghiaccio proveniente dalle montagne liguri. In quei giorni di fine maggio e inizio giugno, probabilmente vi fu un anticipo del clima estivo e gli ospiti stranieri, se all'inizio furono stupiti dalla vista dei pezzetti di ghiaccio che galleggiavano nelle coppe di vino, di fatto poi gustarono meglio il vino fresco durante le varie portate[18]. Tornati in Spagna e Francia, non solo riferirono di quella nuova moda tutta italiana, ma probabilmente iniziarono anche a praticarla. Il piacere delle bevande fresche da quel momento divenne un lusso che caratterizzò i banchetti delle principali corti d'Europa.

Montaigne, durante il suo viaggio in Italia, era il 1580, nei suoi appunti, oltre a descrivere il fasto delle residenze del Granduca, annota: "Si costuma qui [Firenze] di metter neve nelli bicchieri di vino"[19]. L'Autore, all'inizio del suo diario di viaggio afferma che l'Abbazia Remiremont godeva della rendita di due neviere. Si può da ciò dedurre che anche in Francia si conservava la neve, ma se ne faceva un uso diverso rispetto all'Italia. Non poteva che essere un esclusivo uso sanitario.

"Le thresor de santé..." pubblicato nel 1607 insegnava ai Francesi i vari modi di rinfrescare le bevande indicando appunto il modello italiano: «Còme il se practique en Piedmont & Italie»[20].

Nicolàs Bautista Monardes (1493-1588) pubblicò a Siviglia, nel 1571, il "Tratado de la nieve, y del bever frio". Tale testo, tradotto e pubblicato in Italia a partire dal 1575 fino ai primi decenni del XVII secolo, segnò una svolta nella storia delle bevande, configurandosi come vero manifesto a sostegno delle bevande fredde e come una vera e propria "riforma" alimentare che si affiancava ad altri cambiamenti verificatisi nella cultura di quel secolo. Il Monardes, avendo osservato la diffusione della nuova moda di usare la neve, giunse alla conclusione che il bere freddo giovava ai sani e risanava gli infermi, inoltre ritenne infondati i timori dei colleghi medici contrari alla nuova moda. Altro merito dell'opera del Monardes fu la descrizione delle tecniche di raffreddamento, essenzialmente per contatto: il contenitore della bevanda da rinfrescare, in genere di vetro o di metallo, veniva immerso e circondato dal ghiaccio.

Un passo del Trattato presenta nella traduzione italiana un'aggiunta dedicata all'uso della neve in alcune città della Penisola, si tratta una vera pagina di cronaca del costume di metà Cinquecento: «Non hanno già voluto fare così in Genova, Città fra le principali d'Italia, ricchissima, et piena di tanta nobiltà, di gentil'huomini, et Signori, i quali vivendo con le maggiori delitie, et delicatezze del mondo, conosciuta da un pezzo in quà questa del bere fresco con la neve, si sono ingegnate la maggior parte d'haverne non solo copiose conserve

---

[18] J. B. Bruyerini, *Cibus Medicus siue de re cibaria Libri 22. omnium ciboru m genera, omnium gentium moribus, et usu probata, complectentes*, Norimbergae : Apud Johann. Andream et Wolffgangi Endteri Jun. haeredes, 1659.

[19] J. Montaigne, *Viaggio in Italia*, prefazione di Guido Piovene, Ed. Laterza, Roma-Bari 1991, pag. 23.

[20] *Le Thresor de santé, ou mesnage de la vie humaine divisé en dix livres..* A. Lyon, chez Jean Anth. Huguetan, 1607.

per uso particolare, ma molti ancora fondando il loro esercizio, et traffichi in questo mestieri, acciò che ognuno ne possa avere, hanno dato opra di fare delle medesime conserve, per venderla la state, alla quale particulare delizia, hanno molto da invidiare i Veneziani, de quali mi stupisco non la usino, ò cerchino di usarla, approvandosi per la maggiore di tutte le altre»[21].

I medici fedelissimi alla tradizione e agli insegnamenti di Ippocrate furono solerti nel controbattere le tesi di Nicolò Monardes e dei suoi seguaci, per cui si aprì un acceso dibattito che si dispiegherà a cavallo tra la fine del secolo XVI e gli inizi del XVII secolo, e che accompagnerà la lenta trasformazione della medicina da disciplina filosofica a disciplina sperimentale.

In Italia, man mano che il XVI secolo si avviava verso la conclusione, la moda del bere freddo si diffuse dalle mense aristocratiche a quelle dei ricchi borghesi, come pure tra i benestanti e i meno abbienti. Che il consumo di neve fosse diffuso a livello popolare lo attestano i documenti relativi alle taverne o al servizio di ristorazione per gli operai, lontani dai loro centri di residenza, che erano impegnati nei trappeti o nelle tonnare. Le taverne, anche se costose, non meno di un tarì per i pasti di un giorno, assicuravano un servizio completo di bevande fresche. Nel 1602 in una taverna del trappeto di Partinico si vendeva e/o si utilizzava anche la neve[22].

Mercurio Scipione, nei primissimi anni del XVII secolo, in un suo testo in cui si decrive l'uso della neve a Roma, afferma: «Questo uso di rifrescar con neve è tanto frequentato nelle prime Cittadi d'Italia, dove sono le Corti, che da esse è finalmente passato fin'ai plebei, & io mi ricordo già cinquant'anni sono, che nella patria mia l'uso della neve era, solo frequentato da Prencipi, & Prelati maggiori; ma ora quasi ogni ciavatino vuol la neve, poichè in detta Città, ve ne concorre tanta copia, che si vende per le piazze à vil mercato, quando con un baiocco se n'ha tanta, che basta per una persona ad ogni lungo disnare; il medesimo mi vien riferito, che s'usa in Costantinopoli»[23].

Un autore italiano che si colloca sulla stessa posizione del Monardes è Baldassare Pisanelli, il quale, poco prima di morire, pubblicò, nel 1586, un trattato sulla natura dei cibi e delle bevande dedicando un capitolo al bere fresco. L'inizio del discorso si basa su un paragone: come il coito è un piacere grandissimo che serve alla riproduzione, così il piacere che si prova nel bere fresco sicuramente ha un suo beneficio per la salute. Con un altro paragone afferma: come l'uomo si difende dal freddo, così è buona cosa difendersi dal caldo estivo col bere fresco. Alla riflessione filosofica aggiunge poi il caso di Messina.

---

[21] N. Monardes, *Trattato della neue e del bere fresco, raccolto per M. Giouan Batista Scarampo, dal trattato del Monardo medico di Siuiglia, & ridotto in lingua toscana*. In Fiorenza : nella stamperia di Bartolomeo Sermartelli, 1574.

[22] A. Morreale, *La vite e il leone. Storia della Bagaria*, Ed. Ciranna, Palermo 1998. L'autore cita questa fonte: ASPA, not. De Messana, vol. 1293 (1602).

[23] M. Girolamo, *De gli errori popolari d'Italia, libri sette, diuisi in due parti. Nella prima si trattano gl'errori, che occorrono in qualunque modo nel governo de gl'infermi, e s'insegna il modo di corregerli. Nella seconda si contengono gl'errori quali si commettono nelle cause delle malattie, cioè nel modo del viuere ... con gli suoi remedij ... Dell'eccellentiss. sig. Scipione Mercurii ... Parte prima [-seconda]* In Venetia : appresso Gio. Battista Ciotti Senese, 1603.

Diversi autori si scagliano contro la moda del bere freddo, ma uno dei più polemici resta certamente Sebastiano Laghi[24]. Innanzitutto sferrando le sue critiche, sul piano morale, verso coloro che amavano bere il vino freddo definendoli schiavi delle passioni e dei piaceri, lontani dalla verità, infatti per accontentare il gusto tradiscono la ragione. Ma le critiche più pesanti egli le riserva ai fautori del bere freddo: alla "sinagoga" dei "Signori nevisti". Se fossero dei buoni maestri dovrebbero rivedere le loro posizioni in quanto il vero saggio è colui che sa cambiare le sue opinioni: «Sapientis est mutare consilium». Gli argomenti a favore del bere freddo assomigliano al "latrar dei cani". Però, in fondo, anche se molto polemico, non è del tutto contrario affermando che: «Occorre agire col sale della prudenza, col freno della parsimonia, col favore dell'intermittenza». Nel suo brevissimo opuscolo egli riassume i principi fondamentali della tradizione: le bevande fredde, utili nelle febbri, i sani le possono usare «per necessità non per grandezza, per bisogno non per vitio»; bere il vino rinfrescato con neve non può diventare una consuetudine perchè sarebbe una prassi micidiale: «Chi disse vita, disse calore. Chi disse giaccio disse morte».

Pietro Cassiani, in un suo scritto del 1603, non ha il minimo dubbio che il bere freddo è solo una moda sostenuta dai «medici Monardeschi», amanti di «regole forse tolerabili per gli africani, e anche per gli spagnuoli più meridionali, senza alcun discorso, o distinzione le vogliono esseguire sopra gli Italiani, che sono assai più settentrionali di coloro»[25].

Nicolò Masini all'inizio della sua opera[26], precisa che l'acqua fresca (*frigidam aquam*) come la intendeva Galeno, corrispondeva a quella di una normale fontana. Bevande o medicine più fredde dell'acqua fresca sono consentite solamente a coloro che hanno la febbre: «Extremis morbis, extrema remedia»; come pure l'uso di farmaci gelidi per frenare o bloccare l'azione di un veleno. Ai sani non è consigliabile alterare la temperatura dell'acqua naturale mediante alterazioni artificiali. La decisione di bere bevande ghiacciate rappresenta la scelta più irrazionale che un uomo possa compiere. Le bestie, che seguono l'istinto, si dimostrano più sagge degli umani.

Giovan Battista Del Tufo, un napoletano trapiantato a Milano, avendo nostalgia della sua bella Napoli, le dedicò un intero poema per cantare le sue meraviglie e il suo splendore. La qualità della poesia non è eccellente, ma resta un'opera ricca di informazioni sugli usi e i costumi di Napoli verso la fine del XVI secolo. Ecco i versi dedicati al bere freddo:

> Bever freddo con la neve da Napolitani
> Ma lasciando l'inverno
> con gusto vostro eterno
> ragionerem ancor che stil vi tiene
> al ber freddo con neve
> il cavalier e l'artegian l'estate.
> Con questa neve ogn'artegian meschino
> tempra il calor del vino

---

[24] S. Laghi, *Neve tabacco et acqua vita otiosi discorsi di Sebastiano Laghi da Lugano*. In Milano per Filippo Ghisolfi, 1647.

[25] P. Cassiani, *Risposta di Piero Cassiani al discorso sopra il beuer fresco. Nuouamente stampato in Roma. All'illustrissimo, e reuerendiss. signore il signor cardinale Aldobrandini camerlengo di S. Chiesa, &c*, In Bologna: presso Vittorio Benacci, 1603, pag. 15.

[26] N. Masini, *De gelidi potus abusu*, Cesena, presso Bartolomeo Raverio, 1587.

> e se neve non ha mattina e sera
> starà di mala ciera
> tre dì con la fameglia e la mogliera.
> Quel ricco cittadino
> vorà piutosto rimaner digiuno
> che mai per modo alcuno
> resti di non haver neve quel giorno
> che gli amici o parenti l'invitorno.
> Guardasi il credensiero
> che pria non habbi il vin, che il padron beve,
> posto in fresco a la neve
> due ore che lui gionga;
> ch'altri prepari, accommodi e disponga.
> Onde egli dà pensiero
> subito ad un staffiero
> che con gagliarda mano
> arrivato il padrone,
> volga e giri il trombone,
> che uscito poi da quel trombon girato
> beve il vino aghiacciato
> talmente che vien fuora
> come ne i monti Caspij stesse allora:
> Così, donne mie belle ci governiam la pelle
> col freddo ber vin, col buon mangiare,
> e con gli spassi per terra e per mare...[27]

Sulla moda del bere freddo a Firenze e in Toscana riferisce Rinuccini: «Del bere fresco cominciò nel principio del secolo [cioè il XVII] (oppure si rinnovò la delizia del bere fresco; ma si procurava d'ottenerla dai pozzi col calarvi le bocce del vino qualche hora innanzi il pasto, e il pozzo di qualche casa che aveva concetto di fresco, serviva spesso anco per i vicini, che vi mandavano le loro bocce, che per lo più erano di terra. Si cominciò poi a riporre l'inverno il diaccio per valersene l'Estate a rinfrescare il vino, le frutte, et altro, et ha preso tanto piede questa delizia, che molti l'usano continuamente anco l'inverno. Et è degno da notarsi l'augmento che ha fatto, perchè l'anno 1609 Antonio Paolsanti aiutante di Camera del Ser.mo Gran Duca, prese l'appalto del Diaccio per Scudi 400 l'anno. (Che poi lo comprò da lui Madama Ser.ma, e lo donò e applicò al mantenimento delle monache convertite) e quest'Anno 1665 è appaltato per Scudi 4300. E per dire qualche cosa ancora di fuora, in Pisa non si trovò l'Anno 1605 chi volesse l'appalto per Scudi 50, e oggi è sopra scudi 1950. Ma è però vero che l'Appaltatore serve ancora Livorno. Quando l'inverno non diaccia, sono obbligati gli Appaltatori così di Firenze come d'altrove di far venire la neve dalle montagne, e però procurano di riporvela a suo tempo nelle buche fatte a posta, per conservarla all'Estate»[28].

---

[27] G. B. Del Tufo, *Ritratto o modello delle grandezze delitie e meraviglie della nobilissima città di Napoli, testo inedito del Cinquecento*, a cura di Calogero Tagliarini, AGAR Napoli.
[28] T. Rinuccini, *Considerazioni sopra l'usanze mutate nel presente secolo 1600, cominciate a notare da me Cav. Tommaso Rinuccini nell'anno 1665*. Biblioteca Nazionale Centrale di Firenze, Magl. CI. XXV.

A Firenze, nel corso del 1500, l'architetto Bernardino Buontalenti si occuperà anche della costruzione delle eleganti ghiacciaie granducali nel giardino di Boboli. Un arazzo del 1643, realizzato da Van Esselt, esposto a Palazzo Medici Riccardi di Firenze, testimonia la raccolta del ghiaccio sull'Arno.

Durante i banchetti e dopo i pasti, oltre al vino, si potevano servire bevande non alcoliche, acque aromatizzate che permettevano di mutare un sapore molto intenso rimasto nella bocca dei commensali. Queste "acque concie", al gusto di cannella, coriandolo, limone... nel tempo estivo era preferibile che fossero fresche, ma con il tempo diventarono gelide e fecero parte della classe dei sorbetti, infatti proprio nel corso del XVII secolo "acqua concia", acqua ghiacciata e sorbetto erano sinonimi di ciò che noi oggi intendiamo con il termine gelato. Francesco Caserta, nella sua opera pubblicata nel 1623, trattando delle acque aromatizzate con anice o con cannella, ne attesta la possibilità di congelarle tramite la miscela di ghiaccio e sale[29].

4. Vasi refrigeranti

L'utilizzazione della neve richiedeva dei recipienti idonei a contenerla e sufficientemente ampi per accogliere i contenitori delle bevande da refrigerare. Erano usati contenitori in legno, vetro e metallo. In un ambiente poco curato si poteva usare qualunque recipiente in grado di contenere i liquidi. Il tino o il tinello[30] si prestavano bene per contenere la neve che si andava sciogliendo, ma la loro presenza non poteva essere ammessa ovunque. Per la produzione di gelato occorrevano almeno due tini: uno per la preparazione e uno per la conservazione. Nelle dimore signorili, in particolare nella stanza da pranzo, venivano usati i rinfrescatoi di diversa forma: per bottiglie, per coppe e per caraffa[31]. Un oggetto facilmente rinvenibile nei minuziosi inventari redatti dai notai è la "cantimplora" o "bozza": un vaso di vetro o di stagno[32] utile per la refrigerazione. Diversi documenti testimoniano la presenza della vetreria dei fratelli Bagnasco a Castelbuono[33] e forse anche a Isnello[34]. Un contratto di

---

[29] F. A. Caserta, *Tractationes duae ad medicinae praxim pertinentes*, ex Typographia Secundini Roncalioli, Napoli 1623. Nella *Quaestio VI Art. III*.

[30] L. Romana, *Neviere e nevaioli*, cit. Un inventario del 1624, tra i beni appartenuti al dottor Pietro Paolo Peroxino di Castelbuono, riporta la presenza, in un magazzino, di "uno tinello di refriscari con la nivi". (Archivio di Stato di Termini Imerese, e da ora ASTI, not. Filippo Guarneri, vol. 2255 c. 133, 04 dicembre 1624).

[31] L. Romana, *Neviere e nevaioli*, cit. Lista di spese per conto dell'Arcivescovo di Palermo. "A detto, onza 1.e tarì 13 e grani 10 per 4 piatti per la cucina, per 8 piattigli, 12 scudelli di porcellata, 2 rinfrescatori grandi con suo boccaro per la camera di S. Ill.ma". (Archivio di Stato di Palermo, not. Antonino Fede, stanza iv, vol. 3638, c. 582, 30 novembre 1718).

[32] L. Romana, *Neviere e nevaioli*, cit. Nelle spese dell'anno 1636: "a 27 ottobre, (...) spesa straordinaria, à cassa tarì 10 per far crescere un vasu alla dispenza per la Neve". Al 20 gennaio 1637 viene comprato dello stagno "per farsi alcuni vasi nello refitorio". (Archivio di Stato di Trapani, e da ora ASTP *Corporazioni Religiose*, Collegio dei Gesuiti di Trapani, Registro n. 174, 1636-1639).
Anche i registri di esito del Convento di San Francesco di Paola di Trapani, all'inizio dell'estate annotano un mandato di pagamento "per costruzione di una Bazza per gelare acqua, onze 2.25.0". (ASTP, *Corporazioni Religiose*, Registro n. 88; 15 giugno 1865).

[33] L. Romana, *Neviere e nevaioli*, cit. Giovanni Berretta di Napoli si obbliga con don Alberto Bagnasco a lavorare nella sua "vitrera" per un compenso di tarì tredici il giorno, inoltre l'alloggio e la

vendita³⁵ del 1700 riporta l'acquisto da parte dei Bagnasco di una grossa partita di cantimplore di diversa fattura ("rigati", "alla venetiana", "virdi") e varie dimensioni ("di menzu", "di dui terzi", "di terzu"); dal contratto non è comprensibile l'unità di misura di riferimento: quartara, lancella o quartuccio? La quantità dei prodotti venduti (circa 1400) ne attesta la diffusione anche nelle dimore delle famiglie meno abbienti; probabilmente la cantimplora era l'antenato dell'attuale frigorifero, considerato che per tutto il Seicento con soli due grani –nei paesi attorno alle Madonie– si poteva acquistare circa un chilogrammo di neve.

Ecco alcuni versi, dedicati appunto alla cantimplora o bozza, in segno di gratitudine verso un amico che gli ha prestato la cantimplora, del poeta siciliano Mario Drago:

> Dice all'amico, che si ritiene
> la cantimplora per haverne bisogno
>
> Tanta affamoria pri na cantamplora
> Don Stefanuzzu ti la dicu chiara
> Si mi la dassi chi gran cosa fora!
> Ch'è qualchi gioia priziusa e rara?
> Nun ndi parlari, chi mi servi ancora,
> Né chiù mi fari ssa vernia amara
> Ci annivu quandu haiu a ijri di fora
> E pri l'amuri tò la tegnu cara.
>
> Ringrazia l'amico
> della cantamplora lassatagli
>
> Ora chi ti passau dda frinixia
> Chi propria m'havia fattu sciri pazzu
> Iu ti ringraziu di la curtisia,
> E centu voti ti stringiu, et abbrazzu
> E giacch'hora la bozza è tutta mia
> Quandu mi pigghia l'annivu, et aggiazzu
> Poi quandu vivu penzu sempri a tia,
> Ed ogni vota un brindisi ti fazzu³⁶.
>
> *Dice all'amico di tenersi ancora un po' la sua cantimplora*
>
> *Come bramo avere la cantimplora*

---

preparazione dei pasti, invece l'acquisto degli alimenti era a carico del Berretta. Considerata l'elevatissima retribuzione, probabilmente si trattava di un professionista espertissimo. (ASTI, not. Ignazio Bellone, vol. 2599 c. 257, 04 aprile 1699).

³⁴ L. Romana, *Neviere e nevaioli*, cit. Mastro Stanislao Barbanti, "vitraro della terra d'Isnello", si impegna a lavorare con Don Alberto Bagnasco di Castelbuono per un compenso giornaliero di tarì cinque. (ASTI, not. Ignazio Bellone, Vol. 2599 c. 299, 06 maggio 1699).

³⁵ L. Romana, *Neviere e nevaioli*, cit. (ASTI, not. Ignazio Bellone, Vol. 2600 c. 175, 17 maggio 1700).

³⁶ P. G. Sanclemente, *Le Muse Siciliane overo scelta di tutte le Canzoni della Sicilia...*, per il Bisagni, Palermo 1651. Interessante il termine *bozza* come sinonimo di *cantimplora*.

Don Sefanino, te lo confesso
Oh che gran cosa se me la prestassi!
Potrei avere una gioia più grande?
Non chiedermerla, mi serve ancora.
Smettila con questo strepito disgustoso,
La immergo nella neve prima di uscire
E grazie al tuo affetto mi è cara

Ringrazia l'amico
per la cantimplora lassatagli

Ora che ti è finita quella frenesia
Che per poco non mi rendeva folle
Ti ringrazio della cortesia
Con infiniti abbracci.
E poichè ora il rinfrescatoio è a mia disposizione
Quando ne ho voglia lo riempio di neve
Poi quando bevo ti penso sempre
E ogni volta ti dedico un brindisi.

Vincenzo Tanara descrive la cantimplora o bozza come rinfrescatoio a doppio contenitore, anche se non ne dà il nome: «Il raffreddar Vino con neve... fassi con poca (neve) ponendo il vino in un vaso di vetro, qual nel mezzo abbia una concavità, nella qual posta la Neve, circondata dal vino, presto si raffredda»[37]. Fino alla metà del '900 questo modello di bottiglia-rinfrescatoio era ancora in uso e nella provincia di Messina veniva chiamata "Cantramplora". Un tipo di bozza forse poco diffusa era la quella a "naca". In un magazzino del monastero basiliano di Raccuja si conservava «un pozzo picciolo a naca di stagno col cato o sia strare inservibile»[38]. Il Mortillaro, nel suo Dizionario Siciliano-Italiano alla voce Bozza riferisce anche della "Bozza a naca, specie di cantimplora che si crolla su due aste", è ovvio che il dondolio della bozza accelerava la refrigerazione delle bevande. Questo modello di "bozza a naca" si può vedere in qualche vecchia foto di chioschi di venditori di acqua e bibite fredde, presenti a Napoli fino agli inizi del '900[39]. Nei refettori dei monasteri l'acqua o il vino erano rinfrescati con grandi bozze o cantimplore circondate dal ghiaccio dentro mastelli di legno o di sughero[40].
La nuova moda del bere freddo è documentata anche in campo artistico con la raffigugrazione dei rinfrescatoi. Ai pittori non sfuggì questa interessante novità, testimoniandola nei dipinti dedicati al tema del banchetto sia profano che sacro, come gli

---

[37] V. Tanara, *L'economia del cittadino in villa: libri VII*, per gli eredi del Dozza, Bologna 1651, p. 5.
[38] Archivio di Stato di Messina, Monstero S. Nicolò la Ficò di Raccuja, busta 1053, c 437v [..] agosto 1788.
[39] Il Vocabolario Siciliano curato dal Piccitto riporta l'espressione "Annacari li bozzi a unu" per dire tenere a bada.
[40] Nelle uscite dei Gesuiti di Siracusa si legge: «Per accomodare due bozze grandi, tarì 27». Archivio di Stato di Siracusa, Corporazioni religiose soppresse, Compagnia di Gesù, busta 84 c 195r, 6 agosto 1666. Così, pure nello stesso libro di uscite, «Per stagnare la bozza del vino, e fare un collo di rame alla bozza dell'acqua, et accomodare li dui tinozzi di ditte e pece», Ibidem, c 265r [..] giugno 1669.

episodi conviviali narrati dai vangeli. La raffigurazione dell'*Ultima Cena* prevedeva la presenza di una vasca per ricordare il gesto di Gesù che lavò i piedi ai suoi Apostoli. Questo recipiente a partire dalla seconda metà del XV secolo divenne una conca contenente del ghiaccio dove tenere al fresco le brocche di vino. Una prima testimonianza (1481-'82) la offre Cosimo Rosselli nell'affresco dell'*Ultima Cena* nella Cappella Sistina. Altro esempio lo dà il Vasari (1546) nella sua *Ultima Cena* realizzata nel Refettorio delle Murate a Firenze. Interessante e inconfutabile rappresentazione del vasca-rinfrescatoio la si può ammirare nell'antico refettorio del convento francescano di San Giovanni in Persiceto (BO); un grande affresco dell'*Ultima Cena* databile alla fine del '500, mostra sul pavimento un mastello in legno contenente delle piccole lastre di ghiaccio et una grossa bottiglia. Altro tema caro ai pittori, quello della *natura morta*, presentava l'occasione di raffigurare rinfrescatoi. Presso la Villa medicea di Poggio a Caiano, il Museo della Natura Morta custodisce un dipinto di ignoto pittore fiorentino della prima metà del XVII secolo raffigurante un pregevole rinfrescatoio in metallo, colmo di ghiaccio e varie bottiglie e brocche. Interessante anche un piccolo rinfrescatoio in legno, collocato su una mensa, con dentro una bottiglia, accanto a dei panini e un prosciutto, nel dipinto di Giuseppe Recco (Napoli, 1634- Alicante, 1605) *Natura morta con pani pasticcio e ghiacciaia*, appartenente alla collezione Molinari Pradelli, presso Marano di Castenaso.

5. Dal sorbet antico al sorbetto moderno
Nel corso del 1500, in Sicilia come in altre regioni d'Europa, si dovette affrontare il flagello della peste. La paura di restare contagiati precedeva il contagio stesso e scatenava comportamenti finalizzati alla possibilità di evitarla ricorrendo a mezzi più o meno razionali, qualche volta puramente magici o bizzarri. Le autorità civiche tentavano tutti i mezzi per combattere quel male misterioso: dall'invocazione dell'aiuto divino all'adozione di misure ben precise, suggerite dai medici chiamati a prestare il loro soccorso.
Gianfilippo Ingrassia (1510-1580), illustre medico siciliano, chiamato per contrastare la peste apparsa a Palermo nel 1575-76, utilizzò per i contagiati dal male, oltre all'isolamento e alla cura dell'igiene, la stessa dieta adottata per coloro che normalmente erano affetti dalla febbre. Pur di estinguere la sete degli appestati, egli seguì le indicazioni tradizionali della scuola galenica, confortato dai buoni risultati ottenuti da Joan Tomàs Porcell durante la peste di Saragozza, nel 1564, cioè la somministrazione di acqua freddissima, resa tale mediante l'uso del ghiaccio. «Galeno raccomandava l'acqua fredda nelle febbri e nelle malattie infettive acute contro la teoria ippocratica che le condannava ... gli arabi furono partigiani delle bevande fredde»[41].
Quasi tutti i trattati dedicati al tema della peste riguardo all'alimentazione consigliavano di bere l'acqua zuccherata con l'aggiunta di succo di limone o aceto. Questa bevanda poteva essere fredda o freddissima a condizione che il paziente fosse giovane, vivesse in una regione abbastanza calda e che fosse estate. L'uso di cibi e bevande acide contro la peste si basava su questo principio «Et mangiano li cibi suoi alteradi con agresto che preservano dalla putrefazione massimamente l'aceto come chiaramente si vede quando l'uomo vuole alcuni giorni conservare la carne cotta la pone nel aceto e se li conserva»[42].

---

[41] A. Bendicenti, *Malati medici e farmacisti*, Ed. Hoepli, Milano 1924, pag 219.

Anche Marsilio Ficino, nella sua opera contro la peste, argomenta così: «Le cose agre, aspre, & acetose sono da usare nel coservare, & nel curare, perchè il pericolo è nel caldo con l'humido, et nella putrefattione... E le cose di tutti questi sapori soccorrono a tutti questi mali. Perchè rinfrescano, disseccono, et conservano, fortificano, restringono, & c. Nota che le cose molto agre dove si teme strettezza di petto, debilità di stomaco si temperano con zucchero, sale, latte di mandorle, cinnamomo, pepe, finocchio...Chi ha gran sete fuori di cibo usi l'acetoso semplice con un poco d'acqua fresca, o vino di melegrane agre con giulebbo rosato, o vino brusco. Puossi priemere midollo di cederno, ò limoni, o melarancie, et bere con acqua, et zucchero»[43].

Si tralasciano molti testi in lingua latina in cui esplicitamente si raccomanda di raffreddare cibi, bevande e medicine tramite l'uso del ghiaccio: "Aqua frigida nive infrigidata...".

La Farmacopea del Dubois (le cui copie sono ancora conservate in varie biblioteche presenti in Sicilia) espone il metodo di refrigerazione per contatto mediante l'uso del ghiaccio. «Calefacimus aquam et alia omnia quę aqua fluente, aut nive circumposita volumus frigidiora reddere... Refrigeramus aqua fluente, aut nive aut glacie etiam prius calefacta, quae febrium vehementiae, aut aeris intemperiei calidę opponimus pocula medicamentosa»[44].

Secondo il sapere medico di allora, le malattie sorgevano nel momento in cui i quattro umori fondamentali, presenti nel corpo umano, perdevano il loro equilibrio, quindi bisognava intervenire con una vera e propria terapia d'urto: «La colera calda, secca sottilissima, si prepara ingrossandosi, col freddo, et humido, l'humor flemmatico, che è freddo, et humido, et viscoso, vuole il suo contrario...»[45]. Per questo motivo si raccomandava di somministrare, soprattutto in estate, sciroppi freddi, al mattino e a digiuno, come cura per gli appestati e come prevenzione per i sani a rischio di contagio.

Un altro autore, Agostino Bucci, favorevole alle bevande e alle medicine fredde, scrive: «Il bere poi vini con la neve; o ancho co'l ghiaccio, à chi è avvezzo, & senza vizio nelle interiora, ne i tempi caldi, & sospetti di contagione, non solo riprendere non si deve, ma più tosto commendare: poiche si correge con questo il calore intenso dell'aria tirato per inspiratione, onde si serba & mantiene la simmetria del corpo, nella qual principalmente consiste la sanità»[46]. «Quanto poi alla sete appartiene, è commune consiglio di Medici antichi specialmente di Paolo, & d'Avicenna il permettere agli infermi di morbi pestilenti in occasione di estrema sete, il bere acqua freschissima, non a poco a poco, si che

---

[42] B. Baviera, *Tractato mirabile contra peste composto per el famosissimo homo miser Bauera da Bologna medico doctor excellentissimo*, per Georgio di Rusconi milanese, Venetia 1503.

[43] M. Ficino, *Contro alla peste. Il consiglio di messer Marsilio Ficino. Remedio di maestro Tommaso del Garbo. Vna ricepta duna poluere composta da maestro Mingo da Faenza. Vna ricetta facta nello studio di Bologna: e molti altri remedij*, (Impresso in Fiorenza : per ser Francesco di Hieronymo Risorboli, nel mese di marzo 1523).

[44] J. Dubois, *Pharmacopoeia, seu de medicamentorum simplicium delectu, praeparationibus, mistionis modo, libri tres. Iacobo Syluio medico authore*, apud Gulielmum Rouillium, Lugduni 1552.

[45] O. Augenio, *Del modo di preseruarsi dalla peste libri tre. Scritti volgarmente per beneficio commune. Da M. Oratio Augenio da Monte Santo..*, appresso Astolfo de Grandi, Fermo 1577.

[46] A. Bucci Agostino, *Modo di conoscere et distinguere gli influssi pestilenti, et difendere da quelli con buoni ordini politici, le persone, città, & luoghi: con la scielta di alcuni rimedij approuatissimi, facili, & di poco costo, tanto preseruatiui quanto curatiui. Raccolti in beneficio de popoli da M. Agostino Bucci ...*, appresso l'herede del Beuilacqua, Torino 1585.

maggiormente infiammi, ma a gran tratti, & in una volta acciocchè con quella non solo si rallenti il calore della febre, ma ancho con la provocatione del vomito, ò del sudore, che talora suole sopravvenire, si alleggerisca il male... Contra l'istessa sete giovarà l'Agro del Cedro condito, il syroppo di limoni, le mele granate, & altre simili»[47].

Tutti gli autori a favore di bevande e medicine fredde, freddissime o gelide seguivano l'insegnamento di Galeno, il quale, oltre al salasso, consigliava l'acqua fredda o gelida, in base alle condizioni del paziente (giovane, robusto, abituato al bere freddo...), «Prorsus sit gelida, quantum bibere aegro libet...»[48]. Quindi ai pazienti giovani con febbre alta e sete intensa, nella stagione estiva, il medico poteva prescrivere acqua aromatizzata con sciroppi, fresca o freddissima, se ci si trovava in una regione calda (nel sud della Spagna o nel sud d'Italia). Bocàangel, autore spagnolo che pubblica un trattato sui morbi pestilenziali, a sostegno del suo punto di vista, annota : «Y en Napoles y Sicilia se da ordinariamente en los casos dichos…»[49].

I ricettari di cucina pubblicati a partire dalla seconda metà del XVI secolo, condividendo l'idea che cibi e alimenti freddi fossero un modo efficace per prevenire la peste, riportano la moda di offrire ai commensali vassoi di frutta ricoperta di ghiaccio[50].

Nel 1618 Mario Paramato, di Rossano, in Calabria, pubblica a Napoli il suo trattato *De potu frigido* presentando un efficace farmaco antinefritico: «Multi a dolore nefritico liberati sunt potione aqua gelida»[51], "aqua gelida", di cui fornisce pochi elementi in merito alla sua composizione, ma si sofferma dettagliatamente nella sua preparazione: si tratta di una pozione gelida al massimo grazie all'uso della miscela di ghiaccio e sale: «Si fortiter sale fricetur nix efficitur veluti si dura glacies esset, & sic nostrates quando niuis paucam quantitem habent, utuntur tali artificio, ut diutius conserveutur»[52]. Accanto a questo paragrafo vi colloca la glossa "Modus conservandi nivě", rivelando uno dei possibili principi che hanno contribuito alla scoperta del processo endotermico: la capacità del sale di conservare qualcosa deperibile. Oltre a specificare gli effetti della miscela di ghiaccio e sale, egli riporta anche la pratica: quando uno dispone di poco ghiaccio... L'aggiunta del sale non fa altro che potenziarne la capacità congelante rispetto alla sola e semplice neve. Mentre il solo ghiaccio ha una temperatura intorno a 0°C, la salmoia, che si ottiene dalla miscela di ghiaccio e sale, sfiora i -20°C! Egli aggiunge che questo metodo era conosciuto dai "nostrates", i suoi "concittadini", probabilmente egli intendeva riferirsi ai suoi concittadini farmacisti più che ai suoi compaesani in generale.

---

[47] Ibidem, pagg 74 e 76.
[48] C. Galenus, *Galeni librorum septima classis curatiuam methodum tum diffuse tum breuiter descriptam...*, apud Iuntas, Venzia 1576. Pag. 57 v.
[49] N. Bocangel, *Libro de las enfermedades malignas y pestilentes, causas, pronosticos ...*, por Luis Sanchez, Madrid 1600.
[50] G. B. Crisci, *Lucerna de corteggiani oue, in dialogo si tratta diffusamente delle Corti; cosi de venti quattro officii nobili, come de la varietà de cibi per tutto l'anno e ciascuna domenica et altri banchetti diuisa in sei capitoli. Opra di Gio: Battista Crisci napolitano all'altezza ser.ma del gran duca di Toscana Ferdinando II*, apud Io. Dominicum Roncagliolum, Napoli 1634.
[51] M. Paramati, *De potu frigido tractatus*, ex typographia Tarquinii Longi, Napoli 1618.
[52] Ibidem, pp. 65-68.

Il farmaco antinefritico del Paramato pare che abbia avuto un certo successo anche fuori dell'Italia e lo si ritrova in un trattato di farmacologia, pubblicato a Colonia nel 1683 da Jean Jacques Manget[53], ove si descrive la composizione di un farmaco chiamato "Limonata antinephritica" a base di acqua, zucchero, succo di limone, insieme all'annotazione che la gente povera in Italia, Spagna e in altre regioni calde, usa anche senza lo zucchero, facendola congelare grazie alla miscela di ghiaccio e sale. Questa prassi terapeutica è attestata nel secolo successivo dal medico napoletano Filippo Baldini che dedicò un'opera ai benefici terapeutici dei vari tipi di sorbetti o gelati, dando risalto al sorbetto al limone sia in caso di febbre che in caso di calcoli: «L'uso delle limonee, e de' cedrati in tutte le febbri acute, ed infiammatorie di qualunque specie, sono i più mirabili incisivi, e i migliori rimedj per purificare il sangue [...] Così ancora per i soverchi caldi inducendosi ne' nostri corpi de' frequentissimi calcoli, che non sono altro, che umori fissi strettamente rappigliati, le limonee, o i cedrati molto saranno opportuni a poterli sciogliere...»[54].

L'opera del Paramato segna un punto di svolta nella storia della farmacopea e pone una "pietra miliare" nella storia dell'alimentazione umana, in quanto egli è il primo ad attestare inequivocabilmente la novità di congelare un composto liquido mediante la miscela di ghiaccio e sale. Riguardo alla via che condusse a mettere insieme il ghiaccio e il sale, è il caso di riflettere su un aspetto della cultura scientifica di allora, quando era ancora forte l'idea che il contatto tra due elementi poteva produrre certi effetti. Famoso, in questo ambito, è il tentativo di trasformare i metalli in oro, che ha impegnato per secoli molti uomini di scienza. La miscela del ghiaccio con il sale, forse scoperta per caso, forse, come dice il Paramato, basata sull'idea che il sale poteva conservare la neve, probabilmente è stata provata per mettere a punto un buon farmaco contro la peste, in grado di riportare al loro equilibrio naturale il caldo e l'umido presenti nel corpo umano utilizzando un farmaco freddo e secco al punto estremo. Se la neve ghiacciata era il massimo freddo disponibile, l'elemento più secco conosciuto allora era il sale, proprio per questa sua qualità veniva utilizzato nella salagione per conservare gli alimenti facilmente deperibili (carne, pesce, formaggi). Appunto per la sua capacità di seccare, dai medici antichi e medievali il sale veniva utilizzato contro varie malattie e veleni. Il sale preservava da molti mali, sia fisici che spirituali. Era ritenuto un'arma potente perfino contro i demoni e le loro azioni. Un ulteriore motivo per utilizzarlo nella preparazione di una medicina contro la peste, considerata, per diversi secoli, dai medici e dai teologi come castigo divino! Spargere il sale sul ghiaccio, nel tentativo di combattere la peste, era anche un modo per invocare l'azione purificatrice di Dio e la sua protezione dal male contagioso[55].

---

[53] J. J. Manget, *Pharmacopoea Schrödero-Hoffmanniana, ...,* Coloniae: sumptibus Iohannis Martini, 1683. Jean Jacques Manget, era socio dell'Accademia degli Spensierati di Rossano di cui faceva parte anche Mario Paramato. Questo legame lascia intravedere la possibilità del Manget di consultare il testo del Paramato e di ottenere anche la ricetta della "sorbetta antinefritica". G. Sapia, *L'Accademia degli Spensierati di Rossano*, Ferrari Editore, Rossano 2016.

[54] F. Baldini, *De' sorbetti. Saggio medico-fisico*, Napoli : nella stamperia Raimondiana, 1775, pp. 49 e 51. Egli attesta l'esistenza di tre tipi di sorbetti: a base di acqua e succo di frutta acida; a base di acqua aromatizzata; infine sorbetti fatti con vari tipi di latte. Ogni tipo di sorbetto è utile sia a livello di terapia che a livello di prevenzione. Al termine del suo libro egli auspica appunto di continuare a usare il gelato sia come genere voluttuario sia come farmaco.

Per il modo di pensare contemporaneo, lontano dalle credenze magiche, alchemiche e religiose di secoli fa, è impensabile che il contenuto di un vaso impermeabile ricevesse alcune qualità della miscela di ghiaccio e sale mediante semplice contatto! All'inizio del XVII secolo alcuni studiosi iniziarono a occuparsi del freddo e del modo di misurarlo. Si avviava la ricerca per la creazione dei primi termometri... Anche questi studiosi si occuparono della miscela di ghiaccio e sale. Un esperimento, spesso oggetto di ricerca, consisteva nel riempire un vaso di acqua, chiuderlo e immergerlo in una miscela di ghiaccio e sale, si osservava che l'acqua ghiacciando aumentava di volume al punto di rompere il contenitore; si spiegava tale fenomeno asserendo che il ghiaccio e il sale messi attorno al vaso avevano trasferito le loro rispettive qualità di freddo e di secchezza al contenuto racchiuso nel vaso, causandone il congelamento[56]!

6. La nascita dei primi gelati

Dunque il metodo di congelamento, basato sull'uso del miscuglio di ghiaccio e sale, inizialmente adottato nelle faramacie per la preparazione di medicine gelide, apriva la via al congelamento di sciroppi e bevande dissetanti richieste agli speziali, senza prescrizione medica, da benestanti e ricchi che si potevano permettere bevande costosissime. Nella conclusione del suo testo, Mario Paramato sottolinea la massima prudenza nell'uso delle bevande gelide, poichè, come tutte le medicine, dovevano essere concesse sotto controllo medico e non ad arbitrio di chiunque, anche perché è facile scivolare nell'eccesso, considerato il piacere insito in questo tipo di bevande: «quod cum ex gelido potu maximam delectationem homines accipiunt ob id potant plusquam deberent...»[57]. Quando un malato si è curato con una medicina straordinariamente piacevole è probabile che continui a chiederla anche stando bene, e che sia pronto a fingersi malato pur di riaverla, constatando inoltre che, riprendendola da guarito, non pativa alcun malessere. Se, inoltre, il malato-guarito era abbastanza ricco[58] da potersi permettere una "medicina" molto costosa, principalmene a causa del prezzo dello zucchero, sicuramente non avrebbe trovato ostacoli da parte di farmacisti pronti a non rinunziare ad un profitto.

La preoccupazione del dottor Mario Paramato, che quel farmaco così gelido fosse utilizzato per un normale uso alimentare, divenne concreta poichè iniziava ad essere un costume che si diffondeva velocemente. Infatti i trattati di alta gastronomia, pubblicati dopo il 1618, prevedono la comparsa sulle mense di composizioni ghiacciate e di sorbetti. L'opera del Paramato segna il passaggio dal sorbetto antico o orientale (uno sciroppo o un succo di frutta con dentro pezzetti di ghiaccio) al sorbetto moderno (uno sciroppo che va congelandosi grazie alla miscela di ghiaccio e sale). Due cose che a causa dello stesso nome rischiano di essere confuse ancora oggi, ma di fatto due cose distinte e opposte. Il sorbetto orientale, usato già dagli antichi greci e latini, altro non era che uno sciroppo solidificato da sciogliere in acqua, a cui si poteva aggiungere ghiaccio nel periodo estivo. Questo costume,

---

[55] J. F. Bergier, *Una storia del sale*, Marsilio, Venezia 1984.
[56] F. A. Caserta, *Tractationes duae ad medicinae praxim pertinentes,* Ex Typographia Secundini Roncalioli, Napoli 1623.
[57] Ibidem, pp. 187-188.
[58] È opportuno ricordare che i calcoli renali (disturbi nefritici)e la gotta erano patologie molto diffuse tra le classi benestanti a causa di una alimentazione ricca di carne e povera di verdure.

conservatosi in Oriente, sorprendeva i pellegrini che si recavano in Terra Santa. I messinesi importavano dall'Oriente gli eccellenti sciroppi per preparare il sorbetto orientale o antico: bevanda a base di sciroppi con dentro del ghiaccio che si scioglie! Il *Preziario dei farmaci*[59], pubblicato a Messina nel 1654, elenca 4 costosi tipi di "Sorbeth": *semplice e di rose, di viole e di ambra e mosco*. Quest'ultimo, il più costoso, si vendeva a 15 tarì l'oncia! (I Benedettini di Catania se lo facevano spedire dai commercianti messinesi). Ma non era sicuro, per gli igienisti di allora, mettere il ghiaccio dentro un bevanda; era più prudente raffreddarle mediante contatto. Essendo forte tale timore, si giunse alla prassi del raffreddamento tramite contatto, utilizzando il miglior mezzo refrigerante conosciuto o scoperto in quegli anni: la miscela di ghiaccio e sale. Oltre a quanto esposto sinora, occorre tenere presente che a Messina operava una delle migliori facoltà di medicina, inoltre erano presenti nel periodo estivo le febbri malariche che comportavano diarrea, febbre alta e sete inestinguibile; l'unica medicina, che poteva dare un certo sollievo all'ammalato, era un freddo sorbetto semplice, cio che oggi chiamiamo semplicemente una *granita al limone!*[60] Quindi nel sorbetto orientale o antico vi era il ghiaccio che si scioglieva, nel sorbetto moderno c'è un liquido che si congela!

Il nuovo farmaco-sorbetto a partire dai primi decenni del Seicento sfuggiva dal controllo dei farmacisti e passava nelle mani di bottiglieri e credenzieri: gli esperti che presso le mense aristocratiche si occupavano di bevande e dessert. Con l'opera del Paramato, 1618, si ha una data certa sul farmaco-sorbetto, invece il trattato del Caserta, del 1623, attesta la nascita del sorbetto dessert.

Le medicine gelide, sfuggite al controllo delle farmacie, passarono nelle mani del "bottigliero", colui che nelle famiglie nobili si occupava delle bevande da somministrare durante sontuosi banchetti barocchi estivi. Le "acque ghiacciate" furono le novità dei primi decenni del Seicento sia come meravigliose decorazioni ghiacciate sia come straordinari dessert.

Vittorio Lancellotti nella sua opera *Lo Scalco Prattico*, pubblicata nel 1627, racconta le nozze di una nipote del papa, celebrate nel 1622. Descrivendo la magnifica credenza con abbondante vasellame in cristallo di rocca e d'argento, annota la presenza di "Piramide" e "Macchine di ghiaccio". Mentre nel banchetto del 1619, offerto a Frascati, il 27 giugno 1619, dal cardinale Pietro Aldobrandino, erano state preparate "Piramidi di ghiaccio con frutti dentro". Tali piramidi di ghiaccio, rimaste in uso nei secoli successivi, come forme di gelato a pezzo duro, non potevano essere confezionate se non utilizzando la miscela di ghiaccio e sale.

Antonio Frugoli nella sua *Pratica Scalcaria*, pubblicata nel 1631, offre descrizioni dettagliate delle varie "macchine" usate nei banchetti: guglie, colonne e piramidi, gondole, monti con fontane. Descrive anche acque aromatizzate e "acque fresche": ai fiori di gelsomino, ai fiori di arancio e cedro; acqua al sapore di anice e cannella. Se con acqua fresca intenda anche le

---

[59] M. Patti, *Praetia singolorum medicamentorum...*, presso Heredi di Pietro Brea, Messina 1654.

[60] Il termine *granita* (dal verbo granire) venne usato per il gelato a partire dalla fine del XVIII secolo per esprimere un eccellente gelato a base di frutta, acqua e zucchero. Il nome completo ed esatto era "acqua gelata granita" cioè "acqua gelata" lavorata finemente, con la sorbettiera aperta, da un esperto sorbettiere. Tre parole erano troppe per chiedere un otttimo gelato morbidissimo, ed ecco che l'aggettivo "granita" divenne sostantivo. Invece i "frutti gelati", allora, indicavano il gelato a pezzo duro che spesso aveva la forma di un frutto.

acque gelate non è facile da stabilire, comunque queste acque aromatizzate faranno parte dei primi esempi di acque ghiacciate.

Qualche anno più avanti, nel 1634, Giovanbattista Crisci, pubblica la *Lucerna de' Corteggiani*, dove, oltre a elencare più di una dozzina di "acque cotte", come pure varie "macchine di ghiaccio", annota i vari utensili necessari per la credenza, e tra bicchieri e caraffe, piatti e posate, vi sono non solo le "cantimplore" e i "rinfrescatori" per tenere al fresco acqua e vino, ma anche i "tromboni" di cui parla il Paramato, cioè i pozzetti o grosse caraffe in metallo utili per la produzione di acque gelate e sorbetti.

Vincenzo Tanara, nel decennio successivo, nel 1644, nella sua opera *L'Economia del Cittadino in Villa* fornisce anche le ricette per le "acque cotte" o come preferisce chiamarle lui "acque artificiose", la cui preparazione si conclude mettendole nella "Bozza", cioè uno dei primi termini usati come sinonimo di sorbettiera.

Recentemente è stata pubblicata da June Di Schino[61] la trascrizione di un manoscritto ove sono annotate le ricette di Angelo Mei, credenziere di Alessandro VII, pontefice negli anni 1655-'67. La parte finale delle ricette rivela la mano di un estensore diverso dalla prima parte, attribuibile ad un ignoto autore siciliano a causa di una unità di misura dei liquidi tipica della Sicilia. Si può ipotizzare un collaboratore siciliano del Mei nella pasticceria e nella primitiva arte della gelateria. Forse i due, dopo un percorso di formazione comune sia in Italia che in Francia, ritornarono in patria concludendo la loro carriera presso la corte pontificia. Probabilmente, morto Angelo Mei, il siciliano non solo conservò il taccuino con le ricette del suo socio, ma nelle pagine vuote vi aggiunse altre ricette sue, iniziando dal "Cocomero in carapegna". Carapegna è il vocabolo usato in Sicilia per indicare il gelato delle origini. In questo testo sono presenti magnifiche ricette degne appunto della cultura barocca: "Un trionfo di ghiaccio..." "Frutti finti agghiacciati", "Persiche agiacciate servite in trionfo", ma la forma ingannava la vista, poiché apparivano come pesche, ma era un gelato al gusto di pistacchio! Angelo Mei è il primo a consegnare alla storia un gelato alla panna aromatizzata ai fiori di arancio! Lo chiama "Neve di fiori di merangoli", mentre definisce la sorbettiera "carafondo": rendeva in italiano il termine francese "Carafon" (che significava "cantinetta", altro sinonimo italiano di sorbettiera) o riportava una ricetta molto legata alla sua esperienza professionale in Francia?

L'Accademia del Cimento nel 1657 sottopose a controllo sperimentale il fenomeno del congelamento di un liquido immerso in una miscela di ghiaccio e sale, di ghiaccio e salnitro, come pure di ghiaccio e sale ammoniaco. L'obiettivo degli accademici era di studiare e misurare quale fosse la forza del liquido che, congelandosi, aumentava di volume tanto da poter rompere il vaso. Al fine di verificare tale variabile utilizzavano diversi vasi (in argento, ottone, oro, cristallo) e di spessore crescente. Inoltre tentavano di misurare le variazioni di temperatura utilizzando i primitivi modelli di termometro che nello stesso ambiente fiorentino venivano realizzati. Il risultato delle varie prove fu la rottura dei contenitori, provocata dal congelamento del liquido.

Innanzitutto è interessante la definizione del vaso utilizzato: "un Vaso d'argento di sottil piastra d'Argento, con due coperchi a vite, di quei che s'adopran la state a congelare i

---

[61] June Di Schino, *Arte dolciaria barocca. I segreti del credenziere di Alessandro VII, intorno a un manoscritto inedito*, Gangemi Editore, Roma 2015.

sorbetti, ed altre bevande". E in un passo più avanti si annota che messo il vaso "nel Ghiaccio col suo Sale, conforme al solito di quando si vogliono fare agghiacciare i Liquori…". "Sorbetto" non è un termine utilizzabile per diversi tipi di gusti, come saremmo portati a pensare oggi, ma sorbetto era una bevanda, fra le varie disponibili che si potevano ghiacciare. Però veniva preferito per descrivere una fase di congelamento di un liquido. Infatti, gli accademici osservando le varie fasi di congelamento in una "boccia" di cristallo, annotavano che, nel cosiddetto periodo definito "Salto dell'Agghiacciamento", la consistenza del ghiaccio era "da principio assai tenero, e simile al sorbetto quand'è un po' troppo serrato…".

Tra i vari esperimenti di congelamento, si osservavano anche le differenze tra diversi liquidi: acqua di fonte, acqua di fiori di mortella, acqua di rose, acqua di fior d'aranci, agro di limone, acqualanfa, acqua di fragole, acqua di cannella. Alcuni "liquori" differivano nei tempi di congelamento e nella consistenza, alcuni restavano più mollicci mentre altri si indurivano più facilmente. Non riuscivano a comprenderne la causa, poiché non tenevano conto della quantità di zucchero presente. Esperimenti di congelamento vennero eseguiti anche con vino rosso di Chianti, moscatello bianco, aceto bianco, olio, una spuma di acqua e chiara d'uovo, che gelando assomigliava "ai fiocchi di neve".

Le testimonianze a favore dell'affascinante novità del gelato appena nato appartengono al mondo della poesia. A Messina, Nicolò Lipso, membro dell'Accademia della Fucina, pubblicò nel 1670 due componimenti dedicati alla "Carapegna", il primo termine colto scelto in Sicilia per indicare il gelato. Due componimenti che attestano con evidenza alcuni dati inconfutabili: la straordinaria novità del gelato e le sue eccellenti qualità ricercate perfino dagli dei; il suo legame con l'ambiente farmaceutico, le sue radici siciliane, definendola appunto "Zanzaretta gentil del nostro Regno".

LA CARAPEGNA DI AMORE

(…)
Canterem d'una dolce Carapegna,
Ch'Amor compose di sua propria mano,
Con tempra a tanto bottiglier condegna.

La Carapegna è un vocabolo Ispano,
con che si chiama una certa mistura
Delizia nova del genere umano,

Fresco rimedio alla cocente arsura,
Cibo, e bevanda uniti insieme insieme,
Soave mostro di doppia natura;

Un piacevol Gennar nato dal seme
D'Agosto, una pruina inzuccarata,
Un licor, che col labro ancor si preme:

Dolce rugiada, ambrosia congelata,
Ma tenue sì, che il fiato ancor la scioglie,

> E s'ingoia di state un'invernata...[62]

Francesco Acerbi, poeta e professore di teologia e filosofia a Napoli, celebra anche lui la novità della sorbetta. Il componimento "De Potione vulgo Sorbetta"[63], in lingua latina, abbonda di dettagli tecnici, ma non manca neppure la lezione morale che l'autore, da buon gesuita, non si lascia sfuggire: i peccati di gola, al pari di altre tentazioni umane, andrebbero controllati o evitati... la gelida sorbetta rinvia alla meditazione sul gelo della morte! Pazienza se la finale scivola nel macabro, tutto è lecito per vincere le passioni!

Si chiude questo breve sguardo storico sui primi decenni della nascita del gelato con un cenno ai vari termini utilizzati nel tempo per indicarlo. Coloro che produssero o gustarono i primi gelati si posero il problema di come chiamarli poichè non esisteva ancora una terminologia ampiamente condivisa. Nei primi tre secoli si sono registrati vari termini. In diverse città della Sicilia: Trapani e Palermo, Catania e Messina, nei cui archivi è stata condotta un'apposita ricerca, sono stati rilevati i seguenti termini.

- **Iazzo** (con le varianti *iazzo, iazzi, giacci, giazzetti*) lo si intercetta tra il 1670 e il 1740.
- **Acqua** (nelle seguenti varianti *Acqua consa, Acque conzate, Acqua concia, Acque concie, Acqua dulci, Acqua dolce, Acque dolci, Acque dulci, Acque di cannella, Acque di gelsomino, Acque di Scorsonera* ...) è stato trovato tra il 1660 e il 1780. A partire dagli ultimi decenni del Settecento avviene una distinzione tra *Acqua gelata* e *Frutti gelati*. Con acqua gelata si indicava il gelato fresco prodotto con due tipi di pozzetti. Il pozzetto aperto, che prevedeva una lavorazione senza coperchio, consentendo al sorbettiere di verificare immediatamente la formazione dello strato di congelamento della miscela sulle pareti e quindi di staccarlo con solerzia. Invece l'uso del pozzetto chiuso prevedeva l'apertura di tanto in tanto, e quindi il distacco delle parti congelate inevitabilmente originava dei grumi che davano un prodotto finale grossolano. I veri intenditori allora preferivano **"l'acqua gelata granita"**, cioè quella lavorata a regola d'arte con il pozzetto aperto. Il sorbettiere esperto, che girava il pozzetto con la mano sinistra e contemporaneamente staccava il prodotto congelato con la mano destra, otteneva un prodotto con una grana finissima. Il participio passato del verbo "granire" (col significao di macinare e ridurre in parti minutissime) nel tempo si trasformò in sostantivo, sicchè "**Granita**" divenne il termine più semplice per chiedere un eccellente gelato.
- **Carapegna** è stato rinvenuto tra la metà del Seicento e gli inizi del XIX secolo, ma in alcuni paesi della Sicilia permane ancora.
- **Sorbetto** è stato trovato tra il 1750 e il 1850. Sino alla prima metà del Settecento sorbetto, conservando la sua origine orientale, indicava uno sciroppo molto denso da sciogliere in acqua per preparare un gelato.
- **Gelato** è stato rilevato a partire dalla metà del Settecento.
- **Frutti gelati** è attestato a partire dalla fine del Settecento e indica, appunto, i pezzi duri che spesso avevano forme di frutta. Di fatto i gelati nelle forme avevano la loro

---

[62] Queste due poesie si trovano in AA.VV., *Il Duello delle Muse*, Napoli 1670.
[63] La poesia si trova Acerbi P. Francesci, *Polipodium apollineum*, Napoli 1674.

radice nelle primitive piramidi o "macchine" ghiacciate che servivano come ornamento delle mense. I gelati a base latte, forse per influsso francese, vennero chiamati "formagelli", "Tomazzini" (formaggio in siciliano) o "latte ammantecato in pezzetti", "gelati forti" e "Stracchini" nel corso del XVIII secolo. Il gelato a pezzo duro a base latte, per i grassi presenti, risultava più morbito rispetto a quello a base acqua, inoltre aveva la praticità di potersi preparare perfino con qualche giorno di anticipo ed essere servito nel momento in cui veniva richiesto, perfino in grosse quantità, cosa più difficile da effettuarsi con il gelato fresco. La consumazione del pezzo duro, in certi paesi della Sicilia, costituisce ancora oggi un rito irrinunciabile in occasione di determinati pranzi festivi.

Bibliografia

Baverio Baviera, *Tractato mirabile contra peste...*, Stampata in Venetia: per Georgio di Rusconi milanese 1503.

Marsilio Ficino, *Contro alla peste...*, Impresso in Fiorenza : per ser Francesco di Hieronymo Risorboli, 1523.

Jacques Dubois, *Pharmacopoeia...*, Lugduni : apud Gulielmum Rouillium, 1552.

Nicolas Monardes, *Trattato della neue e del bere fresco...*, In Fiorenza: nella stamperia di Bartolomeo Sermartelli, 1574.

Galenus Claudius, *Galeni librorum septima classis curatiuam methodum tum diffuse tum breuiter descriptam...*, Venetiis . apud Iuntas, 1576.

Orazio Augenio, *Del modo di preseruarsi dalla peste libri tre...*, A Fermo : appresso Astolfo de Grandi, 1577.

Agostino Bucci, *Modo di conoscere et distinguere gli influssi pestilenti...*, In Turino: appresso l'herede del Beuilacqua, 1585.

Baldassarre Pisanelli, *Trattato della natura de' cibi, et del bere, ...*, (Prima ed. 1586) in Venetia: per Michiel Miloco, 1666.

Giovan Battista Del Tufo, *Ritratto o modello delle grandezze delitie e meraviglie della nobilissima città di Napoli*, testo inedito del Cinquecento, a cura di Calogero Tagliarini, AGAR Napoli, senza data.

Nicolò Masini, *De gelidi potus abusu*, Cesena, presso Bartolomeo Raverio, 1587.

Nicolás Bocangel, *Libro de las enfermedades malignas y pestilentes, causas, pronosticos ...*, En Madrid por Luis Sanchez, 1600.

Bartolomeo Paschetti, *Del conseruare la sanita, ...*, in Genoua: appresso Giuseppe Pauoni, 1602.

Pietro Cassiani, *Risposta di Piero Cassiani al discorso sopra il beuer fresco, ..., &c*, in Bologna: presso Vittorio Benacci, 1603.

Mercurio Girolamo, *De gli errori popolari d'Italia, libri sette...*, In Venetia: appresso Gio. Battista Ciotti Senese, 1603.

Le Thresor de santé, ou mesnage de la vie humaine divisé en dix livres..., A. Lyon, chez Jean Anth. Huguetan, 1607.

Mario Paramati, *De potu frigido tractatus*, ex typographia Tarquinii Longi, Napoli 1618.

Francesco Antonio Caserta, *Tractationes duae ad medicinae praxim pertinentes,* Napoli, Ex Typographia Secundini Roncalioli. 1623.

Vittorio Ancellotti, *Lo scalco Prattico,* in Roma, appresso F Corbelletto, 1627.

Antonio Frugoli, *Pratica e scalcaria...,* in Roma, appresso Francesco Cavalli, 1631.

Giovanni Battista Crisci, *Lucerna de corteggiani,* ..., Neap.: apud Io. Dominicum Roncagliolum, 1634.

Vincenzo Tanara, *L'economia del cittadino in villa...,* in Bologna, per Giacomo Monti, 1644.

Sebastiano Laghi, *Neve tabacco et acqua vita otiosi discorsi di Sebastiano Laghi da Lugano,* In Milano per Filippo Ghisolfi, 1647.

Pier Giuseppe Sanclemente, *Le Muse Siciliane overo scelta di tutte le Canzoni della Sicilia...,* In Palermo per il Bisagni, 1651.

Vincenzo Tanara, *L'economia del cittadino in villa: libri VII,* Bologna: per gli eredi del Dozza, 1651.

Matteo Patti, *Praetia singulorum medicamentorum...,* Messina, presso Here di Pietro Brea 1654.

Jean Baptiste Joannis Bruyerini, *Cibus Medicus siue de re cibaria...,* Norimbergae: Apud Johann. Andream et Wolffgangi Endteri Jun. haeredes, 1659.

Tommaso Rinuccini, *Considerazioni sopra l'usanze mutate nel presente secolo 1600...,* Biblioteca Nazionale Centrale di Firenze, Magl. CI. XXV.

Nicolò Lipso, in AA.VV., *Il Duello delle Muse, overo Trattenimenti carnascialeschi degli Accademici della Fucina,* Napoli 1670.

Acerbi P. Francesci e societate Iesu, *Polipodium apollineum,* Neapoli, Ex Typographia Io: Francisci Pacii, 1674.

Jean Jacques Manget, *Pharmacopoea Schrödero-Hoffmanniana,...,* Coloniae: sumptibus Iohannis Martini, 1683.

Filippo Baldini, *De' sorbetti. Saggio medico-fisico,* Napoli: nella stamperia Raimondiana, 1775.

Accademia del Cimento, *Atti e memorie inedite dell'Accademia del Cimento,* ..., a cura di Gio. Targioni Tozzetti. In Firenze: si vende da Giuseppe Tofani stampatore e da Luigi Carlieri librajo, 1780.

Accademia del Cimento, *Saggi di naturali esperienze fatte nell'Accademia del Cimento,* Tipografia Galileiana, Firenze 1841.

Ippolito Cavalcante, *La cucina teorico-pratica,* ..., Napoli: Stamperia e cartiere del Fibreno, 1844.

Alberigo Bendicenti, *Malati medici e farmacisti,* Ed. Hoepli, Milano 1924.

Jean François Bergier, *Una storia del sale,* Venezia: Marsilio, 1984.

Montaigne, *Viaggio in Italia,* prefazione di Guido Piovene, Ed. Laterza, Roma-Bari 1991.

Vocabolario siciliano, a cura di Giorgio Piccitto e altri, Centro di studi filologici e linguistici siciliani, Opera del vocabolario siciliano, *ad vocem.* Palermo-Catania 1977-2002.

Luigi Lombardo, *Neve e neviere dell'altopiano ibleo,* in *La neve degli Iblei, piacere della mensa e rimedio dei malanni,* Italia Nostra, Siracusa 2001.

Gina Carleo, *Spezie, speziali e farmaci nella storia di Messina,* Ed. Sfameni, Messina 2001.

Giuseppe Cultrera, *L'industria della neve. Neviere degli Iblei,* Utopia Edizioni, Chiaramonte Gulfi 2001.

Giovanni Filippo Ingrassia, *Informatione del pestifero et contagioso morbo (1576),* a cura di Luigi Ingaliso, F. Angeli, Milano 2005.

Luigi Lombardo, *La via del freddo, itinerari fra le neviere di Buccheri e dell'Altopiano ibleo siracusano*, Provincisa regionale di Siracusa, Siracusa 2006.

Carmelo Spadaro di Passanitello, *Il gusto del freddo*, In Lombardo Luigi, *La via del freddo, itinerari fra le neviere di Buccheri e dell'Altipiano ibleo siracusano*, Provincisa regionale di Siracusa, Siracusa 2006.

Marco Goracci, Luigi Lombardo (a cura di), *La via dei dolce fra Malta e Sicilia. Il ricettario di Michele Marceca (1748)*, Lombardi editori, Siracusa 2007.

Luigi Romana, *Neviere e nevaioli, la conserva e il commercio della neve nella Sicilia centro-occidentale*, Ente Parco delle Madonie, Petralia Sottana 2007.

Michele Marceca, *Libro di secreti per fare cose dolci di varii modi*, a cura di Pasquale Musso, Centro di studi filologici e linguistici siciliani. Dipartimento di Scienze filologiche e Linguistiche, Palermo 2011.

Antonio Patanè, *I Viaggi della neve. Raccolta, commercio e consumo della neve dell'Etna nei secoli XVII-XX.*, (Studi e ricerche – Mediterranea. Ricerche storiche), Associazione Mediterranea, Palermo 2014.

Giulia Falco, *La neve nel tempo*, in AA.VV., *I percorsi della neve. Raccolta commercio consumo*, Regione siciliana, Assessorato dei beni culturali e dell'identità siciliana, Dipartimento dei beni culturali e dell'identità siciliana, Palermo 2015.

June Di Schino, *Arte dolciaria barocca. I segreti del credenziere di Alessandro VII, intorno a un manoscritto inedito*, Gangemi Editore, Roma 2015.

Giovanni Sapia, *L'Accademia degli Spensierati di Rossano*, Ferrari Editore, Rossano 2016.

Luigi Lombardo, *L'impresa della neve in Sicilia, tra lusso e consumo di massa*, Le Fate Editore, Ragusa 2018.

Le figure

Fig. 1-2. Dal 2013, Luigi Romana ripropone, in varie manifestazioni dedicate al gelato, la produzione di granite con il metodo delle origini: il congelamento del preparato liquido grazie alla miscela di ghiaccio e sale (foto M. Alì).

Fig. 3. Neviera a grotta, Etna, Grotta del Gelo, 2043 m s.l.m., Randazzo (CT) (foto L. Romana).

Fig. 4. Neviera a Edificio sull'Arcibessi, 906 m s.l.m., Chiaramonte Gulfi (RG) (foto L. Romana).

Fig. 5. Neviera a fossa, Piano Principessa, Madonie, 1860 m s.l.m, Petralia Soprana (Pa) (foto L. Romana).

Fig. 1

Fig. 2

Fig. 3

Fig. 4

Fig. 5

Fatica, fame, stenti e morte
Contadini e agricoltura a Cefalù e nelle Madonie dagli atti dell'inchiesta Jacini

GIUSEPPE SPALLINO

Dopo l'unificazione italiana erano andate maturando le condizioni perché si desse vita a una inchiesta agraria, che fosse l'inchiesta del governo sui mali, le angustie, i desideri delle classi superiori dell'agricoltura[1]. L'inchiesta agraria e sulle condizioni delle classi agricole in Italia divenne legge il 15 marzo 1877. Effettuata da una commissione presieduta dal senatore Stefano Jacini, consentì la prima approfondita conoscenza, regione per regione, del mondo rurale italiano, e non fu casuale che insieme all'economia agraria l'inchiesta fosse rivolta a evidenziare la vita e i problemi dei lavoratori agricoli italiani[2].

Tutti i comuni e tutte le preture vennero invitate a redigere un questionario sulle condizioni dell'agricoltura, con accenni anche alla situazione socio-economica dei propri paesi. Le Madonie rappresentano un territorio omogeneo per come vengono rappresentate dai sindaci, a parte Castelbuono dove è predominante, tra le altre, la coltura dei frassineti e quindi della manna[3]. Un caso particolare è rappresentato dalla relazione su Cefalù:

> *Terreni incolti*
> Pochissime sono le terre incolte possedute da privati, e proprio ove non danno la spesa del dissodamento. Gli altri terreni incolti si conservano tali perché posseduti dal vescovo e da altri feudatari.
>
> *Colture*
> La coltura dominante è quella dell'olivo.
>
> *Spese per la coltivazione*
> Un ettaro di ulivi dà un prodotto medio lordo di £ 150 annuo.
>
> *Bestiame*
> Nel paese non vi esercita l'industria della pastorizia. Le mandrie nomadi dei paesi vicini vengono a pascolare in questi ex feudi.
>
> *Industrie derivanti dai bestiame*
> Mancando la pastorizia mancano le contrassegnate industrie [caseifici]. Solo vi sono due concerie di cuoi che sopperiscono il consumo locale e si spediscono anche nell'interno dell'isola.
>
> *Irrigazione e prosciugamento*

---

[1] A. CARACCIOLO, *L'inchiesta agraria Jacini*, Torino 1976, p. 12.
[2] F. RENDA, *Storia della Sicilia dalle origini ai giorni nostri*, voll. 3, Palermo 2003, III, pp. 1023-1024.
[3] Archivio Centrale dello Stato (ACS), *Giunta parlamentare per l'inchiesta agraria e sulle condizioni della classe agricola in Italia 1877-1885 (Inchiesta Jacini)*, sindaco Michelangelo Collotti, Castelbuono, 29 luglio 1883, scatola 23, fasc. 146.20.

Non esistono fiumi ma solo torrenti d'acqua pei bisogni dell'agricoltura è scarsissima e non se ne fa commercio. Non vi sono opere idrauliche [...]. Non vi sono terreni paludosi.

Boschi
Lo stato dei boschi è miserrimo [...]. La mania dell'irrazionale disboscamento [si pratica] nelle terre vescovili, e [crea] danno al paese.

Movimento commerciale
S'importano: zucchero, caffè, spezierie coloniali, ferro, carbon fossile, riso. Si esportano: olio, agrumi, manne, sommacchi, pesci salati, vini pochi sebbene ne esistono in quantità. Questo commercio non si esercita con quell'importanza che questo capo circondario meriterebbe [a causa] della viabilità [...] che manca nel lungo tratto di Palermo a Messina.

Proposte di miglioramenti
Viabilità, specialmente coi comuni dell'interno. Porto, sgravio di balzelli. Banche agrarie e municipali. Distretto militare. Con tali mezzi si aprirà una via al commercio e si otterranno quei capitali che mancano [...], maggiormente nel commercio marittimo per cui i nautici sono costretti tutto [il] giorno [ad] espatriare per le Americhe.

Istruzione
Scuole elementari urbane e rurali, scuole ginnasiali. Si avranno dopo la morte dell'usufruttuaria consorte dell'estinto B.ne di Mandralisca un Liceo, una scuola di nautica ed una scuola agraria, istituite da quel [...] testatore il quale lasciò tutta la sua eredità a tale scopo. Mancano le scuole tecniche necessarie anzi indispensabili per gli studi ed industriali, e nonostante che Cefalù sia un capoluogo di circondario ed abbia diritto ad una simile scuola in virtù della legge prodittatoriale del 17 ottobre 186 N 263 non per tanto tuttavia il Governo non ha curato siffatto impianto.
La frequenza nelle scuole urbane va crescendo, nelle rurali no, nonostante che queste esercitano un'azione benefica sui contadinelli. Nelle scuole del comune l'insegnamento elementare dell'agricoltura non si conosce. I comizi agrari. Una metà della popolazione è illitterata.

Condizioni della proprietà
Tolti i pochi ex feudi che occupano la parte montana del territorio, poi propriamente parlando domina la piccola proprietà, mentre in generale i più vasti latifondi non eccedono Ettari 10 di estensione [...]. La vendita dei beni ecclesiastici non ha portato nessuna influenza [...]. La maggior parte dei contadini possiede il suo pezzetto di terra [...] ad enfiteusi. Il comune possiede poche terre e sono pascolabili e seminatorie. Ha diritto di promiscuità sui beni della mensa vescovile che ne il vescovo ne il governo gli han voluto liquidare. I furti campestri sono rari, qualcuno che se ne deplora è conseguenza evidente di necessità. I proprietari abitano in città ma sorvegliano l'economia agraria. Altrimenti si affittano di rado. La contabilità è tenuta dal proprietario, l'amministrazione materiale da un contabile. [...]. Il salario è giornaliero. All'operaio si corrisponde lire 1,60 compreso il companatico, il vino ed una minestra. Le donne lavorano nella ricollezione del frutto degli olivi e nella vendemmia, il loro salario massimo è di lire 0,90; per gli adolescenti è di lire 0,85. Al bracciante si dà il solo alloggio. [...]. Il prezzo della mano d'opera dal 1860 in qua si è accresciuto di ¼. [...]. I

contadini del territorio esuberano tanto che vanno a lavorare in altri territori per la falciatura del grano e per la pota degli ulivi.

Condizioni fisiche morali, intellettuali ea economiche dei contadini
Il nostro contadino è sobrio, onesto, intelligente e rispettoso[4].

L'analisi generale di queste relazioni venne affidata al deputato di sinistra Abele Damiani, relatore per la Sicilia della commissione Jacini. Il suo è un ampio e deciso studio sull'atteggiamento dei ceti superiori e medi riguardo al mondo contadino. Uno scritto lucido e profetico, tanto che Damiani esprime quella sorta di timor panico sul futuro, stante la condizione intollerabile del mondo agricolo isolano:

> Invero, quali sentimenti può provare questo contadino per le classi abbienti, quale interesse per il mantenimento dell'ordine sociale? Come esigere rassegnazione, virtù e sacrifici da questa plebe che, sotto la sferza d'un torrido sole e talvolta colle membra percorse dal brivido della malaria, lavora la terra non sua per un compenso insufficiente? Perché meravigliarsi se una plebe, cui è riservata la fatica, la fame, gli stenti, la morte, prorompe talora in fremiti di protesta e di sdegno? Chi può prevedere dove s'andrà a finire perdurando questo stato d'abbrutimento? Non dimentichiamo che in tempi di rivoluzione furono specialmente i contadini i quali assalirono i possidenti nelle persone e ne danneggiarono le possidenze: il 1848 e il 1860 segnano due epoche terribili di manifestazioni popolari; in alcuni comuni dell'isola si ebbero a deplorare fatti di sangue, vendette, incendi di archivi pubblici da parte di una moltitudine oppressa, ubriaca, nell'intento di 'vendicare l'onta della miseria patita a causa dell'odiata classe dei proprietari[5].

---

[4] ACS, *Inchiesta Jacini*, Cefalù, s.d., scatola 23, fasc. 146.20.
[5] *Atti della Giunta per la inchiesta agraria e sulle condizioni della classe agricola, volume XIII. Tomo I, Relazione del commissario Abele Damiani, deputato al Parlamento, sulla prima circoscrizione (province di Caltanissetta, Catania, Girgenti, Palermo, Siracusa e Trapani), fascicolo I, Parte Generale*, Roma, Tipografia del Senato, 1884, p. 182; cit. in F. RENDA, *Storia della Sicilia...*, p. 1074.

Gratteri, Chiesa di S. Giorgio
L'indagine archeologica

AMEDEO TULLIO

A Sud Ovest di Cefalù, in fondo ad una stretta valle (Fig. 1), incontaminata e lussureggiante insieme, sono i resti consistenti di una Chiesa dedicata a San Giorgio[1] a Nord della quale, come vedremo, sono leggibili sul terreno (Fig. 3) i resti di un complesso abbaziale, o Canonìa, degli Agostiniani Premostratensi[2], di cui faceva parte
La Valle è compresa tra Gibilmanna e il massiccio di Monte Cratone (Fig. 2) che culmina con il Pizzo Dipilo che, con i suoi 1384 metri sul livello del mare, è il punto più elevato di questa parte montuosa dell'Isola.
Sono stato chiamato e coinvolto, nel 1991, nella prima fase del recupero del complesso, dagli amici Pasquale Culotta e Giuseppe Leone, che con lungimiranza e sensibilità avevano previsto, in quella prima fase dei lavori, l'esecuzione di alcuni saggi archeologici per valutare con più consapevolezza il manufatto e tentare di avere più informazioni possibili sull'icnografia del complesso conventuale.
Ancora oggi, malgrado siano passati molti decenni, è vivo il ricordo di quel primo sopralluogo effettuato, in una giornata di nebbia, con i due architetti, due rappresentanti della Ditta appaltatrice e con la dott.ssa Gabriella Montalbano, che mi avrebbe validamente affiancato nella ricerca sul terreno: il monumento apparve improvvisamente (Fig. 1), come avvolto in un batuffolo di cotone, nel silenzio incontaminato della Valle, anche a coloro i quali, come me, conoscevano quei resti per averli già visitati, negli anni settanta del secolo

---

[1] La bibliografia antecedente l'indagine di cui tratteremo è molto limitata: R. Pirro (= R. Pirri), *Sicilia sacra disquisitionibus et notitiis illustrata*, Palermo 1644.1647 (3a ed. a c. di A. Mongitore e V. Amico, Palermo 1733), p. 839; S. Cusa, *I diplomi greci ed arabi di Sicilia*, Palermo 1868, pp. 360ss. e 720; C. A. Garufi, *I documenti inediti dell'epoca normanna in Sicilia*, Palermo 1899-, pp. 247-249; G. Samonà, *Monumenti medievali nel retroterra di Cefalù*, Napoli 1935; L. T. Withe jr., *Latin monasticism in Norman Sicily*, Cambridge Mass. 1938, pp. 205.206; H. M. Schwarz, Die Baukunst Kalabriens und Siziliens in Zeiter der Normannen, in *Römische Jahrbook der Kunmstgeschichte*,6, 1942-44 (1946), pp. 63-64; G. Di Stefano, *Monumenti della Sicilia Normanna (Palermo 1955)*, ed. a c. di W. Kroenig, Palermo 1979, pp. 55-56, tav. LXXX; C. Valenziano- M. Valenziano, *La Basilica Cattedrale di Cefalù nel periodo normanno, Palermo 1979*; I. Scelsi, *Gratteri, storia, cultura, tradizioni*, Palermo 1981, pp. 83-88 (ristampa Cefalù 2008, pp. 65-69); V. Brunazzi, Nuove acquisizioni nel campo del disegno medievale: Gratteri, in *La Basilica Cattedrale di Cefalù. Materiali per la conoscenza storica e il restauro,1*, Palermo 1989, pp. 378-386, figg. 42-48; R. Brancato, Gratteri. La Canonìa di S. Giorgio, in *Beni Culturali dell'VIII Circoscrizione (Lions)*, a c. di A. Tullio, Palermo 1990, pp. 75-78.
Nelle more della pubblicazione di questo contributo, è venuto alla luce un volumetto, riccamente illustrato (Fr. Agostaro, *San Giorgio in Gratteri. La storia intrigante di un monumento normanno*, Cefalù 2019), in cui si danno principalmente notizie sul territorio di Gratteri e sulle varie ed articolate vicende dell'ordine dei Premostratensi, mentre si riscontrano soltanto pochi accenni (senza riferimenti bibliografici) sui recenti (1991-1992) restauri e ricerche archeologiche. Utili alcune trascrizioni di documenti fondamentali per la storia del monumento, riportate in appendice (pp. 63-77).
[2] Detti così dall' abbazia di Prémontré (Francia) dove è la casa madre dell' Ordine..

scorso, prima con la compianta Silvana Braida e, successivamente, con l'amico Salvatore Giardina.

La Chiesa, di cui si conservano (Figg. 4-6), in parte, i muri perimetrali fin poco al di sopra delle strette finestre aperte lungo i fianchi, le absidi ad Est (Fig. 5), ed il monumentale portale d'ingresso (Fig. 6), ad Ovest, è rigorosamente orientata in senso Est-Ovest ed occupa una vasta area rettangolare di m 29,50 x 17,50. Era divisa in tre navate che si concludono con tre absidi ad Est, di cui quella centrale, gravemente offesa, è sporgente verso l'esterno e le due laterali, ricavate nello stesso spessore della struttura muraria

Questa soluzione, come nota Giuseppe Antista[3] che parla piuttosto di "absidi contenute nello stesso spessore murario", è adottata in Sicilia nelle più antiche chiese normanne (tra queste, la chiesa di Santa Maria, a Mili, e quelle di San Pietro e di Santa Maria della Cava, a Geraci Siculo) e potrebbe risalire all'impianto preesistente alla cappella di S. Filippo nel Castello di Maredolce[4] a Palermo dove tutte e tre le absidi sono ricavate nello spessore murario. L'abside centrale, sporgente, invece è elegantemente decorata, all'esterno, con una serie di basse lesene, come nella chiesa di S. Spirito a Caltanissetta e, segnatamente, nella Basilica Cattedrale di Cefalù.

Tenuto conto delle prevalenti caratteristiche stilistiche il monumento è stato, riferito (Samonà, Schwarz, Di Stefano), alla cultura normanna importata in Sicilia, soprattutto dagli Agostiniani venuti dalla Normandia, anche se si riscontrano innegabili reminiscenze della cultura araba.

L'interno (Figg.7-9), completamente devastato ed offeso dall'ingiuria del tempo, era del tutto illeggibile e fu utilizzato nei modi più svariati per magazzino-deposito di attrezzi e prodotti agricoli, come stalla e come ricovero di animali transumanti e di animali da pascolo.

Da alcuni diplomi e documenti d'archivio, in parte perduti e noti in trascrizioni più tarde, sappiamo che l'Abbazia, probabilmente l'unica impiantata dai Premostratensi in Sicilia[5], fu eretta nel 1140/1142[6], datazione compatibile con le vicende dell'ordine e con i caratteri stilistici della superstite chiesa di S. Giorgio. Del resto questa datazione non è in contrasto

---

[3] G. Antista, Le absidi nelle prime chiese normanne e nella cappella Palatina di Palermo, in *L'abside costruzione e geometrie (a c. di M.R.Nobile e D.Sutera)* Palermo 2001, p. 63.

[4] Di Stefano, *Monumenti della Sicilia..,* cit., pp. 55-56, tav. LXXX; S. Braida, Il Castello di Fawara. Studi di restauro, in *Architetti di Sicilia, I,5-6*, Palermo 1965, pp. 27-34 (ripubblicato, con ampliamento dell'apparato illustrativo, in *Incontri e Iniziative. Memorie del Centro di Cultura di Cefalù, V,2, 1992*, pp. 65-90); e, per i recenti scavi, cfr. A. Tullio, Esplorazioni archeologiche e restauri architettonici, in *Kokalos* XXXIX-XL, 1993-1994 (1996), pp. 1239-1242, tavv. CLXVI-CLXVII; A. Tullio, L'archeologo nel cantiere di restauro, in *Architetti di Palermo* XII, marzo-giugno 1996, pp. 19-20; A. Tullio, Strumenti per la lavorazione dello zucchero a Maredolce (Palermo) in *Archeologia e Territorio*, Palermo 1997, pp. 471-479, figg. 1-12; A. Tullio, Palermo complesso di Maredolce. L'indagine archeologica (2000-2001), in Kokalos XLVII-XLVIII, II, 2001-2002, (2009), pp. 661-667; E.Canzonieri , St.Vassallo, Insediamenti extraurbani a Palermo: nuovi dati da Maredolce, in, *Les dinamiques de l'Islamisation en Méditerranèe centrale et en Sicile: nouvelle proposition et découvertes recentes* (a c. di Nef A., Ardizzone F.), Roma-Bari, 2014, pp 271-277, tavv. I-III; L Bellanca St.,Vassallo *et alii*, *Mare Dolce. Il complesso della Favara nel quartiere Brancaccio di Palermo. Studi e ricerche*, Palermo 2018.

[5] N. Backmund, *Monasticon premostratensis*, I, Strabing 1951, p. 874.

[6] Di Stefano, *Monumenti della Sicilia..*, cit., p. 56

con quella del Diploma di Tancredi del 1191[7], con il quale si confermano donazioni e privilegi già concessi[8] e si fa dono del casale di Amballut.

L'Abbazia, però, non ebbe vita facile né lunga. Infatti, dopo aver ricevuto numerose donazioni e privilegi è stata riconosciuta come tale verso il 1200. Poco dopo, nel 1206, durante il ministero del superiore generale Gervasio Angiò, il Pontefice, pur mantenendone i privilegi, dispose che i chierici venissero ordinati esclusivamente dal Vescovo di Cefalù[9] e, nel 1223, Papa Onorio III dispose[10] che tutti i beni e possedimenti dell'Abbazia diventassero di esclusiva pertinenza della Chiesa di Cefalù.

Da questo momento in poi l'Abbazia va perdendo progressivamente importanza e divenne prima "Commenda" e, successivamente "Beneficio". Nel 1305, per altro, la Canonica fu distrutta ed i frati espulsi. Poco dopo la Chiesa fu ricostruita e gli Abbati, con il titolo di "Commendatore", vennero nominati, fino al 1392, dalla Curia di Cefalù e successivamente direttamente dal Re[11].

Nel 1645, dopo alterne vicende l'Abbazia, come si legge nell'atto di cessione redatto, nel 1668, dal Notaro Moscato da Gratteri[12]. fu abbandonata ed i suoi beni vennero ceduti alla Religione Gerosolimitana. Non si conoscono i motivi che indussero i frati ad abbandonare l'Abbazia e, riportando una tradizione popolare ancora viva a Gratteri, Isidoro Scelsi[13] precisa che "furono espulsi per avere usato violenza ad alcune donne". Per questo motivo, come riferisce Angelina Lanza[14], i paesani massacrarono i frati corrotti e distrussero i "vasti fabbricati conventuali, di cui si scorge solo l'area presso la chiesa".

Iniziò così la lenta decadenza del complesso che, ai primi dell'Ottocento fu venduto a Don Pietro Cancila[15] ed adibito a poveri ed eterogenei riusi.

L'indagine[16], prevedeva soltanto alcuni saggi che hanno fornito non molte ma interessanti notizie sulla storia del monumento e la tipologia architettonica, ed hanno inequivocabilmente chiarito che l'Abbazia si sviluppava a Nord dove sono ancora visibili alcuni ruderi. di cui diremo.

All'interno, dopo lo spietramento (Fig. 8), si è proceduto alla pulizia generale (Fig. 9) ed alla rimozione di sterpaglie e di un rampicante infestante. È tornato così alla luce (Fig. 10) un acciottolato grossolano impostato quasi direttamente sul suolo di calpestìo) della chiesa. La dismissione di questo acciottolato, è stata opportunamente eseguita risparmiandone una piccola zona (m 1,80 x 1,50) presso l'ingresso di una stalla, all'angolo sud-est, dove ci si

---

[7] C. Mirto, *Rollus rubeus. Privilegia ecclesiae cephaleditane, a diversis regibus et imperatoribus concessa, recollecta et in hoc volumine scripta*, Palermo 1972, p. 64-65.Trascrizioni in C.A.Garufi, *I documenti inediti* cit., pp. 247-248; Agostaro, *San Giorgio in...*, cit., p. 70

[8] Cfr. Agostaro, *San Giorgio in..*, cit., appendici 1-2, pp. 64-67.

[9] Mns.,Q.q. H 12:Scelsi, *Gratteri. Storia…*, p.86.

[10] Scelsi, *Gratteri.Storia…*cit., p.86.

[11] *Ibidem*.

[12] Scelsi, *Gratteri. Storia..*, cit., p. 87.

[13] *Ibidem*.

[14] A. Lanza, *La Casa sulla montagna*, Domodossola 1941.

[15] Scelsi, *Gratteri.Storia…*, p. 87.

[16] A. Tullio, Esplorazioni archeologiche e restauri architettonici, in *Kokalos* XXXIX-XL, 1993-1994 (1996), pp. 1239-1242, tavv. CLXVI-CLXVII; A. Tullio, L'archeologo nel cantiere di restauro, in *Architetti di Palermo* XII, marzo-giugno 1996, pp. 19-20.

riserva di effettuare un saggio stratigrafico in *una* con l'esplorazione integrale della zolla sottostante la stalla medesima.

Si sono così individuati dieci plinti (Fig. 11), ma altri due sono inglobati nella muratura della stalla. Su questi plinti, di forma quadrangolare, poggiavano colonne o pilastri, che dividevano in tre navate l'aula basilicale. Sono pure venuti in luce i resti della pavimentazione originaria in calcare, mentre con un ampio saggio eseguito presso l'abside maggiore, fino al livello del pavimento originario, sono emersi resti dell'impianto della balaustra e di altri allineamenti di ciottoli, da connettere con l'esistenza di strutture probabilmente legate al culto (Fig. 10).

Lungo il muro Nord si è aperto un monumentale accesso gradinato (Fig. 11) che serviva da collegamento tra la Chiesa e la Canonìa, che occupava l'area a Nord (Fig. 3) dove è un'ampia zona quadrangolare (circa m 30 x 30), delimitata da resti di strutture murarie, come paiono confermare alcuni dati emersi dalla ricerca sul terreno e di cui diremo,

Nulla è rimasto dell'apparato decorativo, che è facile supporre fosse di un certo impegno. Tuttavia l'esistenza di alcune preziose incisioni sullo stucco che ricopriva le pareti, testimonia la presenza *in loco* di abili disegnatori di cui sono rimaste le tracce che hanno fatto pensare a studi preliminari per la decorazione del pavimento e di alcuni plutei. Si tratta di parti di alcuni disegni ornamentali geometrici, raggruppati all'angolo sud ovest dell'aula basilicale, sulla parete sud (Fig. 13). Questi disegni, lacunosi ed in grave stato di conservazione, non sono in relazione tra loro, ma disposti casualmente. Essi facevano probabilmente parte di un organico progetto decorativo e sono un'importante testimonianza dell'uso del disegno nella progettazione medievale.

Dall'attenta analisi dei resti superstiti (Figg. 14-16) e dalle ricostruzioni grafiche elaborate dall'Arch. Valeria Brunazzi[17] della Soprintendenza ai Beni Archeologici di Palermo, si desume trattarsi di disegni, più o meno elaborati, inquadrabili nel repertorio cosmatesco e ricorrenti in numerose chiese medievali in Italia e segnatamente in Sicilia e nella coeva Basilica Cattedrale di Cefalù.

Il più semplice, in pessimo stato di conservazione, presenta un motivo ad intreccio e sovrapposizione di nastri (Fig. 14) che, non certo casualmente, ricorre anche a Cefalù[18]. Negli altri sono elegantemente tracciati, a doppia linea e con sapiente uso del compasso, motivi più artcolati: da quello a serie di tre circonferenze concentriche, a quello con un complesso intreccio di nastri (Fig. 15), all'ultimo con una serie di archi ogivali delimitati da due profonde incisioni (Fig. 16).

Questi disegni andrebbero opportunamente consolidati e protetti perché loro testimonianza continui a "parlare"

Non meno significativi sono alcuni resti di colonne, basi e capitelli litici elegantemente decorati con sculture (Figg. 18-21). Questi elementi, recuperati superficialmente durante lo

---

[17] Brunazzi, Nuove acquisizioni ..., cit., pp. 378-386, figg. 42-48.

[18] Proprio a Cefalù, per altro, durante i lavori di restauro della Basilica Cattedrale si è rinvenuto un interessante caso di riutilizzazione della parte posteriore liscia di un sarcofago marmoreo romano del IV secolo, su cui è stata applicata una decorazione cosmatesca con questo motivo. Il reperto potrebbe avvalorare l'ipotesi della "presenza in loco di abili disegnatori": A. Tullio, Marmi antichi riutilizzati nel Duomo di Cefalù, in *Quaeritur inventus colitur* (Studi di antichità cristiana, XL), Città del Vaticano 1989, pp.815-827, figg. 1-6 (in particolare, figg. 4-5).

spietramento dell'area della chiesa e lungo il prospetto nord, completavano degnamente l'apparato decorativo conservato parzialmente nel prospetto occidentale del monumento (Fig. 17), del quale resta il portale. Quest'ultimo, sormontato da un arco a tutto sesto, leggermente rialzato all'apice tanto da far pensare all'arco ogivale dell'architettura islamica, è delimitato da una doppia fila di bastoncini sfalsati tra loro in modo da comporre il tipico motivo a scacchiera, caro all'arte normanna e poggia su due capitelli scolpiti, uno con una palmetta e l'altro con due rosette. poggiate su un motivo a stelle.

Tra gli elementi recuperati, un bel capitello con decorazione vegetale, a grandi foglie rese naturalisticamente (Fig. 18), uno con due rosette (Fig. 19), uno con figure di quadrupedi "fantastici" (Fig. 20) ed una base di colonnina binata cui si attorciglia un serpente (Fig. 21). Stilisticamente databili al XII secolo, queste sculture, sono riferibili ad un vivace ambito culturale simile a quello della vicina Cefalù.

Più complessa e variamente articolata, la situazione dell'area circostante, all'esterno della chiesa, che a Nord Ovest conserva tracce vistose dell'attacco di un grosso muro (Figg. 22-23), quasi certamente il limite della distrutta Canonìa.

Ad Ovest, l'indagine ha rivelato la presenza di un'area a sepolcreto, di cui è venuta interamente alla luce una sepoltura (Fig. 24) e parte di un'altra simile presso il taglio sud del saggio. Si tratta di un seppellimento molto semplice, in piena terra, delimitato da ciottoli infitti verticalmente intorno ad una fossa di forma ovalizzata (orientata in senso Est-Ovest) genericamente affine a tipologie alto medievali. L'assenza di corredo non consente, infatti, indicazioni più precise.

Lungo il lato sud (Figg. 25-28), dove l'interramento era maggiore, si sono messe in luce tre tombe monumentali (Fig. 27) probabilmente incuneate nel canale di una preesistente "secca" (Fig. 28).

Lo scavo ha, infatti, riportato alla luce, per buona parte del lato sud, una secca (Fig. 28) tagliata direttamente nella terra e coperta a ciottoli opportunamente impostati con la precisa funzione di evitare, fin dall'origine, infiltrazioni di umidità e proteggere, da monte, le strutture. Ben conservata e leggibilissima nella parte centrale, questa "secca" non è databile per l'assenza di un preciso contesto stratigrafico, ma va ragionevolmente connessa alla fabbrica stessa.

Sulla parte occidentale del vano di questa "secca" in un secondo momento, furono sistemate tre tombe monumentali a sarcofago (Fig. 27) che, dopo l'esplorazione, sono state lasciate in situ. Queste tombe, contenevano inumati disposti parallelamente alla chiesa con la testa ad Ovest, rivolta verso Est.

Da Ovest, la Sep. 1 (Figg. 26-27), elegantemente delimitata da blocchi di tufo perfettamente squadrati ed infitti verticalmente, con la copertura costituita da lastre, ciottoli e frammenti di terracotta legati da malta (dimensioni m 2,70 x 0,80), conteneva resti di un inumato; al centro, la Sep. 2 (Figg. 26-27), delimitata da una struttura a grossi ciottoli, legati da malta, intonacati (dimensioni m. 2,50 x 0,90), sigillata da un consistente strato di ciottoli e malta, conteneva resti di due inumati e parte di un terzo; infine, la Sep. 3 (Figg. 26-27), delimitata da ciottoli e coperta con lastre di pietra levigata, legate da una malta biancastra simile a quella delle altre sepolture (dimensioni m 2,42 x 0,85) che, già violata in antico come rivela una vasta lacuna nella copertura. I poveri resti degli inumati rinvenuti in queste sepolture, non sempre in connessione anatomica, attestano la ripetuta riutilizzazione di ciascuna di esse.

Lo scavo di queste sepolture non ha restituito materiali databili se si eccettua un frammento di ceramica smaltata, cosiddetta "marmorizzata"[19], del XVII secolo, che, d'accordo con le vicende storiche del sito a noi note fino al 1645, documenta la presenza di una delle più recenti sepolture dei canonici.

Al termine dell'esplorazione le tombe sono state consolidate e lasciate in *situ*.

Al di sopra di queste sepolture e per buona parte della fascia a Sud della chiesa, erano venuti in luce, sotto un modestissimo interramento, e successivamente rimossi, un acciottolato ed una serie di muretti, costruiti sopra terra, che, in qualche caso, reimpiegavano frammenti di stilemi architettonici finemente modellati, riferibili a cappelle o decorazioni della chiesa, oggi scomparse. Si tratta, evidentemente, di una modesta sistemazione dell'area circostante la chiesa, dopo l'abbandono, l'adattamento ed il lungo sfruttamento dell'area per usi agricolo-pastorali.

Il saggio praticato, ad Est della chiesa presso l'abside del *diaconico* (a Sud), ha riportato alla luce (Figg. 29-31) un acciottolato delimitato da una struttura muraria (Fig. 31) ed originariamente coperto, almeno in parte, da una tettoia di cui è riconoscibile l'appoggio nei tagli visibili sugli stilemi dell'abside.

Questa sistemazione, come ha suggerito la presenza di un fitto strato di bruciato, è da riferire all'esistenza di un "locale", forse, utilizzato da pastori probabilmente per la produzione della ricotta ed in uso fino a pochi anni fa.

Più significativi i rinvenimenti presso l'abside del *preconio*, a Nord, dove si è messo in luce (Figg. 32-35) un muro di notevole spessore (m 0,80) che, proseguendo il muro nord della chiesa, dopo un breve tratto piega, con un angolo retto, verso Nord.

Queste strutture testimoniano, quasi certamente, il punto di collegamento tra la chiesa ed il complesso conventuale che, del resto, come abbiamo visto, va individuato nell'area a Nord dove è opportuno possa svolgersi un'esplorazione archeologica integrale.

I reperti di scavo, non molto consistenti, sono costituiti per lo più da frammenti di vasi acromi che forniscono scarsi elementi distintivi per una corretta valutazione cronologica, ma denotano, comunque, una non molto intensa frequentazione del sito in età posteriore all'esistenza documentata del complesso conventuale, né hanno rivelato tracce riferibili a preesistenze di alcun tipo.

La lettura stratigrafica documenta, tuttavia, una inequivocabile successione di fasi cronologiche specialmente per le strutture venute in luce a Sud, dove è possibile formulare una precisa cronologia relativa.

Non sembrano utili né possibili, allo stato attuale della ricerca, analisi di laboratorio sui reperti inorganici né tanto meno su quelli organici, consistenti ma troppo recenti, e ciò in relazione all'approssimazione stessa dei risultati che se ne potrebbero ricavare.

Alla luce di questi dati è possibile individuare, come contemporanei al monumento, le strutture murarie (in grigio) venute alla luce nel saggio a Nord Est (resti della Canonìa?) e la secca tagliata in piena terra; come immediatamente successive (in verde), ma comunque da

---

[19] Per simili rinvenimenti a Cefalù, cfr. A. TULLIO, Una "discarica" del XVII secolo nella Torre Nord del Duomo di Cefalù, in *Atti del XXVII Convegno Internazionale di Studi sulla Ceramica, Albisola 1994*, Albisola 1997, pp. 281-293, Cat. 15-19.

riferire all'esistenza della chiesa, le sepolture venute alla luce all'esterno, ad Ovest (XII-XIII secolo) e (in giallo) presso l'angolo Sud-Ovest (XVI-XVII secolo); come genericamente recenziori (in viola), gli acciottolati e le strutture di uso agricolo-pastorale venute in luce a Sud e a Sud Est ed, in celeste, i resti di un muretto E-O addossati all'abside maggiore, di difficile valutazione (un allargamento verso Sud della Canonìa ? o una superfetazione ?).

Questi, assai in breve, i dati emersi, con la ricerca effettuata, suscettibili di variazioni ed arricchimenti che potrebbero venire da uno scavo archeologico integrale dell'area a Nord (Fig. 3) dove, come abbiamo visto, va ubicata la Canonìa, probabilmente rasa al suolo dai paesani inferociti[20], ma, successivamente, interessata anche da una vasta frana che ne hanno reso, allo stato, illeggibili la tipologia e l'icnografia.

---

[20] Secondo la tradizione riportata da A.Lanza cfr. *supra*, nota 14.

Le figure

Fig. 1. Gratteri, S. Giorgio: l'*habitat*.
Fig. 2. Gratteri, S. Giorgio. carta topografica.
Fig. 3. Gratteri, S. Giorgio: la chiesa e ipotesi dell'area dell'Abbazia.
Fig. 4. Gratteri. la Chiesa di S. Giorgio da Sud Ovest.
Fig. 5. Gratteri. Chiesa di. Giorgio: le absidi.
Fig. 6. Gratteri. Chiesa di. Giorgio: il prospetto occidentale.
Fig. 7. Gratteri. Chiesa di S. Giorgio: planimetria all'inizio dello scavo.
Figg. 8-9. Gratteri. Chiesa di S. Giorgio: l'interno all'inizio dello scavo.
Fig. 10. Gratteri. Chiesa di S. Giorgio: interno angolo nord est.
Fig. 11. Gratteri. Chiesa di S. Giorgio, interno: portale monumentale lungo la parete nord.
Fig. 12. Gratteri. Chiesa di S. Giorgio: l'interno all'inizio dello scavo.
Fig. 13. Gratteri. Chiesa di S. Giorgio, interno: parete sud con incisioni sulla malta.
Figg. 14-16. Gratteri. Chiesa di S. Giorgio, interno: parete sud, particolari e disegni di incisioni sulla malta.
Fig. 17. Gratteri. Chiesa di S. Giorgio, portale occidentale.
Figg. 18-21. Gratteri. Chiesa di S. Giorgio, capitelli e base di marmo, dallo sterro superficiale.
Figg. 22-23. Gratteri. Chiesa di S. Giorgio, esterno: da Sud Ovesteparticolare.
Fig. 24. Gratteri. Chiesa di S. Giorgio, ad Ovest: sepoltura alto-medievale.
Fig. 25. Gratteri. Chiesa di S. Giorgio, da Sud Est.
Fig. 26. Gratteri. Chiesa di S. Giorgio, saggio a Sud da Ovest.
Fig. 27. Gratteri. Chiesa di S. Giorgio, saggioa Sud le sepolture 1-3
Fig. 28. Gratteri. Chiesa di S. Giorgio, saggioa Sud, planimetria.
Fig. 29. Gratteri. Chiesa di S. Giorgio, esterno saggio a Sud Est.
Fig. 30. Gratteri. Chiesa di S. Giorgio, saggio a Sud Est, planimetria.
Fig. 31. Gratteri. Chiesa di S. Giorgio, saggio da Sud Est.
Fig. 32. Gratteri, Chiesa di S. Giorgio: le absidi da Sud Est, durante lo scavo.
Fig. 33. Gratteri. Chiesa di S. Giorgio, saggio a Nord Est.Planimetria.
Figg. 34-35. Gratteri. Chiesa di S. Giorgio, saggio a Nord Est.
Fig. 36. Gratteri. Chiesa di S. Giorgio, da Sud Est, al termine dello scavo.
Fig. 37. Gratteri. Chiesa di S. Giorgio: planimetria con indicazione, in policromia, delle varie fasi documentate.

Fig. 1

Fig. 2

Fig. 3

Fig. 4

Fig. 5

Fig. 6

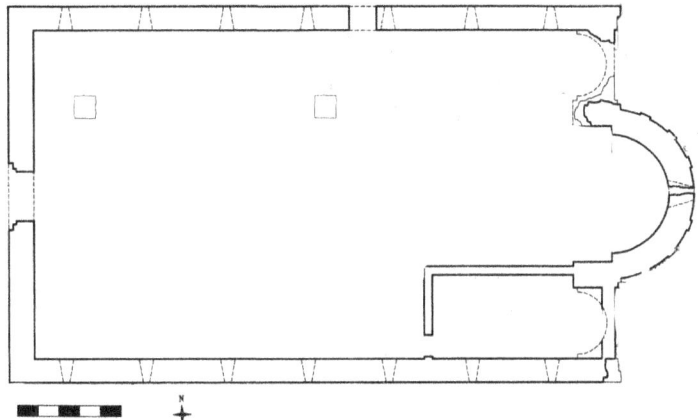

Fig. 7

Fig. 8

Fig. 9

Fig. 10

Fig. 11

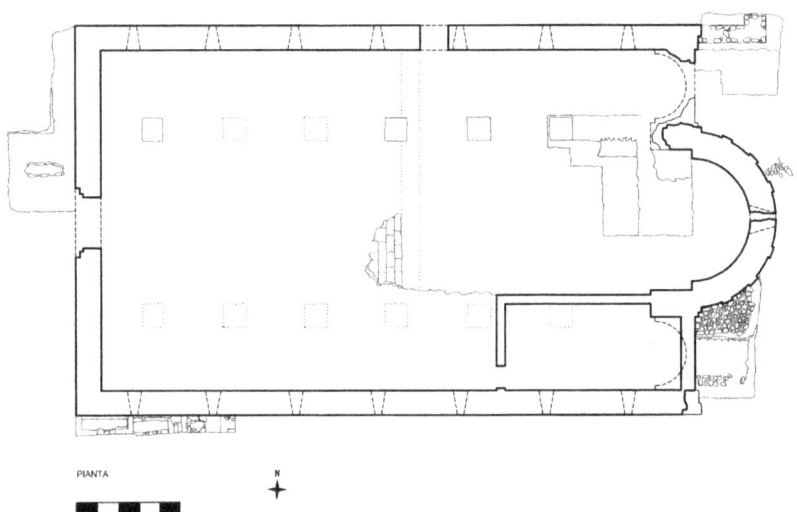
Fig. 12

Fig. 13

Fig. 15

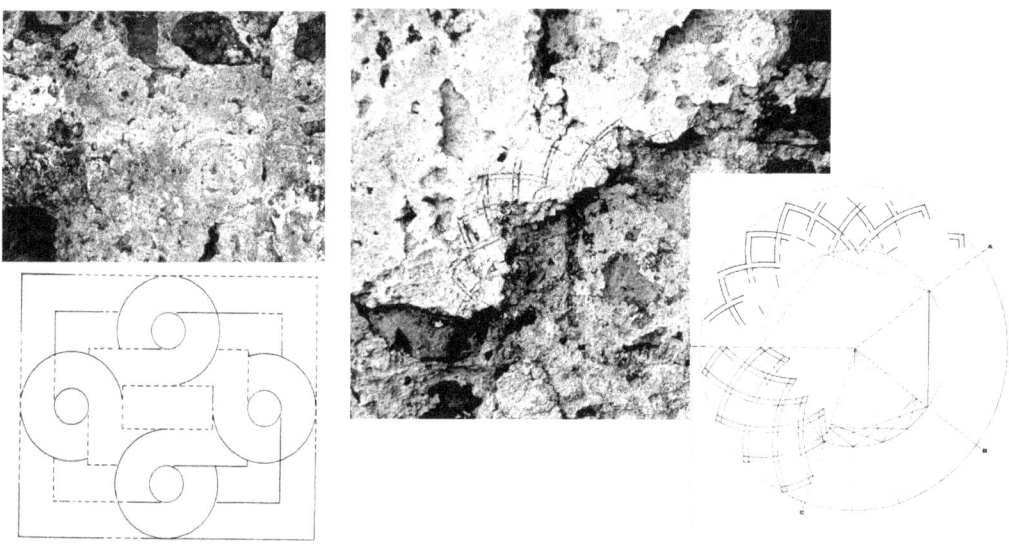

Fig. 14

Fig. 16

Fig. 17

Fig. 18

Fig. 19

Fig. 20

Fig. 21

Fig. 22

Fig. 24

Fig. 23

Fig. 25

Fig. 26

Fig. 27

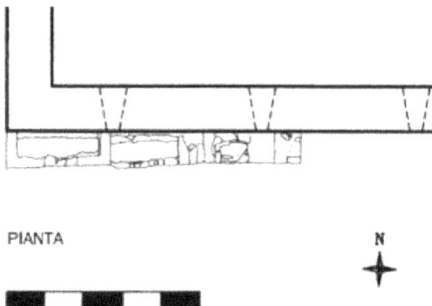

Fig. 28

Fig. 29

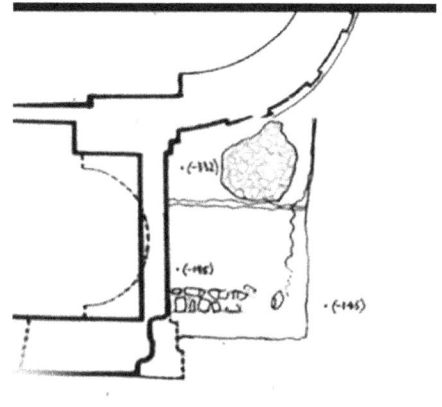
Fig. 30

Fig. 31

Fig. 32

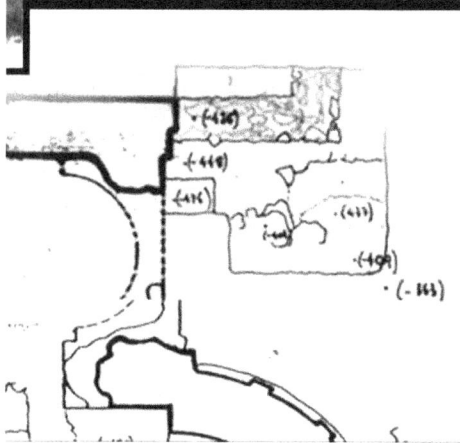
Fig. 33

Fig. 34

Fig. 35

Fig. 36

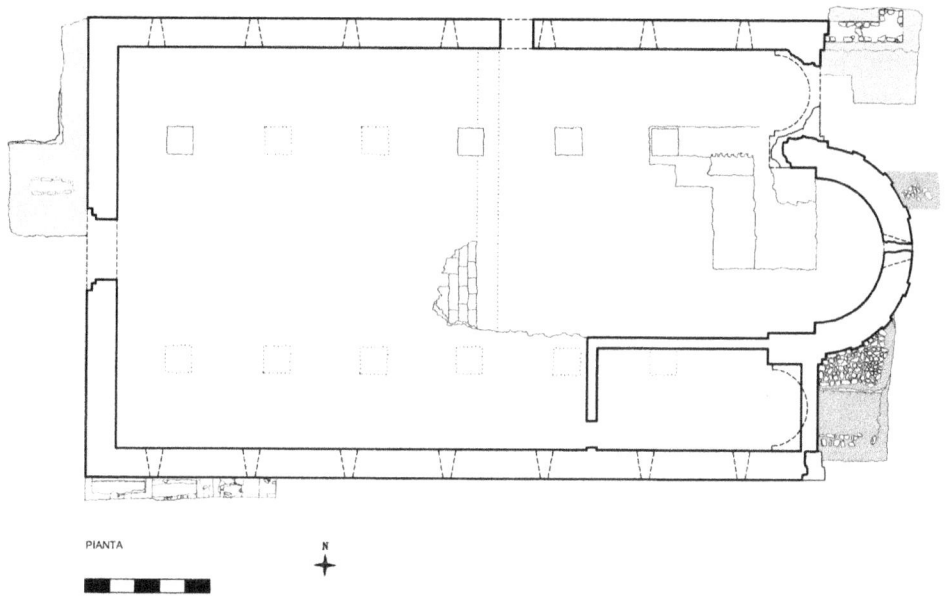

Fig. 37

Mariano Gallina marmoraro palermitano nelle chiese di Polizzi (1790-1802)

ROSARIO TERMOTTO

Dedicata all'Assunta, come buona parte delle matrici medievali dei paesi delle Madonie, la Chiesa Madre di Polizzi Generosa (S. Maria Maggiore)[1], che almeno dal Trecento dà la denominazione al quartiere eponimo, risulta certamente esistente nel 1260 quando vi predicava, per la Quaresima di quell'anno, Gandolfo da Binasco (poi santo Patrono e Protettore della cittadina). Nel corso del tempo, l'edificio ha visto ripetuti interventi di profonda ristrutturazione spaziale prima di giungerci nella configurazione attuale che ha cancellato soluzioni architettoniche e decorative accumulatesi nei secoli precedenti. Così dell'ampliamento tardo trecentesco non rimane altro che la fabbrica del muro meridionale a conci squadrati con il suo interessante portale di S. Cristoforo, mentre le notevoli acquisizioni, sopratutto decorative, della seconda metà del Quattrocento, maturate dopo il passaggio definitivo della città al demanio regio (1443), sono andate perdute in seguito alle trasformazioni post-tridentine, che investirono varie chiese della diocesi di Cefalù, e che a Polizzi, tra l'altro, portarono alla distruzione delle tre absidi semicircolari del presbiterio e delle due cappelle contigue e alla costruzione del "cappellone" centrale.

La trasformazione più radicale riguardante la chiesa madre avviene, però, col cantiere del 1764 su impulso del vescovo Gioacchino Castelli, prima di una serie di rifondazioni architettoniche che avrebbero interessato varie chiese madri della diocesi di Cefalù, come quelle di Tusa, Mistretta, Cefalù e la parrocchiale di Motta d'Affermo, tutte ricostruite "alla moderna". A Polizzi viene posto in opera un progetto dell'architetto gangitano Gandolfo Bongiorno, sia pure con *"divaricazione tra pensiero e disegno, tra idea e progetto, per come vengono elaborati dall'architetto-progettista e la realtà effettiva del cantiere"*[2], tutto con il pieno appoggio e controllo del dottore in sacra teologia don Mattia Iraggi di Polizzi che assume le vesti di sovrintendente alla fabbrica. In questa occasione, tra le proteste di alcuni intellettuali locali, *le testimonianze di tanti secoli vennero nel giro di pochi anni cancellati del tutto* – come scrive V. Abbate – *... ad eccezione di alcuni muri perimetrali*. Il coevo cronista conventuale p. Gioacchino Di Giovanni, per la circostanza, scrive che *"fu diroccato tutto l'intero della Chiesa Madre"*. Circa un ventennio dopo, nel 1783 si concludono i lavori di ristrutturazione che portano a una diversa spazialità con nuovo "cappellone", nuove volte, transetto prima inesistente e cupola. I lavori di ristrutturazione e la decorazione in stucco rappresentano una *"virata significativa dell'ambiente polizzano verso il clima nuovo della cultura neoclassica"* (V. Abbate, 2014). Su disegno dello stesso Bongiorno, una più decisa caratterizzazione in senso neoclassico veniva data con la ristrutturazione e decorazione dell'antica cappella di S. Gandolfo, iniziata nel 1776, che assumerà un nuovo assetto a pianta centrica a tre absidi e copertura a cupola ottagonale. I lavori dovevano tra l'altro portare allo smembramento irrimediabile dell'arca marmorea del santo, uno dei capolavori del Rinascimento siciliano, dovuta a Domenico Gagini. Nello

---

[1] Sulla chiesa madre di Polizzi Generosa cfr. Vincenzo Abbate, *Inventario Polizzano Arte e Società in un centro demaniale del Cinquecento*, Polizzi Generosa 1992, pp. 93-96.

[2] V. Abbate, *La Venerabile Cappella di San Gandolfo nella Chiesa Madre di Polizzi Generosa*, fotografie di Luciano e Antonino Schimmenti, grafici di Dario Tornabene, con un contributo di Rosario Termotto, Bagheria 2014.

stesso tempo veniva rivisitata la contigua cappella del Sacramento con un intervento che la rendeva perfettamente affine a quella del santo patrono, evidenziandosi in entrambe una leggera e sobria eleganza decorativa.

In questo quadro di rinnovamento in clima neoclassico si situa la presenza del capo maestro marmoraro Mariano Gallina che nella città madonita è presente sia nella chiesa del monastero di S. Margherita (Batìa Vecchia)[3] che nella chiesa madre e nelle sue cappelle. Il maestro palermitano compare per la prima volta nella documentazione reperita nell'agosto del 1794 quando riceve da don Mattia Iraggi, deputato ai Trionfi del Divinissimo nella chiesa madre, la somma di 20 onze a integrazione di oltre 145; nello stesso atto è fatto riferimento ad altro versamento in computo di 300 onze dovute per obbligazioni del giugno 1790 e febbraio 1792[4]. Non conosciamo i lavori eseguiti per la circostanza dal Gallina che due anni dopo riceve ancora 128 onze dallo stesso deputato per l'esecuzione dell'altare della cappella del Sacramento[5]. Lo stesso giorno l'intera decorazione marmorea della cappella del Sacramento, che ha amministrazione autonoma rispetto a quella della chiesa madre, viene affidata dal ricordato deputato e Procuratore d. Mattia Iraggi ancora al maestro Gallina che si obbliga a costruire 12 capitelli, *tra sani e mezzi, d'ordine corinto e più vestire il fondo tra vani e vani di detti capitelli*, architrave, cornici, *frixio* e balaustra con cimasa e pilastri. I materiali da impiegare vanno dal verde di Calabria alle pietre *della Piana delli Greci*, alla pietra rossa dell'Ogliastro. L'obbligazione prevede la consegna a Palermo, entro due anni dalla stipula del contratto, per la somma di 200 onze da riscuotere in corso d'opera *(travagliando pagando)* (Documento n. 2). Da una successiva nota di riscossione risulta, inoltre, che Mariano Gallina ha realizzato pure la pavimentazione marmorea della stessa cappella per la quale riceve 60 onze[6]. L'effetto conseguito evidenzia che la cappella del Sacramento *si distingue per vivace tonalità grazie al tripudio di marmi rossi, grigi, verdi che a parete, nella ritmica scansione a lesene*, si completano in maniera armonica con l'elegante altare[7]. Anche tutto il resto della decorazione marmorea della chiesa – di cui è procuratore il solito don Mattia Iraggi - viene affidato, a partire dal 1795, allo stesso Mariano Gallina che si obbliga a realizzare l'altare maggiore *con suo palio rivolte gradino maggiore e gradino bastardo* secondo un progetto (*disegno*) sottoscritto dal committente. Il materiale da utilizzare prevede l'uso di *pietra di Portovenero* e *sbrizza di Francia*, (sbrizia di Francia) mentre la consegna è stabilita a Palermo entro otto mesi con trasporto a carico della chiesa e obbligo per il marmoraro di venire a Polizzi per *situare* l'altare; nell'importo convenuto di 65 onze, da pagare in corso d'opera, ne sono comprese 17 riscosse subito in acconto (Documento n. 1). Tre anni dopo, Mariano Gallina si obbliga per la realizzazione di sette altari (Foto 1), tutti uguali, per servizio della chiesa madre, *uniformi e consimili* al *disegno* sottoscritto dal solito procuratore con condizioni contrattuali simili a quelle dei precedenti impegni con la precisazione che Gallina richiede soltanto la *tenue* somma di 32

---

[3] Sulla chiesa e sulla badìa vecchia di S. Margherita cfr. V. Abbate, *Inventario polizzano* cit, pp. 100-102; Idem, *Polizzi. I grandi momenti dell'arte*, fotografie di Luciano Schimmenti, Polizzi Generosa 1997, pp. 148-152.
[4] Archivio di Stato di Palermo, sezione di Termini Imerese, (d'ora in poi ASTI), notaio Giuseppe Calascibetta, volume 11555,c. 102 r, Polizzi 11 agosto 1794.
[5] Ibidem, c. 1067r, Polizzi 29 agosto 1796.
[6] Idem, vol. 11557, c. 485r, Polizzi 11 luglio 1799.
[7] V. Abbate, *La Venerabile Cappella* cit., p. 124.

onze per altare, invece delle 40 sotto le quali non si potrebbe in alcun modo scendere, *per riguardo a detto Procuratore*. I materiali da impiegare sono verde di Calabria, sbrizia di Francia, *pietra di Savarezza* (breccia di Seravezza o breccia medicea) (Documento n. 3). L'ultimo impegno che Mariano Gallina assume con la chiesa madre data al 1802 quando si obbliga con Gandolfo Trapani a costruire un altare *in obsequium nostri protectori* S. Guglielmo (Foto 2), come quello dell'Assunta per il prezzo di 30 onze[8]. Di tutti gli altari realizzati dal marmoraro palermitano nella chiesa madre di Polizzi quello di S. Guglielmo, ora molto danneggiato, è uno dei pochissimi sfuggiti alla rimozione di quasi tutti quelli laterali avvenuta negli anni '60 del Novecento.

Luogo di devozione e culto privilegiato verso il santo patrono, oggetto di particolare attenzione specialmente dopo il 1557 (lascito eredità Elisabetta La Farina dei baroni di Aspromonte) e dopo l'inizio del processo di canonizzazione di Gandolfo da Binasco del 1621, la cappella di San Gandolfo, che custodisce il corpo del santo in un'urna argentea, da secoli ha assunto forti valenze simboliche, anche come segno e rappresentanza dell'intera città e della classe dirigente in particolare. A lungo sotto il controllo del vescovo diocesano anche dal punto di vista amministrativo, sul finire del Settecento, nell'ambito di un clima politico nuovo, essa passa sotto il patrocinio diretto dell'*Universitas* di Polizzi, confermando la forte caratterizzazione come identità dell'intera cittadina. Anche la cappella è oggetto dell'ennesima trasformazione che concerne la chiesa madre con l'ultimo cantiere "infinito" del 1764. Le fasi finali del rinnovamento linguistico della cappella concernono la decorazione marmorea, ancora una volta affidata al marmoraro Mariano Gallina che, evidentemente, a Polizzi riscuote la piena fiducia non solo di don Mattia Iraggi. Risulta infatti che alla fine di agosto del 1796 il maestro palermitano si obbliga coi tre deputati della cappella e col barone di Casal Pietra Antonino Gagliardo, procuratore e depositario della venerabile cappella di San Gandolfo, a eseguire un ricchissimo altare maggiore per essa, secondo *il disegno preparato* dal Gallina e *sottoscritto dagli ufficiali*. Il materiale da impiegare è il marmo bianco con listelli di pietra di Seravezza, mentre il centro del paliotto *o sia avanti altare* prevede il brulé di Francia, i pilastrini collaterali il verde di Calabria, il fondo la sbrizia di Francia con una cornice di legname dorata in oro zecchino, materiali che ritornano nelle altre parti dell'altare assieme alla pietra di Portovenere. Tutto per l'esorbitante prezzo di 120 onze, il triplo degli altri altari realizzati in chiesa, con anticipo della metà dell'importo ed il resto in corso d'opera[9]. Circa sei anni dopo, *Don Mariano Gallina della Felice Città di Palermo al presente in questa Generosa Città di Polizzi* si obbliga coi nuovi procuratori della cappella a eseguire altri due altari, da collocare probabilmente nelle altre due absidi, con l'impiego degli stessi materiali già utilizzati per l'altare maggiore della cappella, per la retribuzione di 40 onze per ogni altare, chiaro indice di minore sontuosità e probabilmente minori dimensioni (documento n. 4). Purtroppo nessuno dei tre altari è sopravvissuto ai continui mutamenti del gusto e oggi rimane soltanto una vecchia foto di uno di essi.

Oltre che nella chiesa madre e nelle sue cappelle, Mariano Gallina lavora anche per la chiesa del monastero femminile benedettino di s. Margherita, come si evince da un acconto di 115 onze, su complessive 230 pattuite, ricevuto dalla badessa donna Eucaristica Fatta per

---

[8] ASTI, not. Giuseppe Calascibetta, vol. 11559, c. 458r-v, Polizzi 22 maggio 1802.
[9] ASTI, not. Vincenzo Borgesano, vol. 11418, c. 953 r, Polizzi 30 agosto 1796.

l'erigenda cappella di S. Margherita (Foto 3) e l'altare marmoreo di S. Benedetto (documento n. 5), poi realizzati ed ancora oggi in sito (Foto 4). Molto probabilmente, il marmoraro palermitano è autore pure dell'altare maggiore della stessa chiesa (Foto 5).

Concludendo, dalla documentazione finora reperita risulta che Mariano Gallina, capo maestro marmoraro palermitano, lavora a Polizzi per 12 anni (dal 1790 al 1802), riscuotendo notevolissime somme per i lavori per i quali si era impegnato, tutti realizzati e liquidati (per brevità non mi sono soffermato sulle continue liquidazioni), e contribuendo al rinnovamento decorativo delle chiese polizzane di fine Settecento. I materiali impiegati non sono soltanto di provenienza siciliana, ma anche continentale. Non si tratta di un semplice esecutore, ma di un maestro capace anche di produrre proposte ed elaborati progettuali (*disegni*) che ricevono il consenso della committenza polizzana che ha il proprio riferimento nell'architetto gangitano Gandolfo Bongiorno[10], accademico degli Industriosi, aperto ad ampie relazioni verso il mondo palermitano del quale veicola in provincia soluzioni moderne.

Purtroppo degli interventi di Mariano Gallina, oltre a quanto documentato in S. Margherita, rimangono soltanto due altari nella chiesa madre e la decorazione marmorea della cappella del Sacramento nella stessa chiesa madre di Polizzi Generosa.

APPENDICE DOCUMENTARIA

Documento n. 1

Die Vigesimanona Septembris decime quarte Inditionis Millesimo Septingentesimo Nonagesimo quinto

Magister Marianus Gallina felicis urbis Panormi et modo in hac Generosa Civitate Politii degens m.n.c.c.n. vigore presentis sponte se obligavit et obligat… Rev. Sacre Theologie Doctori D. Mathie Iraggi civis dicte civitatis m. n. etiam cognitus presenti stipulanti et…tamquam Procurator huius Venerabilis Maioris Ecclesie virtute procurationis actus manu publice… ut dicitur costruire magistrabilmente l'Altare maggiore di sudetta venerabile Chiesa con suo palio rivolte e gradino maggiore e gradino bastardo senza però scalini a tenor del disegno sottoscritto dal detto molto Rev. di Iraggi…col patto che il fondo del gradino maggiore deve essere di pietra di Portovenero invece di sbrizza di Francia anche di patto che il gradino bastardo invece di pietra cotognina deve essere di sbrizza di Francia. E ciò per il prezzo di oncie sessantacinque così di patto tra di loro convenuti. Quali (oncie) 65 il sopradetto molto Rev. di Iraggi col nome sudetto si obliga a detto di Gallina stipulante pagare tra lo spazio di mesi otto, cioè travagliando pagando in pace. Quale altare detto di Gallina si obliga al detto di Iraggi dicto nomine consegnare in Palermo per tutto il mese di maggio vegnenti 1796 dovendosi però trasportare a spese di detto di Iraggi dicto nomine e il sudetto di Gallina si obliga venire in Polizzi a situare detto altare coll'obligo di dare lo stesso di Iraggi dicto nomine gesso, calce muratore e manuale. In conto di

---

[10] Su Gandolfo Bongiorno cfr. Salvatore Farinella, *Gandolfo Felice Bongiorno Architetto nelle Madonie del secondo Settecento fra Rococò e avvio del nuovo classicismo 1751-1794*, Gangi 2017.

qual prezzo detto di Gallina riceve dal detto molto Rev. di Iraggi dicto nomine oncie dieci sette di peso generale in denaro numerato e di contanti renuncians.

Insuper supradictus Magister Marianus Gallina dixit et fatetur habuisse et recepisse a supradicto ...Rev. di Iraggi tamquam deputatus quinque dierum sacrorum Triunphorum SS. Sacramenti celebrandum in hac Venerabile majori ecclesia unciae tresdecim p.g. in pecunia numerata et de contanti ad complimentum uncearum 54.24 comprehensis et factis bonis (unciae) 21.18 receptis ab ipsomet de Gallina sub die 4 februarii 13.a Indizione 1795 et (unciae) 20.6 per manus Rev. Sacerdotis Antonini di Stefano in urbe Panormi die 23 Junii 13.a Ind. 1795 de quibus.

Et dicte (unciae) quinquagintaquattuor et tarenos vigintiquattuor ut supra confesse et comprehense sunt ad bonum computum illarum (uncearum) tres centum conventis solvere per dictum...Rev. de Iraggi pro marmo Venerabilis Cappelle SS. Sacramentii vigore binorum qontrattuum in actis quondam mei Patris Notarii D. Gandulphi Calascibetta unius die 6 Junii 8.a Ind. 1790 et alterius die 27 februarii X Ind. 1792 quibus.

Quae omnia
Iuraverunt
Unde
Testes D. Benedictus Calascibetta et D. Salvator Bonomo
(ASTI, not. Giuseppe Calascibetta, volume 11555, c. 622r-v, Polizzi 29 settembre 1795)

Documento n. 2

Die Vigesimanona Augusti decime quarte Ind. Millesimo Septingentesimo Nonagesimo Sexto

Maestro Mariano Gallina della Felice Città di Palermo e al presente in questa Generosa Città di Polizzi degente da me notaro pienamente conosciuto alla presenza dell'infrascritti Testimoni in vigore del presente spontaneamente si ha obligato e si obliga ed ha promesso e promette al molto Rev.do Sac.te Dottore di Sacra Teologia d. Mattia Iraggi di questa Generosa Città di Polizzi da me notaro similmente conosciuto presente stipulante ed al presente in qualità qual deputato e Procuratore di questa Venerabile Cappella del Divinissimo eretta in questa Venerabile Chiesa Madre virtute peocurationis actus manu publica...per costruire per uso di detta Venerabile Cappella dodeci Capitelli tra sani e mezzi con ordine corinto e più vestire il fondo tra vani e vani di detta Cappella di verde di Calabria e più vestire l'architrave e corniccione di marmo bianco scorniciato come si trova adesso di stucco e come richiede l'arte e più vestire il friscio di Pietra della Piana delli Greci bene inmacchiata e bene illustrata a tenore dell'arte e più costruire la balaustrata cioè base cimasa e pilastrino di marmo bianco ben puliti ed illustrati e li Palaustri di pietra rossa dell'Ogliastro. Quali opere detto di Gallina si obliga a detto molto Rev. do di Iraggi ditto nomine stipulante consegnare in Palermo tra lo spazio e corso di anni due cursuri da oggi innanti.

E ciò per il prezzo e mercede di (oncie) duecento di peso generale così di patto tra di loro convenuti. Quodquidem pretium detto molto Rev. do di Iraggi col detto nome si obliga a detto di Gallina stipulante o a sua persona legittima pagare tanto qui quanto in Palermo come si dice travagliando pagando in denaro numerato e di contanti. In pace
Quae omnia

Testes D. Antonino Marzullo et D. Gandulphus Bonomo.
(ASTI, not. Giuseppe Calascibetta, volume 11555, c. 1068r-v, Polizzi 29 agosto 1796)

Documento n. 3

Die decimasexta Augusti Prime Ind. Millesimo Septingentesimo Nonagesimo octavo
Mastro Mariano Gallina Capo maestro marmoraro della Felice Città di Palermo ed al presente in questa Generosa Città di Polizzi degente da me Notaro conosciuto e alla presenza dell'infrascritti Testimoni sponte si ha obbligato et obliga il molto Rev.do Sac.te dottor di S. Theologia D. Mattia Iraggi di questa sudetta Città di Polizzi da me Notaro anche conosciuto presente e qual Procuratore di questa Venerabile Chiesa Madre stipulante magistribilmente costruire sette altari Marmorei per uso della Venerabile Maggiore Chiesa tutti dell'istessa maniera uniformi e consimili al disegno sottoscritto dal detto Procuratore Iraggi da collocarsi in detta Maggiore Chiesa fuori ogni sorta di legname col centro del Palio tra pilastrini e pilastrini che devonsi costruire in tre pezzi a fine di potersi trasportare da Palermo comodamente e senza tanti dispendi. Deve poi ogni altare di essi avere i suoi pilastrini rivolti e Paliotti di marmo di vari colori impellicciati a tenor del disegno sudetto col gradino minore di Sbrizza di Francia e gradino maggiore consistente nella sua base e cimasa di marmo bianco e suo listello di Savarezza e fondo di verde di Calabria o altre migliori pietre che piaceranno a detto di Gallina. Quali altari il sudetto di Gallina si obliga a detto di Iraggi col nome sudetto stipulante consegnare in Palermo dovendosi la dilatura pagare dal detto di Iraggi detto nomine e ciò nel corso di anni tre cioè 2.a Ind. 1798, 1799 3.a Ind. e 4.a Ind. susseguenti prossime venture in pace.
Per il prezzo di (oncie) duecento ventiquattro di peso generale alla ragione di (oncie) 32 per ogni altare così di patto. Quale prezzo il sudetto molto Rev.do di Iraggi col nome sudetto si obliga pagare al detto di Gallina stipulante o a sua persona legittima qui in Polizzi in denari contanti alla ragione di (oncie) settantaquattro e tarì venti di ogni anno di detti anni cioè sino all'estinzione di dette (oncie) 224 in pace.
Dichiarando detto di Gallina che intanto divenne a costruire detti altari per un prezzo così tenue per riguardo a detto Procuratore vedendo la tenerezza del suo amore verso di lui e quindi viene a rilasciare gratuitamente (oncie) cinquantasei non potendosi in verun conto eseguire il cennato disegno senza la paga di (oncie) 40 per ognuno di detti altari.
Quae omnia
Testes D. Benedictus Calascibetta et D. Salvator Bonomo
(ASTI, not. Giuseppe Calascibetta, volume 11556, c. 520r-v, Polizzi 16 agosto 1798)

Documento n. 4

Die decimaseptima Maii Quinte Inditionis Millesimo Octingentesimo Secundo
Don Mariano Gallina della Felice Città di Palermo al presente in questa Generosa Città di Polizzi degente da me Notaro pienamente conosciuto alla presenza dell'infrascritti testimoni in forza del presente spontaneamente si ha obbligato ed obliga come ha promesso e promette allo Spettabile Don Filippo Errante Barone della Vanella come anche a Don Raffaello Signorino di questa sudetta città di Polizzi da me Notaro

similmente conosciuti presenti e quali procuratori della Venerabile Cappella di S. Gandolfo nostro Padrono e Protettore eretta in questa Venerabile Chiesa Madre stipulanti, fare a di lui spese magistribilmente due altari marmorei da costruire e comporre cioè la Base e Cimasa di marmo bianco con suo friscio di verde di Calabria e suo listello o sia regolo di pietra di Savarezza, il Pallio e Palliotti cioè il centro di detto Pallio di Brulé di Francia con sua cornicetta e Croce di legname intagliata dorata d'oro di zecchino e il fondo sotto la Croce di verde di Calabria ed in detti Palliotti anche le cornici intagliate e dorate d'oro di zecchino come sopra, li Pilastrini a lato di detto Centro di verde di Calabria con sue rivolte di quelle pietre che si richieggono a tenore dell'arte, il Gradino bastardo di pietra Savarezza con sue rivolte della stessa pietra, gradino maggiore Base e Cimasa di marmo bianco con suo listello di pietre Savarezza, il fondo del centro di Brulé di Francia e li fondi di estremità ad estremità di detto gradino di Brulé di Francia, li fondi intermedi di verde di Calabria con sue cornici addorate come sopra d'oro di zecchino ed intagliati, li pilastrini di pietra gialla ed in tutti li fondi tanto del Pallio e Palliotti e gradino maggiore tutti rabbiscati di rabbisco di legname dorata d'oro di zecchino come sopra ed in riguardo ad architettura a tenore del disegno firmato dalli sudetti Signori procuratori. Quali sopradetti due altari marmorei il sopradetto di Gallina si ha obligato ed obliga come ha promesso e promette alli sudetti Signori di Errante e Signorino col nome sudetto stipulante dare e consegnare nel mese di maggio dell'anno 6.a Indizione prossima ventura 1803 posti e situati nella sopradetta Venerabile Cappella qui in Polizzi e poscia piantarli a suo luogo in detta cappella col patto che li sudetti Signori Procuratori siano tenuti ed obligati dare al detto di Gallina tutto ciò che si richiede per la situazione di essi altari tanto di Mastri che di attratto come anche far franco di accesso e recesso il sudetto di Gallina inoltre dargli il posento e mangiare sintantochè situagherà l'altare sudetto di patto in pace.
Per il prezzo di (oncie) ottanta alla ragione di (oncie) quaranta per ogni altare di peso generale così di patto e convenzione tra li sudetti convenienti. Quali (oncie) ottanta il sopradetto Spettabile D. Filippo Errante Barone della Vanella tanto col nome sudetto che qual depositario di detta Venerabile Cappella in vigore del presente dare e realmente e con effetto pagare ha promesso e promette come si ha obligato ed obliga al sudetto di Gallina stipulante o a persona di lui legitima nella sudetta Città di Palermo in denari numerati e di contanti cioè (oncie) diecciotto nel mese di Agosto prossimo venturo 5.a Indizione 1802, (oncie) ventotto nel mese di Gennaro 6.a Indizione 1803, (oncie) decem et novem nel mese di Maggio 6.a Indizione 1803 ed (oncie) quindeci situate che saranno in detta Venerabile Cappella l'Altari sudetti in pace.
Quae omnia.
Testes D. Benedictus Campanella et D. Salvator Bonomo.
(ASTI, not. Giuseppe Calascibetta, volume 11559, cc. 454r-455r, Polizzi 17 maggio 1802).

Documento n. 5

Die Decima tertia Julii Secunde Inditionis Millesimo Septingentesimo Nonagesimo Nono
Magister Marianus Gallina Urbis Panormi et ad presens in hac Generosa Civitate Politii repertus m. n. c. n. sponte dixit fatetur habuisse et recepisse ab…Reverenda D. Eucharistica Fatta tamquam Abatissa huius Venerabilis Monasterii S.te Margharithe

mihi notario etiam cognita presente stipulante (onciae) centumquindecim ponderis generalis in pecunia numerata et de contanti restans.

Et dicte (onciae) 115 ut supra confesse sunt in compotum illarum (unciarum) biscentumtriginta per dicta Rev.da de Fatta dicto de Gallina debite pro pretio Cappelle S.te Margarithe et Altaris Sancti Benedicti marmoreum per dictum de Gallina construendum et adponendum in Venerabili Ecclesia dicti Venerabilis Monasterii ad mentem eius obligationis ad quam.

Iuravit

Unde

Testes D. Benedictus Calascibetta et Rev. Sac. S. Th. Dr. D. Mathias Iraggi

(ASTI, not. Giuseppe Calascibetta, vol. 11557, c. 486r, Polizzi 13 luglio 1799)

Bibliografia

Filangeri Camillo, *Dall'agorà al presbiterio Storia di architetture della Sicilia*, Palermo 1988.

Abbate Vincenzo, *Inventario Polizzano Arte e società in un centro demaniale del Cinquecento*, Palermo 1992.

Abbate Vincenzo, *Polizzi. I grandi momenti dell'arte*, fotografie di Luciano Schimmenti, Polizzi Generosa 1997.

Borgese Carlo, *Delle famiglie siciliane nobili e illustri vissute in Polizzi tra il XII e il XIX secolo*, Palermo 1998.

Borgese Carlo, *Documenti editi e inediti su Polizzi Generosa e sul comprensorio delle Madonie*, Palermo 1999.

Ajosa Francesco Saverio (a cura di), *Scritti estratti dal trattato delle chiese dentro e fuori le mura della città di Polizzi Generosa e delle Cappelle in esse esistenti: Del padre Gioacchino di Giovanni dei Frati Osservanti (n. 1706 - m. 1786)*, Rovello Porro 2013.

Abbate Vincenzo, *La Venerabile Cappella di San Gandolfo nella Chiesa Madre di Polizzi Generosa*, fotografie di Luciano e Antonio Schimmenti, grafici di Dario Tornabene, con un contributo di Rosario Termotto, Bagheria 2014.

Farinella Salvatore, *Gandolfo Felice Bongiorno Architetto nelle Madonie del secondo Settecento fra Rococò e avvio del nuovo classicismo 1751-1794*, Gangi 2017.

Le figure

Fig. 1. Polizzi Generosa, Chiesa Madre, Altare del SS. Crocifisso, (foto Salvatore Anselmo).

Fig. 2. Polizzi Generosa, Chiesa Madre, Altare di S. Guglielmo (foto Salvatore Anselmo).

Fig. 3. Polizzi Generosa, Chiesa del Monastero di S. Margherita, Altare di S. Margherita, (foto Vincenzo Anselmo).

Fig. 4. Polizzi Generosa, Chiesa del Monastero di S. Margherita, Altare di S. Benedetto (foto di Salvatore Anselmo).

Fig 5. Polizzi Generosa, Chiesa del Monastero di S. Margherita, Altare maggiore (foto di Vincenzo Anselmo).

Fig. 1

Fig. 2

Fig. 3

Fig. 4

Fig. 5

Altre ricerche
IX edizione (2019)

Il contributo del colonnello Raffaele Palmeri durante le insurrezioni del 1820 in Sicilia

SALVATORE MANTIA

Raffaele Palmeri nacque a Termini Imerese il 7 febbraio 1782[1] dal barone Vincenzo Palmeri[2] e dalla baronessa Gaetana Palmieri[3] e De Salazar. Si narra che sin dalla giovinezza amò cavalcare e fu molto abile in quest'arte, riuscendo a percorrere a cavallo la discesa dell'allora Via Collegio[4] con un cavallo «sellato e sprovvisto di cinghie».

Nel 1799, formatosi le truppe dei cosiddetti *miliziotti*, comandate dai principali baroni del Regno, Raffaele Palmeri all'età di soli diciassette anni ricevette il grado di tenente colonnello. Nel 1820 lasciò l'esercito regolare, ritirandosi dal servizio militare poiché in questo periodo aveva cominciato a vagheggiare idee di insurrezione e libertà.

Il 15 luglio dello stesso anno giunge a Termini Imerese la notizia della rivoluzione napoletana del 6 luglio; il Palmeri, assieme ad altri giovani termitani, arditamente sfilò per le strade della cittadina indossando la coccarda tricolore[5]. L'indomani, alcuni giovani termitani

---

[1] Si pubblica qui per la prima volta l'atto di battesimo tratto dal *Liber baptizatorum Majoris Ecclesiae Thermarum D 4, 1777-1796, n.7 f. 50,* presso l'Archivio storico della chiesa madre di Termini Imerese: *1782/Don Raffaele Palmeri/ A 8 detto/ Il Reverendo Sacerdote Ignazio Scarpace Cappellano Sacramentale battezzò con condizione il bam//bino nato ieri dall' Illustre Don Vincenzo e Donna Gaetana/ Palmeri marito e moglie di questa città. Se l'impose nome/ Raffaele, Tommaso, Giovanni di Dio, Giachino. Padrino/ il reverendo sacerdote Giachino Candioto di questa suddetta Città.*
Si precisa che nel presente lavoro, ove non specificatamente indicato con note a piè di pagina, il testo è liberamente tratto da: Niccolò Palmeri di Villalba e D'Angelo, *Memorie biografiche della famiglia Palmeri di Villalba*, Palermo 1902. Nel corso della presente ricerca non sono stati reperiti monografie che trattano della figura di Raffaele Palmeri, escludendo i numerosi testi di storia della Sicilia e i vari almanacchi nobiliari nei quali la figura del Nostro è ovviamente presente.

[2] Vincenzo Palmeri, Barone della Gasèna, nel territorio di Ciminna, nacque a Caltanissetta il 14 settembre 1742 da Giuseppe, Barone di Miccichè e Giovanna Maddalena La Russa e Bonaccolto; fu capitano di giustizia a Caltanissetta. Sposò sua cugina Gaetana Palmieri-De Salazar l'8 febbraio 1769, figlia di Niccolò. Morì a Termini Imerese il 28 settembre 1813. Gaetana nacque a Caltanissetta il 14 marzo 1747 e morì a Termini Imerese nel 1813 Cfr. Niccolò Palmeri di Villalba e D'Angelo cit., pagg. 410 e segg.: nel testo è riportato l'albero genealogico dei Palmeri suddiviso in quattro rami. On line è reperibile previa iscrizione in: gw.geneanet.org.

[3] Per quanto riguarda le varianti del cognome, a seconda delle epoche, esso viene diversamente scritto: Palmeri, Palmieri, Palmer, Palmiero, Palmerius, de Palmerio, de Palmerius. Sul calco della parola "lanciere" ovvero portatore di lancia, Palmieri indicherebbe il Crociato o il pellegrino "portatore di Palma", ma esistono altre ipotesi tendenti a spiegare l'etimologia del cognome. I Palmeri sarebbero presenti in Sicilia già dal XII secolo: Il primo Palmeri storicamente noto è Riccardo, vescovo di Siracusa e poi arcivescovo di Messina.
Lo stemma araldico dei Palmeri di Sicilia : *D'azzurro, al palmizio di verde, fustato e fruttato d'oro, nodrito sopra una zolla di verdura al naturale, sormontato, nel punto del capo, da un giglio d'oro e sinistrato, nel punto sinistro dalla campagna, da un leoncino d'argento.* Cfr. heraldrysinstitute.com/cognomi/Palmeri/Italia/idc/19548/ e cfr. pure Niccolò Palmeri di Villalba e D'Angelo cit., pagg. 46 e segg.

[4] L'odierna scalinata monumentale di Via Roma che congiunge *Termini alta* con *Termini bassa*.

«facinorosi» noti per i loro delitti tra i quali Francesco e Rosario Bevilacqua e Liborio Caraccioli soprannominato Liborio Forca, assieme ad altri otto giovani assalirono e saccheggiarono l'abitazione del sindaco della città Giuseppe Monforti[6]. L'abitazione era sita in via Maestranza. Si narra che Raffaele Palmeri si recò spontaneamente nel luogo dei tumulti e riuscì a sedare i disordini.

Il giorno dopo questi giovani facinorosi ripresero le scorribande: bruciarono le carte della polizia, della segrezia, del delegato marittimo e si impadronirono del castello, cacciandone il sottintendente[7].

Rosario Bevilacqua incitò pubblicamente i cittadini all'insurrezione; i nobili, il clero e i possidenti, per tutta risposta, urgentemente si riunirono nel palazzo municipale e istituirono una Giunta provvisoria, una guardia civica e un comitato di polizia. Raffaele Palmeri assieme al fratello Niccolò fece parte della Giunta provvisoria. Fu pure nominato capo della Deputazione di polizia e di Pubblica Sicurezza.

I Bevilacqua intanto non si lasciarono impaurire, neppure dagli aspri richiami all'ordine del loro zio Francesco Bevilacqua.

Raffaele Palmeri con un manipolo di cittadini armati andò in cerca dei rivoltosi. Nella via della Maestranza avvenne un conflitto a fuoco tra i Bevilacqua e il Palmeri che col coinvolgimento del popolo, a colpi di sedie e con tegole scagliate dai tetti, riesce ad uccidere Carmelo, Raimondo e Francesco Bevilacqua. Quest'ultimo verrà ucciso in casa del sindaco dove si era nascosto, all'interno di una giara.

Il castello ritornò nelle mani del Comune.

Per volere della Suprema Giunta di Palermo, Raffaele, nel frattempo promosso colonnello, il 4 agosto 1820 viene inviato a comandare una *guerriglia* per marciare contro Messina e fare adepti nella causa dell'insurrezione. A Mistretta in pubblica piazza arringa i cittadini; dapprima diffidenti, poi promettono di fornire aiuti all'impresa[8].

Nel frattempo a Bagheria un monaco francescano, Salvatore Errante da Palermo, che un tempo era stato amico del Palmeri, con circa duecento uomini cominciò a depredare le città. Era fornito di quattro cannoni, dei quali si era appropriato.

A Cefalù l'Errante prese in ostaggio il vescovo Giovanni Sergio, domandando seimila onze di riscatto. A Santo Stefano entrò da conquistatore più che da liberatore, avendo saccheggiato le case dei possidenti e chiesto duemila onze di *taglia* alla città.

Il Palmeri, da Mistretta giunge a Santo Stefano dove trovò l'Errante che voleva arrestarlo. Fuggito, si recò nuovamente a Mistretta. Qui radunato un manipolo di volontari del paese, ripartì per Santo Stefano al fine di attaccare l'Errante e i suoi sgherri. Questi accerchiati, con

---

[5] Ignazio Candioto in *Civitas Splendidissima*, Palermo 1940 scrive che *Era Palmeri un ferventissimo giovane Patriota, uno dei primi che aveva fissato all'occhiello il tricolore* (pg. 136).

[6] Il sindaco Monforti è definito dallo storico Baldassare Romano *uomo savio e probo, giurisperito*. Il Monforti commissionò al Romano il Censimento delle opere d'arte esistenti a Termini Imerese. Cfr. B.Romano, *Notizie storiche intorno alla città di Termini* (a cura di A.Contino e S. Mantia), Termini Imerese 1997, p. 14.

[7] Ne porta notizia Ignazio Candioto in *Op. cit* il quale in riferimento ai fatti del 1820 accaduti in Termini afferma (in nota 1 a p. 135) di avere consultato «una copia imperfetta» di un manoscritto di Baldassare Romano conservato presso la *Biblioteca Liciniana* di Termini Imerese.

[8] Cfr. Alfonso Sansone, *La rivoluzione del 1820 in Sicilia*, Palermo 1888, p. 97 e segg.

l'aiuto di volontari termitani appositamente accorsi, furono sconfitti in una località denominata "Campane Bianche". Settanta sgherri vennero uccisi nel conflitto e altrettanti furono presi prigionieri.

Il monaco Errante venne ferito ad una gamba e poi fu decapitato.

Ritiratosi, il Palmeri affidò la *guerriglia* a Pietro Bazan e ritornò a Palermo, convinto che era sbagliato sottomettere con la forza e non con la persuasione le città ostili all'idea insurrezionale. Era il 27 agosto 1820.

L'indomani la Giunta della Città di Palermo, con pubblica affissione, comunicava alla cittadinanza la sconfitta della banda di padre Errante, elogiando l'eroico operato del colonnello Raffaele Palmeri da Termini.

Dopo il congresso di Lubiana (26 gennaio-12 maggio 1821) con quale l'Austria era autorizzata ad intervenire nel Regno delle Due Sicilie per sedare le rivolte liberali, il conte Ludwig George Thedel von Wallmoden-Gimborn, comandante in capo delle forze austriache del Regno, nel giugno del 1821 invase la Sicilia.

Anche a Termini Imerese venne posta una guarnigione austriaca. Si narra che il comandante Wallmoden volle mettere alla prova la decantata bravura di Raffaele Palmeri nell'arte della scherma e pertanto fece venire apposta dall'Austria uno schermitore di eccezionale abilità. Il Palmeri riuscì ad uccidere in duello questo schermitore austriaco, senza temere le conseguenze di tale atto. Il Wallmoden, infatti, aveva dato al Palmeri la parola che nessun danno avrebbe questi subito, qualora fosse uscito vincitore dal duello.

A Palermo, a seguito della fallita congiura carbonara di Salvatore Meccio a causa della delazione del barbiere Giuseppe Giglio[9], soprannominato *Pampilio*, si sparse voce che anche a Termini presso abitazioni private si iniziava segretamente a cospirare: di conseguenza il Capitan d'arme del Distretto di Termini, il lercarese Antonio Orlando venne espulso e sostituito. Raffaele Palmeri fu arrestato dalla polizia austriaca e condotto nel carcere di Castello a Mare di Palermo dove fu chiuso in «rigorosa prigione». I Termitani per timore di repressioni non reagirono, né giovani né anziani.

Il Palmeri venne lungamente interrogato: gli si chiedevano i nomi di altri cospiratori termitani[10]. Nel frattempo continuavano a Palermo gli arresti e le condanne.

---

[9] In Giovanni Gregorio, *Carte diverse formate ed ammanite dalla Polizia nella congiura scoverta il dì 9 Gennaro 1822, Palermo* si legge che Giuseppe Giglio era figlio del *fu Luigi*; all'epoca dei fatti aveva 26 anni; interrogato nella Real casa di correzione dichiara di essere «di condizione barbiere domiciliato in via dell'Albergaria di rimpetto la Strada di Santo Saverio a lato il Bottegajo Carrara» (p. 10). Cfr, pure A.Sansone, *op.cit.*, p. 245 e segg.

[10] Candioto *Op. cit.*, pgg. 140-141 scrive che *La Carboneria ora repressa ed ora ringagliardita, era risorta in Termini nel 1819 per opera di Bartolomeo Sestini [...] e venne aperta una vendita col nome «Figli di Stenio» in una casa del Piano di San Giovanni*. (Per errore Candioto scrive *Lestini* al posto di Sestini). *E ne furono Gran Maestri, prima un ufficiale dell'Esercito Napolitano e poscia, dopo la partenza di quest'Ufficiale, il Cav. Mariano De Michele dei Baroni di S. Giuseppe, termitano, uomo colto, gentile e integerrimo. E quando il numero dei Carbonari crebbe, un'altra vendita venne aperta in altra casa presso il Convento di San Francesco di Paola, e ne fu gran maestro il Dott. Antonino La Manna, termitano chirurgo*. L'argomento si può approfondire, per es., attraverso la lettura del testo di Nicola Niceforo, *Misteri di Polizia*, Firenze 1890; cfr. pure i "Buoni cugini" in Sicilia nelle Carte della Direzione generale di Polizia degli Archivi di Stato di Napoli e Palermo (1820-27), Tesi di dottorato della dott.ssa Roberta Parisi, Unime, Dottorato di ricerca in storia e comparazione delle istituzioni politiche e giuridiche europee, Anno accademico 2015-16.

Il conte di Wallmoden si recò in persona presso la cella in cui era rinchiuso Raffaele Palmeri: lo interrogò, ma trovando in lui un «leale gentiluomo» lo liberò[11].

Santi Correnti nella sua *Storia di Sicilia* ricorda gli *episodi di correttezza e di fraternità...offerti da Raffaele Palmieri, capo della guerriglia inviata nel val Démone, che preferiva trattare coi paesi «ribelli», anziché espugnarli spargendo sangue fraterno come avvenne a Mistretta. Il Palmieri affermava che si sarebbero dovuti «guadagnare i cuori, non le mura»; ma purtroppo non tutti i capi la pensavano come lui, e gli atroci fatti di sangue e di violenza si rinnovarono numerosi*[12].

Finita la rivoluzione, il Palmeri si ritirò a vita privata[13] ma non mancano in lui ulteriori episodi di lealtà. Si narra, infatti, che a Caccamo viveva un tale di cognome Giandolfo, possidente. Intorno al 1840 egli venne condannato a morte per motivi che Niccolò Palmeri di Villalba e D'Angelo ignorava (*cit.* pg. 454), ma per intercessione del suo amico Raffaele Palmeri gli viene salvata la vita[14].

Nel 1848 Raffaele Palmeri aveva 66 anni: non prese parte attiva alla rivoluzione, ma venne nominato comandante del forte di Termini (incarico che tenne sino al 1849, arrivate le truppe regie).

Morì celibe, a 76 anni, in Termini Imerese nel palazzo di famiglia, nell'allora via della Badìa, oggi via Garibaldi (odierno n. ro civico 63[15]). Era il 14 marzo del 1858[16], alle ore otto.

---

[11] Niccolò Palmeri di Villalba e D'Angelo *cit.* a pag 453 scrive: *Dato dunque il carattere di giustizia che costantemente usava il generale Wallmoden, soldato franco e leale; avendo già conosciuto favorevolmente Raffaele, e in occasione dei suoi duelli, ed in altre, e considerato anche come da tutti si attestava la bravura ed energia di Raffaele nel reprimere i disordini e sostenere sempre lealmente la causa dell'indipendenza della sua patria, si spiega benissimo come il Wallmoden abbia voluto liberarlo dalla morte cui certamente sarebbe stato condannato se non avesse trovato in lui, suo giudice, un uomo di cuore ed un leale gentiluomo.*

[12] A pag. 95 e segg.

[13] Il di lui fratello, il più noto **Niccolò** (1778-1837), invece prese parte alla Giunta provvisoria della città di Termini Imerese e la rappresentò a Palermo nella Suprema Giunta provvisoria di Governo per la Sicilia. Riguardo ai fatti del 1820, Niccolò Palmeri è autore dei *Cenni storici della Rivoluzione del 1820 in Sicilia*, pubblicata da Carlo Somma in Palermo nel 1883 in *Opere edite ea inedite di Niccolò Palmeri ora per la prima volta raccolte e pubblicate*.

Raffaele era il sesto di undici figli; furono suoi fratelli: **Giuseppe**; **Maria Gaetana**, suora; **Niccolò Antonino Gaetano**; **Giambattista**, celibe; **Francesco Saverio**, celibe; **Giovanna**; **Placido**, teatino; **Saverio**, noto per la sua cultura, sposato con Angela Mantegna Agraz, da cui ebbe cinque figli; **Michelangelo**; **Calcedonio**.

[14] La ricerca storico-documentaria inerente il periodo dei moti insurrezionali a Caccamo potrebbe dare esito a nuovi contributi, al fine per altro di sviluppare la vicenda del Giandolfo. Giuseppe La Masa nei *Documenti della rivoluzione siciliana del 1947-1949 in rapporto all'Italia* dà notizia di un Giorgio Giandolfo da Caccamo caduto vittima dei tradimenti e pugnalato. *E in Alcuni fatti e documenti riguardanti i Siciliani e La Masa*, tale Giorgio Giandolfo risulta essere capo del Comitato rivoluzionario di Caccamo. In questa cittadina tuttora esiste l'ex Palazzo Giandolfo nella centralissima Piazza Torina popolarmente detta *U chianu Fasu* (Comunicazione orale dell'amico Domenico Campisi, storico caccamese).

[15] L'antico Palazzo Palmeri nel 2007 è stato ristrutturato e oggi è adibito a civile abitazione, ospitando anche uffici di privati professionisti. A memoria dell'Autore negli anni Settanta e Ottanta del secolo scorso il Palazzo Palmeri era in parte sede della Pubblica Sicurezza e in parte sede dell'Ufficio Vaccinazioni della Cassa Mutua Sanitaria. Nella facciata un piccola iscrizione ricorda la nascita di Niccolò Palmeri.

Niccolò Palmeri di Villalba e D'Angelo, nelle sue *Memorie biografiche della famiglia Palmeri di Villalba*, (p.455) afferma che *nessun ricordo pubblico gli fu dedicato*.

Nota dell'autore
Nel corso della presente ricerca ho cercato di reperire, presso enti pubblici e case private, immagini, o sculture che ritraessero Raffaele Palmeri, ma – allo stato attuale delle cose – non ho avuto riscontri positivi. Il presente lavoro certamente non ha la pretesa di essere esaustivo, ma si configura come uno sprone ad approfondire la ricerca in merito ai moti del 1820-21 a Termini Imerese, al fine di fornire – quanto più possibile – nuove acquisizioni documentari e archivistiche e ulteriori contributi in merito alla figura di Raffaele Palmeri con la massima acribia e oggettività possibile e senza alcun sentimento campanilistico: lo scritto di Niccolò Palmeri di Villalba e D'Angelo risulta essere infatti, molto "romanzato", elogiativo e di parte.

Ringraziamenti
Per la consultazione dei documenti *Archivio storico Chiesa Madre* di Termini Imerese: il parroco don Antonio Todaro; per la consultazione dei documenti *Anagrafe del Comune di Termini Imerese*: il personale in servizio e in particolare il sig. Domenico Di Novo; per i preziosi consigli il dott. Antonio Contino (Termini Imerese), il dott. Domenico Campisi (Caccamo), il prof. Salvatore Brancato (Altavilla Milicia) e il dott. Enzo Giunta già sindaco del Comune di Termini Imerese. Per la disponibilità mostrata nel servizio bibliotecario di consultazione e prestito: la direttrice della Biblioteca comunale *Liciniana* di Termini Imerese, dott.ssa Claudia Raimondo, e tutto il personale in servizio.

---

[16] Si trascrivono per la prima volta gli estremi dell'atto di morte di Ri. Palmeri conservato presso l'Anagrafe municipale di Termini Imerese (1) e l'atto di morte conservato presso l'Archivio storico della Chiesa Madre di Termini Imerese (2):
1. *[Liber defunctorum O-123, 1840-1858, Anno 1858, mese di Marzo] Die decimaquarta ejusdem/Don Raphael Palmeri innubus annorum 76 filius Baronis quondam Don Vincentii et quondam Domina Cajetana.*
2. *Provincia di Palermo, Comune di Termini Imerese, Registro degli atti di morte, Numero d'ordine 94/L'anno Milleottocento cinquanta otto il dì quattordici del mese di Marzo,[...] è morto nella sua abitazione Raffaele Palmeri libero di anni settantasei nato in Termini, di professione possidente, domiciliato in Termini [...].*

Arte e storia delle Madonie
Studi per Nico Marino, Voll. VII–VIII

A cura di Gabriele Marino e Rosario Termotto
Associazione Culturale "Nico Marino"
Cefalù PA, 23 dicembre 2019

ISBN 978-0-244-54252-8

Atti della settima e ottava edizione
Cefalù, 4 novembre 2017 e 3 dicembre 2018

www.ingramcontent.com/pod-product-compliance
Lightning Source LLC
Chambersburg PA
CBHW080920180426
43192CB00040B/2555